年度主題聖句

あなたはわたしの僕わたしは
あなたを選び、決して見捨て
ない。恐れることはない。わたしは
あなたと共にいる神。

イザヤ書四一・九〜一〇

大島なほみ 筆

新しい命に生きる

難波 實 説教集

かんよう出版

はじめに

京都御幸町教会での私の任期は、いちおう五年ということになっており、二〇一五年度がその最後の年でした。「いちおう」というのは契約上、更新あるいは延長が可能となっていたということです。そのようなこともあって役員会でその五年での辞任の申し出をしました際、一年でも延長をとの慰留の声もお聞きしました。できるものなら私も応えたかったのですが、私の体力的な問題、また妻の健康・体調の問題を考慮して、辞任をお願いしました。役員会での承認を経て、二〇一五年二月の定期教会総会で辞任は、手続き上正式に承認されました。

私の辞任が承認されて後、二〇一五年度は、もしかしたら牧師（主任担任教師）として最後の年になるかもしれない、そのような思いをもっていました。しかし、だからといって説教集を出版するなどということは、思いもつかないことでした。

ところが、ある日の礼拝後、一人の信徒の方が説教集を出すようにと声をお掛けくださいました。私は即座にお断りしました。出版など拙く、またシャイな私には似合わないことのように思えたからです。しかし、彼はその後も説教集を出すことを熱心に勧めてくださり、継続的に話し掛けてくださいました。その話し合いの中で気づかされたのは、たとえ拙い説教であったとしても、もし説教集を出すことによって、どなたかに新たに福音が届くならば、またどなたかにとって神さまの励まし、慰め、慈愛に接する機会となるとするならば、さらにどなたかが改めて御言葉の豊かさを確かめてくださるならば、それは牧師としてお断りすることはできない、ということでした。そうであれば寧ろ積極的に出版しなければならないと思うに至りました。このようにしてこの説教集出版への思いをもつに至りました。

その最後の年、二〇一五年度の五二回の主日（日曜日）のうち、四九主日の礼拝説教がここに収められています。ちなみに残る三回については、夏期休暇には信徒立証礼拝を守り、冬期休暇には藤原一二三牧師、また残る一回は後任の貴田寛仁牧師が礼拝説教に当たってくださいました。

取り上げました説教の聖書テキストは、日本キリスト教団の主日聖書日課、教会暦に従うことを基本としていますが、必ずしもそれに捕らわれていません。また説教の際には二〇一五年度の主題聖句でありましたイザヤ書41章9－10節の「あなたはわたしの僕　わたしはあなたを選び、決して見捨てない。恐れることはない、わたしはあなたと共にいる神。」との聖句が頭の片隅にありました。離任した今も、祝祷の前に、このイザヤ書の言葉を唱えていたことが思い起こされます。

説教は、実際の礼拝で使用した原稿を、〈お祈り〉も含め、ほぼそのままここに載せています。話のつながりが良くない箇所、言葉を補った方が分かりやすいと思われる箇所、省いた方が良いと思われる語句等の加除程度に止めています。読まれる説教であっても、礼拝の雰囲気が伝わるならばとの思いです。なお「主イエス」との表記は、実際の説教では「イエスさま」と読み替えていました。

思いもよらなかったことが今形を整えられました。神さまのお導きにより、どなたかが神の慈愛に触れてくださるならば、さらに教会に繋がってくださるならば幸いです。

新しい命に生きる　難波　實　説教集

目次

目　次

目　次

新しい命に生きる　難波　實　説教集

たとえ否むとも

19 その日、すなわち週の初めの日の夕方、弟子たちはユダヤ人を恐れて、自分たちのいる家
の戸に鍵をかけていた。そこへ、イエスが来て真ん中に立ち、「あなたがたに平和があるよう
に」と言われた。20 そう言って、手とわき腹とをお見せになった。弟子たちは、主を見て喜
んだ。21 イエスは重ねて言われた。「あなたがたに平和があるように。父がわたしをお遣わし
になったように、わたしもあなたがたを遣わす。」22 そう言ってから、彼らに息を吹きかけて
言われた。「聖霊を受けなさい。23 だれの罪でも、あなたがたが赦せば、その罪は赦される。
だれの罪でも、あなたがたが赦さなければ、赦されないまま残る。」

ヨハネによる福音書　20章19－23節

今日、我々は二月一八日の灰の水曜日から始まっていたレントの時を終え、イースターを迎えました。主イエスのご復活をお祝いする日です。このイースターが喜びの日となるように願っています。

お読みいただきましたヨハネによる福音書20章にはその主イエスのご復活の出来事が語られています。20章最初の小見出し「復活する」はそのことを表しています。しかし、復活するといわれても、我々はそれをどのように受け止めればよいのでしょうか。少なくとも言えますこ

とは、生物学的な意味で語られているのではない、ということです。つまり信仰の出来事ということです。

ヨハネによる福音書では、最初にご復活の主イエスにお会いしたのはマグダラのマリアであったとあります。マリアは御復活の主イエスにお会いしても、それが主イエスであることに気づくことはなかったのですが、このことはご復活が信仰の事柄として語られていることを語っています。

今日お読みいただきました20章19節以下は、弟子たちがマグダラのマリアから「わたしは主を見ました」と告げられ、また主イエスからのメッセージを伝えられた日のことです。

ご復活の主イエスに出会う前、弟子たちは家に閉じ籠もっていたのです。ユダヤ人を恐れていたからだ、とヨハネは伝えます。おそらくは自分たちも主イエスと同様に逮捕され、十字架へと追い遣られるのではないか、そのような恐れだったと思います。18章では筆頭弟子のペトロが、主イエスを逮捕しにやってきた大祭司の手下に剣で斬り掛かり耳を切り落とした記事がありますが、今はとてもそのような元気はないのです。主イエスの十字架での処刑死という現実の重さが、彼らにのし掛かってきているのです。新共同訳聖書では訳していませんが、口語訳にありますように、部屋の戸は全てが閉ざされていたのです。

そこでペトロを例にとって申し上げますと、あの元気だったペトロが元気を失い、恐れる者となったのは、自分たちを取り囲む外的状況に加えて、自分の生き方、つまり信仰が揺れ動いていいたからだったに違いありません。否、寧ろ事態は逆なのかも知れません。つまり自分の信仰が、現実の厳しさ前で揺り動かされていたからこそ、ユダヤ人への恐れが増幅したのだと思います。換言すれば、ペトロも他の弟子たちも神の恵みの確かさ、慈愛を見失っていたのです

　ペトロは自分が愛し、慕っていた主イエスを自分の目で見ることが出来ないという現実と、メシアと期待していたにも拘わらず十字架で無惨な最期を遂げた事実に直面し、一体自分は何を信じていたのか、これから何を信じて歩めば良いのか、神は我々を助けてくださらない方なのか、そのようなことを次から次へと思い巡らしていた筈です。加えてペトロは、自分が主イエスを知らないと三度も否んだということを、自責の念をもって思い起こしていたに違いありません。ペトロは「あなたのためなら命を捨てます」と意気込んでいたのです。その自分が主イエスを裏切ってしまった、そのような思いは押さえ難く湧き上がっていたでしょう。そのような自分の過去を如何《どう》受け止めれば良いのか、これからどうすれば良いのか、そのような悶々とした、あるいは鬱々とした日々を送っていたと思われます。他の弟子たちも同様であったでしょう。

　19節の「ユダヤ人を恐れて」の背後に、我々は今申し上げたような葛藤を見ることができます。苦しみ、悲しみ、不安の只中で全ての戸を閉めきった中で、それを打ち破るようにしてイースターの出来事が生じたのです。

　その恐れと不安の真ん中に主イエスが来て下さった、あの十字架の主イエスが、ご自分を否んだ弟子たちの真ん中に現れて下さっているのです。ご復活の主イエスは開口一番「あなたがたに

平和があるように」と仰って、ご自分の「手とわき腹をお見せになった」のです。少し横道に逸れるかもしれませんが、トマスに向かって主イエスは「見ないのに信じる人は、幸いである」と仰っていました。しかし此処では「見ないのに信じる者は」と仰った主イエスが、ご自分から釘の打ち込まれた手と、槍で刺されたわき腹、つまり死んだことの証拠をお見せになるのです。このことを矛盾しているではないかと言う人もいます。しかし、一見矛盾するような行為ですが、共に弟子たちに主イエスのご復活というものが如何なるものであるかを知らせるためのものであった、ということでは矛盾していないように思います。ご復活は、神が我々への愛を示すもの、そのように言うことができます。

ご復活を通して示される神の愛は、弟子たちの過去が如何なるものであろうとも、如何に主イエスを否み、見捨てようとも、それでも神は弟子たちを見捨てることはないというものです。年度主題聖句「あなたはわたしの僕／わたしはあなたを選び、決して見捨てない。」を思い起こさせるものがあります。幾重のドアの閂《かんぬき》、レバーも、如何なる人間的企ても、主イエスの十字架の愛を遮ることはできない、これが主イエスのご復活、イースターの出来事が意味するものであり、我々の信仰です。たとえ弟子たちが主イエスを否むとも、主イエスを見捨てて逃げ去ったとしても、ご復活の主イエスは、彼らを見捨て給わないのです。今弟子たちの真ん中に立って語りかけて下さっているのです。

では何故主イエスは手と脇腹をお見せになったのか。主イエスは不当な判決を受け、弟子に裏切られ、十字架で息絶えました。そのような主イエスは、弟子たちの理想を打ち砕いた方となったのです。先ほども申し上げましたが、弟子たちにとって十字架は無惨な死でしかなかったのです。彼らはもっと力強い主メシア、燦然と輝くメシアを期待していたのです。しかし、十字架の主イエスは、彼らが思い描くメシアとは真逆のものでした。

しかし、その十字架の背後に、つまり惨めさとか弱さと表裏を成して真の命があるということを、今示されているのです。ご復活の主イエスは、弟子たちの生き方、理想、欲望、大事な事柄としていたもの、自分では信仰と思っていたもの、それらを打ち砕かれたのです。傷跡が残る主イエスの手、主イエスの脇腹は不当な判決を下した人々の罪ということだけでなく、寧ろ自分たちの思い込み、錯覚、自分で何とかしなければ、何とか出来るとする傲慢、それらの罪を示しているのです。自分たちの思い、生き方、信仰は主イエスを十字架に送りかねないものを含んでいたこと知らされたのです。その弟子を決して見捨て給わない御子、主イエスの愛が、傷跡に凝縮されているのです。

所で20節には主イエスが弟子たちに息を吹きかけるという、馴染みのない光景が記されています。これは創世記第2章7節の出来事を背景にするものでしょう。創世記にはこうあります、「主なる神は、土の塵で人を形づくり、その鼻に命の息を吹き入れられた。人はこうして生きる者となった。」と。つまり、我々はご復活の主イエスの息、聖霊によって新たに神に創造された者となったのです。如何なる過去があろうとも、主イエスは我々の只中に立ち給うのです。我々もまたご復活の主イエスによって新しい命を与えられ、主イエスのご復活に与るものとされているのです。此処に平和の礎があります。

《お祈り》

わたしたちの主イエス・キリストの父なる神さま、我々は今日主イエスのご復活を喜ぶイースターを迎えることができました。感謝します。主よ、我々もまた自らに閉じ籠もり、人の優しさも、御言葉にも心閉ざすことがあります。しかし、あなたはどのような門をも意に介することなく、近づいて下さり、平和があるように、シャロームと言葉をお掛け下さいますから感謝します。

主なる神様、主イエスは「今はあなたがたも、悲しんでいる。しかし、わたしは再びあなたがたと会い、あなたがたは心から喜ぶことになる。その喜びをあなたがたから奪い去る者はいない。」(ヨハネによる福音書16・22)と弟子たちにお語りになりました。我々もまた、十字架の恵み、喜びを奪い去る者はいないことを知らされ、信じますから感謝です。主よ、その喜びが御前に集っている者すべての喜び、感謝、讃美となりますように。

けれども主よ、今日の日も、様々な事情により集うことのできない兄姉がおられます。高齢のため、病のため、介護・看病のため集いえない方々を顧みて下さいますように。不安と疲労を覚える兄姉を顧みて下さいますように。そのご家族にも主よ、あなたの恩寵をお示し下さい。

主よ、新しい年度が始まりました。進級、進学する子どもたちを祝して下さい。またそのご家庭を祝して下さいますように。この後、役員の任職式を執り行います。あなたの召しに応える志を与えられていますす兄姉の信仰が祝され、恩寵を知る者として下さいますように。ただ今から聖餐式に与ります。傷ついた十字架の主イエスが、今日もここにお臨み下さっていることを知る者として下さい。

主イエスは「あなたがたに平和があるように」と仰いました。主よ、殊に力を与えられて政治に携わる方々が、力任せで事に当たることがないように、冷静さと知恵をお与え下さい。十字架の主イエスのご復活を感謝し讃美して今日からの一週間を過ごすことが出来ますように。

主イエスの御名によって祈ります。アーメン

（四月五日）

旅するイエス

13 ちょうどこの日、二人の弟子が、エルサレムから六十スタディオン離れたエマオという村へ
向かって歩きながら、14 この一切の出来事について話し合っていた。15 話し合い論じ合ってい
ると、イエス御自身が近づいて来て、一緒に歩き始められた。16 しかし、二人の目は遮られて
いて、イエスだとは分からなかった。17 イエスは、「歩きながら、やり取りしているその話は何
のことですか」と言われた。二人は暗い顔をして立ち止まった。18 その一人のクレオパという
人が答えた。「エルサレムに滞在していながら、この数日そこで起こったことを、あなただけは
ご存じなかったのですか。」19 イエスが、「どんなことですか」と言われると、二人は言った。
「ナザレのイエスのことです。この方は、神と民全体の前で、行いにも言葉にも力のある預言者
でした。20 それなのに、わたしたちの祭司長たちや議員たちは、死刑にするため引き渡して、
十字架につけてしまったのです。21 わたしたちは、あの方こそイスラエルを解放してくださる
と望みをかけていました。しかも、そのことがあってから、もう今日で三日目になります。22
ところが、仲間の婦人たちがわたしたちを驚かせました。婦人たちは朝早く墓へ行きましたが、
23 遺体を見つけずに戻って来ました。そして、天使たちが現れ、『イエスは生きておられる』と
告げたと言うのです。24 仲間の者が何人か墓へ行ってみたのですが、婦人たちが言ったとおり
で、あの方は見当たりませんでした。」25 そこで、イエスは言われた。「ああ、物分かりが悪く、

心が鈍く預言者たちの言ったことすべてを信じられない者たち、26 メシアはこういう苦しみを
受けて、栄光に入るはずだったのではないか。」27 そして、モーセとすべての預言者から始め
て、聖書全体にわたり、御自分について書かれていることを説明された。28 一行は目指す村に
近づいたが、イエスはなおも先へ行こうとされる様子だった。29 二人が、「一緒にお泊まりくだ
さい。そろそろ夕方になりますし、もう日も傾いていますから」と言って、無理に引き止めたの
で、イエスは共に泊まるため家に入られた。30 一緒に食事の席に着いたとき、イエスはパンを
取り、賛美の祈りを唱え、パンを裂いてお渡しになった。31 すると、二人の目が開け、イエス
だと分かったが、その姿は見えなくなった。32 二人は、「道で話しておられるとき、また聖書を
説明してくださったとき、わたしたちの心は燃えていたではないか」と語り合った。33 そして、
時を移さず出発して、エルサレムに戻ってみると、十一人とその仲間が集まって、34 本当に主
は復活して、シモンに現れたと言っていた。35 二人も、道で起こったことや、パンを裂いてく
ださったときにイエスだと分かった次第を話した。

ルカによる福音書　24章13－35節

わたしたちの人生は、時に旅に喩えられることがあります。詩篇39・12（口語訳）にも「わたしはあなたに身を寄せる旅びと、わがすべての先祖たちのように寄留者です。」との言葉があります。またペトロの手紙一にも「あなたがたは、この世の旅人であり寄留者である」（2・11）と

の言葉があります。

聖書で我々が旅人であり寄留者であるということの背景には、旅には人々との出会いとか、珍しいものに出会うということではなく、日々の歩み、生活の不安定さ、不安、苦しみというものがあるように思います。確かに我々の人生は、明日がどうなるか分からない不安定なものです。同時に聖書が語る旅というのは、我々の日々の生き方、ものの見方とか、価値観、願望、自分自身への拘りから解放されて、新しい生き方、出会いへの旅立ちでもあるように思います。しかしこれは決して容易なことではありません。自分でも気づかないうちに何かに捕らえられた生活をしているのです。過去の自分の生き方、考え方、ものの見方の殻から解放されていないのです。

お読みいただきましたルカによる福音書24章16節に「二人の目は遮られていて、イエスだとは分からなかった。」とあります。目が遮られていた、文字どおりには目が取り押さえられていた、捕まっていたというのです。つまり、エマオという町に向かっていたクレオパともう一人の弟子は、真実を見る目が取り押さえられていたのです。二人は、旅の途にあって共にいてくださる、ご復活の主イエスを認めることができなかったのです。二人は自分たちの旅に主イエスが伴い給うということに気づくことがなかったのです。先週も少し触れましたが、ご復活ということは信仰の事柄であり、新しい生き方、喜びと慰めへの新たな旅立ちであります。このことはパウロがコリントの信徒への手紙二で「だれでもキリストにあるならば、その人は新しく造られた者である。古いものは過ぎ去った、見よ、すべてが新しくなったのである。」(5・17)と語っていることに通じるのです。さらには我々の聖書の読み方にも通じるものがあるように思います。

25節以下で主イエスは二人の弟子に向かって、「ああ、物分かりが悪く、心が鈍い」者よと仰った後、「モーセとすべての預言者から始めて、聖書全体にわたり、御自分について書かれていることを説明された。」（27節）とあります。説明するというのは、別の言い方をすれば、解釈するとか、翻訳するということになります。弟子たちも当然聖書の言葉は聞いてきており、教えられてもいたのです。しかし、聖書の言葉を聞くに際しても、彼らは何かに捕らわれていて、自分たちを生かす言葉とはなっていなかったのです。やはり二人の心は、何ものかに取り押さえられているのです。自分自身の思い込み、欲望、傲慢に捕えられているのです。つまり罪に捕らわれているのです。

そうではありますが、この二人はやはり主イエスの弟子なのです。主イエスを求めているのです。十字架の死が全てを奪い去ってしまった、もうどうしようもない、そのような思いが二人に暗い顔、憂鬱な顔をもたらしたのです。そのような者だからこそ、ご復活の主イエスは近づき給うのです。そっと声をかけてきて下さるのです。「私は此処にいるのに何故あなたたちは気づかないのか！」という叱責ではなく、「歩きながら、やり取りしているその話は何のことですか」とお尋ねになり、気づきをお求めになるのです。何かしら、カウンセラーの問いかけのように思えます。問いかけによって、自分から復活の主イエスに気づいて欲しい、私はいつもあなたたちの傍らにいる、そのことに自分から気づいてほしい、そのような優しさのこめられた問いかけです。

私はこのように、苦難や悲しみに遭遇し人生の道標を失ったかのような者に近づき寄り添う主イエスに、旅人としてのご復活の主イエスを見るのです。御言葉に聴きなさい、御言葉の豊かさに触れていただきなさい、との言葉掛けをして下さる旅人です。二人の弟子に近づき、連れ添って下さったように、我々が何処に行こうとも、そこに出かけてきて下さる旅人です。「きつねには穴があり、空の鳥には巣がある。しかし、人の子にはまくらする所がない」（9・58）とのお言葉を思い起こすのです。我々が真似することの出来ない旅人です。

二人の弟子はお願いしました、「一緒にお泊まりください。そろそろ夕方になりますし、もう日も傾いていますから」と。彼らは主イエスに光るものを感じとっていたに違いありません。主イエスは、その声にお応えになりました。宿を共にされたのです。復活の主イエスは、人の日常の中で、我々と共にいて下さるのです。ルカはそんなことを言いたかったに違いありません。

加えて申し上げますと、「そろそろ夕方になります」とか、「もう日も傾いています」という、その夕方とか、日の傾きという言葉に人生の暮れ、晩年ということを思わされました。預言者ゼカリヤが「そのときは昼もなければ、夜もなく夕べになっても光がある。」（ゼカリヤ書14・7）と語っていますが、主イエスは、我々がたとえこの地での生命の輝きが失われかけるようなときであっても、我々の傍らにいて下さる、そのような思いを強くしています。

さらに思わされますことは、二人が食事の席に着いたときのことです。主イエスがパンを取り、讃美の祈りを捧げ、パンを裂いて二人の弟子にお渡しになったとき、遮られていたとされる目が開け、主イエスがそこにおられることを受け止めたというのです。多くの註解書は此処で、この主イエスの仕草は聖餐式のそれだというのです。そうだろうと思います。つまり、ルカは此処で教会の聖餐式の主催者は主イエスなのだというのです。私はまた此処で弟子たちの目が開かれたのが、食事という日常の場であったということに心を留めたいと思います。ともすれば惰性に流されそうになるその場に、神の恵みが示されているのだ、ということだと思うのです。人の優しさ、思いやりというものもそのようなものだろうと思うのです。それに気づくよう、目を開かれたいものと思います。そして今、目を開かれた二人は悟ったのです。主イエスはパンを裂いて下さっていたけれど、それはご自身の身を裂く十字架に通じる愛が籠められていたものであったのだということを、知らされたのです。

旅する主イエスは、今日もこの場に来て下さって、我々に語りかけて下さっているのです。その慈愛を知る信仰を与えられたいものと思います。

《お祈り》

主イエス・キリストの父なる神さま、今日も我々をこの場に招いて下さっていますから感謝します。小さいと思われる一つ一つの出来事にあなたの恩寵を知るものとして下さい。感謝と讃美を献げるものとして下さいますように。また主よ、我々が心して御言葉に接することが出来ますように。御言葉によって、悔い改め、あなたの真実を見る者としてください。私が知らぬ間に自分の過去の殻に閉じ込められることがありませんように、信仰の旅路、喜びと慰めの旅路を歩む者として下さい。

今日、この場にあなたの御言葉を求めて集っています者を、あなたが祝福して下さいますように。明日への力をお与え下さい。

しかし主よ、様々な事情によって集うことの出来ない兄姉がいます。その事情をあなたが顧みて下さいますように。病の者、高齢の者、入院している者、介護、看病する者に光りを当てて下さいますように。

今日は二〇一五年度最初の役員会が開かれます。新しい年度の課題を担うべく、主よ、我々に知恵と力とをお与え下さい。

テロリズムの脅威はパレスチナから世界に広がっています。彼らもまた、自らの思いに捕らわれているように思われます。主よ、たとえ一条であっても、あなたの光りが与えられますようにと祈ります。

今日からの一週間、何でもないと思われること、小さなことと思われるものに、あなたの恩寵を見いだして過ごすことが出来ますように。主イエス・キリストの御名によって祈ります。アーメン

（四月一五日）

輝きの衣

50 兄弟たち、わたしはこう言いたいのです。肉と血は神の国を受け継ぐことはできず、朽ちるものが朽ちないものを受け継ぐことはできません。51 わたしはあなたがたに神秘を告げます。わたしたちは皆、眠りにつくわけではありません。わたしたちは皆、今とは異なる状態に変えられます。52 最後のラッパが鳴るとともに、たちまち、一瞬のうちにです。ラッパが鳴ると、死者は復活して朽ちない者とされ、わたしたちは変えられます。53 この朽ちるべきものが朽ちないものを着、この死ぬべきものが死なないものを必ず着ることになります。54 この朽ちるべきものが朽ちないものを着、この死ぬべきものが死なないものを着るとき、次のように書かれている言葉が実現するのです。「死は勝利にのみ込まれた。55 死よ、お前の勝利はどこにあるのか。死よ、お前のとげはどこにあるのか。」56 死のとげは罪であり、罪の力は律法です。57 わたしたちの主イエス・キリストによってわたしたちに勝利を賜る神に、感謝しよう。58 わたしの愛する兄弟たち、こういうわけですから、動かされないようにしっかり立ち、主の業に常に励みなさい。主に結ばれているならば自分たちの苦労が決して無駄にならないことを、あなたがたは知っているはずです。

コリントの信徒への手紙一　15章50－58節

もう二〇年以上前のことです。私はＡ教会牧師であると同時に、今は合併して同じ市となっていますが、当時は隣町のＢ教会の牧師を掛け持ちしていました。所謂兼牧です。Ｂ教会は大変小さな教会で、礼拝出席は多くても四人でした。礼拝出席が一人ということも珍しくはありませんでした。午後三時からのその日も礼拝出席者が一名でした。礼拝での聖書の箇所は、今日と同じ箇所でした。私は、そのとき何を語ったのか、殆ど覚えていませんが、只一つのことは覚えています。それは51節の言葉です。当時、Ｂ教会は口語訳聖書を使用していましたので、「わたしたちすべては、眠り続けるのではない。」と語ったことを覚えているのです。何故なら、そのように語っていた時、たった一人の出席者の方をふと見ると、彼はウトウトしていたのです。「眠り続けるのではない」との御言葉の前で眠っているその方を見て、何故か思わず笑ってしまったということで、私には忘れることの出来ない聖書の箇所となってしまいました。

それではこのパウロの「わたしたちは眠り続けるのではない」というのは、どのような意味で語っているのでしょうか。

パウロはこの手紙の15章で自分が伝えている福音にとって欠くことの出来ないもの、最も大切なものとして十字架と、復活を挙げています。その復活がコリントの教会ではすんなりと受け容れられてはいないのです。そのような事情は教会誕生から今日まで大きく変わってはいないように思います。コリントの教会には、そういう意味では反パウロ、アンチ・パウロの人々がいたのです。15章2節にある「死者の復活などない、と言っているのはどういうわけですか。死者の復活がなければ、キリストも復活しなかったはずです。」との言葉は、コリントの教会の状況を示すものの一つです。このような反パウロの主張は、科学的にあり得ないではないかということよりは寧ろ、霊的な熱狂主義によるもののようです。つまり自分たちは霊の人であり、肉体はどうでもよいのであって、卑しむべきものであり、その肉体をもって人が神の国に入るとか、復活ということはあり得ない、というグループです。

これに対してパウロは、そのような議論は現実に即していない、そのように反論しているように思えます。現実の苦しみ、悲しみの中で、それを乗り越える復活という希望を我々は与えられているのだ、と言いたかったように思われます。

何れにしましても、パウロが主イエスは復活された、と復活の希望を語る時、その周囲から実に多くの問題、疑問が出されたのです。

その問題の一つは復活ということを、死んでしまった人の身体が、また元の形にどのようにして修復されるかというものです。つまり復活というものを、生き返る、蘇生する、あるいはそれに類する受け止め方に起因するものです。しかし、そのようなものが復活であるとするならば、多くの人にとって復活というものは受け止め難い教え、教理になってしまいます。これは時代や年齢、社会の如何を問わずいえることです。けれどもそのような受け止め難い発想をする人もいるのです。パウロはそのような人たちに向かって36節で「愚かな人だ。我々朽ちるものがそのままで、朽ちないものを受け継ぐことはできない」ではないか、と諭すのです。続く46節以下では

「自然の命の体があり、次いで霊の体があるのです。最初の人は土でき、地に属する者であり、第二の人は天に属する者です。」と復活を説くのです。日々の世界、肉と血の世界に連続して、その延長線上に復活の世界があるのではなく、復活というのはこの血肉の世界とは全く別の、新しい世界のことなのだというのです。申し上げるまでもなく、我々のこの身体は朽ちるべきものであり、過ぎ去ってしまうものです。だから50節で「朽ちるものが朽ちないものを受け継ぐことはできません」というのです。

続いてパウロは最初に申し上げました「わたしたちすべては、眠り続けるのではない」というのです。直訳調に申し上げれば、「眠り続けさせられるのではない」という受動態です。受動形は復活というものの性質からは当然のことです。

「眠りつくのではない」とか「眠り続けるのではない」というのはどういうことでしょうか。それは少し表現を変えれば、「死んだら全てが終わる」、「死んだら全てがお仕舞いよ」という世界に我々は命を与えられているのではない、神はそのような者として人を創造されたのではない、と訴えるのです。私が私でありながら、全く別の存在に変えられる、これが聖書の語る復活なのだということです。ですからわたしたちは眠り続けるのではないのです。このことは、理屈で論理だって論証できないことです。言葉にできないけれど、しかし真実の世界があるのだとパウロは言うのです。パウロはそのことを聖霊により、神に示されたというのです。51節の神秘(口語訳：奥義)を告げます、というのはそのようなことを言うものです。

その変えられ方についてパウロは同じような言葉を繰り返して説明します。たちまち、一瞬の内に変えられるのだというのです。この一瞬とかたちまちが意味しますのは、それが人の努力、能力の結果ということではなく、神が働かれるものであり、神の業である、ということです。人が頑張って、その成果を積み重ねて変えられて復活の命を与えられるのではなく、賜物として神から与えられるということです。神は人を眠り続けさせるのではなく、全く異なった存在にして下さるのです。復活の命というのはそのようなものだというのです。

加えてパウロはその復活について、何度も着物を着ることに喩えるのです。朽ちるべきものが朽ちないものを着る、死ぬべきものが死なないものを着る、というのです。同様な言葉をパウロは他の手紙でも語っています。例えばガラテヤの信徒への手紙3章26節では「あなたがたはみな、キリスト・イエスにある信仰によって、神の子なのである。キリストに合うバプテスマを受けたあなたがたは、皆キリストを着たのである。」と語るのです。我々もまたキリストの復活の恵みに与る者とされている、とパウロは語るのです。別の表現をすれば、朽ちるべき者に永遠の衣、命に輝く衣を神さまは与えて下さっているのだ、というのです。着物が意味しますのは、私が私でありつつ、着物を羽織ることによって全く別の新しい存在へと変えられるのだ、ということです。ありのままの私が永遠の命の世界に受け容れられているのです。

ここでパウロは死という問題が、キリストによって完全に処理され、「死は勝利にのみ込まれた。死よ、お前の勝利はどこにあるのか。死よ、お前のとげはどこにあるのか。」とキリストの勝利を宣言するのです。死んだらおしまいよという世界は、イエス・キリストによって終焉を告げられたのです。

この福音の故に、我々の苦労が徒労に終わることはなく、明日への力、希望、慰めを与えられているのです。この復活が我々の感謝と讃美の基となるのです。

《お祈り》

恵みの神さま、今日も我々をこの礼拝の場に集わして下さってありがとうございます。我々は多く問題を抱え日々を歩んでいますけれど、我々がイースターの喜びを知る時、キリストのご復活の真実を知る時、我々の苦労は決して無駄にならないとのメッセージを与えられています。命の衣を与えられている者、神の子とされている幸いを知る者として下さい。そのような信仰を、教会に連なり、あなたに祈り求める者にお示し下さいますように。また、あなたに祈り求めることがない者であっても、主よ、あなたが語りかけて下さいますように。

また我々の福音の喜びが、教会の中に留まることなく、辛い思いをされている方々に少しでも力となるものとなりますように導いて下さい。

今日の礼拝を覚えつつも集うことのできていない者を顧みて下さい。殊に病に伏せている者、痛み、弱さを覚える者、年を重ねる重荷を負う者に親しくお臨み下さいますように。また止むを得ない事情で集い得ない者の事情をあなたが顧みて下さいますように。

来週は定期教会総会が開催されます。総会があなたの恩寵を受けて導かれますように。希望が示されますように。

今日からの一週間、ご復活の主イエスを仰ぎつつ歩む者として下さい。

主イエス・キリストの御名によって祈ります。アーメン

（四月一九日）

34 そこで、彼らが、「主よ、そのパンをいつもわたしたちにくださいと言うと、35 イエスは言われた。「わたしが命のパンである。わたしのもとに来る者は決して飢えることがなく、わたしを信じる者は決して渇くことがない。36 しかし、前にも言ったように、あなたがたはわたしを見ているのに、信じない。37 父がわたしにお与えになる人は皆、わたしのところに来る。わたしのもとに来る人を、わたしは決して追い出さない。38 わたしが天から降って来たのは、自分の意志を行うためではなく、わたしをお遣わしになった方の御心を行うためである。39 わたしをお遣わしになった方の御心とは、わたしに与えてくださった人を一人も失わないで、終わりの日に復活させることである。40 わたしの父の御心は、子を見て信じる者が皆永遠の命を得ることであり、わたしがその人を終わりの日に復活させることだからである。」

ヨハネによる福音書　6章34－40節

只今ヨハネによる福音書6章34節以下を読みいただきました。読んでいただきましたが、何かすっきりしない、分かりづらい文章のように思います。注意してみますと、35節と36節の間で文脈が途切れているように思われます。実際に、36節からを新しい段落にしている翻訳もあります。

このことについて、学者たちの理解は、36－40節は本来のヨハネ福音書にはなかく、後の人の編集だということです。更に36－40節に示されている信仰理解、言葉遣いも本来のヨハネによる福音書のものとは異なるというのです。確かにそのように思います。因みに、35節から41節に跳んで読みますと、その方が理解しやすいのです。つまり、35節で主イエスが「わたしは命のパンである」と言われ、41節で「ユダヤ人たちは、イエスが『わたしは天から降って来たパンである』と言われたので、イエスのことでつぶやき始め」と続く方が理解しやすいのです。何かしらの事情が後のヨハネの教会にあって、ここを編集したものと思われます。

36節以下の信仰理解がヨハネ本来のものとは異なったものとなっていることを具体的に申し上げますと、40節には「父の御心は、子を見て信じる者が皆永遠の命を得ることであり、わたしがその人を終わりの日に復活させることだからである。」とありますが、キリスト者、信仰者の救い、復活というものが、遠い将来、「終わりの日」に追い遣られているのです。これはヨハネによる福音書本来の信仰理解とは相容れないのです。ヨハネによる福音書が語る救いは、いつか遠い将来のことではなく、今日のことなのです。

11章に出てきますラザロという、主イエスの愛していた人が病気で死んだ時のことです。主イエスは涙ながらに嘆く姉妹に「あなたの兄弟は復活する」と慰められたのです。姉妹のマルタは、「終わりの日の復活の時に復活することは存じております」と応えます。これに対して主イエスは「わたしは復活であり、命である。わたしを信じる者は、死んでも生きる。」と諭されるのです。「終わりの日」ではなく、主イエスご自身が復活であり、主イエスがおられるところ、そこに復活があるのだと仰るのです。

この主イエスのお言葉と40節の「わたしをお遣わしになった方の御心とは、わたしに与えて下さった人を一人も失わないで、終わりの日に復活させることである。」という言葉とは、一人の人の言葉としては相容れません。

お読みいただきました35節の「わたしが命のパンである」とのお言葉の基調は、今申し上げましたマルタへのお言葉と同じものです。そしてこの言葉は6章の最初の小見出しに「五千人に食べ物を与える」とある出来事の流れを受けたものです。

この「五千人に食べ物を与える」出来事は、主イエスを求めて多くの人々がやって来たことに始まります。ヨハネはそれを男五千人としますが、女性も子どももいたわけですから、実際にはもっと多くの人々です。このような状況で、主イエスは弟子のフィリポに、「この人たちに食べさせるには、どこでパンを買えばよいだろうか」と質問を投げかけました。もちろん即答できる問ではなかったのです。弟子のひとりのアンデレが主イエスに言うのです、「ここに大麦のパン五つと魚二匹とを持っている少年がいます。けれども、こんなに大勢の人では、何の役にも立たないでしょう。」と。けれども主イエスは感謝の祈りの後、その安価な大麦パン五個と、二匹の魚を裂いて人々に配ったのです。人々は満腹し、少しも無駄にならないようにと集めたパン屑は十二の籠に一杯になったというのです。

我々はこの物語をどのように受け止め、理解すればよいのでしょうか。主イエスは神の子だから凄いことが出来るんだ、ということではない筈です。ヨハネはそのようなことを伝えたかったのではない筈です。では何か。私には裂かれたパンが主イエスご自身を表しているように思えるのです。ヨハネもそのことを伝えたかったのだろうと思っています。

常識的には五個しかないパンは何の役にも立たない、安価なパンで有難味は殆どない。弟子たちはそのように思っていたのです。主イエスはそのように思われていたパンを感謝してお祈りし、裂いて配られたのです。主イエスがご自身を十字架で裂かれることを予め告げているように思えます。

自分が手に入れたものを自分だけのものとして、自分のためだけに用いるのではなく、手に入れたもの、与えられたものを隣人と分かつとき、それがたとえ安価なものであったとしても、分かたれる場が喜びと感謝、讃美の場に変えられる、そのような側面もあります。それは遠い「終わりの日」ではなく、分かたれるその時です。その場に集う者は満腹するのです。

店頭で売られているパンは、時の経過とともに古くなり、人の腹を満たすことができなくなります。しかし主イエスが裂かれた命のパンは色褪せることはないのです。否、分かたれたパンは朽ち果てても、人を満たして余りあるのです。そのパンに与《あずか》る者もまた、朽ちることのない者へと変えられるのです。復活者の命に与ることを許されるのです。これは主イエスのマルタへの言葉、「わたしは復活であり、命である。わたしを信じる者は、死んでも生きる。」に通じるものです。

今日は34節から読み始めていただきましたが、直前の33節で主イエスは「神のパンは、天から降って来て、世に命を与えるものである。」と、近づいてきた人々に語っておられます。神のパンとは命のパンであり、今申し上げた、主イエス自らが裂かれたパンです。

しかし、人々は神のパンも、食卓に並べるパンも同じものとしてしか聞くことが出来なかったのです。人々のキリストは、食卓のパンを常に備えてくれる方だったのです。実際、主イエスは五千人の人々にパンをお配りなった出来事の後、ご自分を世の王にしようとする人々に連れて行かれそうになったのです。

35節からも人々の食卓のパンを求める思いは伝わってきます。彼らは主イエスに要求するのです、「主よ、そのパンをいつもわたしたちにください」と。しかし、それは無常、有為転変の世界で、無常ならざるものを求めているということであり、無いものねだりです。しかし、無いものはないのです。無いものを在るかのように求めること、これも聖書の言葉で申し上げれば罪です。錯覚に基づくわけですから、良い結果が生まれる筈はないのです。自らのことにのみに心奪われ、人の痛み、苦しみへの無関心へと繋がるのです。人の心は荒び、飢え渇きをもたらします。

しかし主イエスが「わたしが命のパンである」と仰るとき、そのパンは苦しみ、悲しみ、飢え渇きを覚える人々に与えられる裂かれたパン、ご自身の命です。そのパンに与るところに我々の命の豊かさがあるのです。このパンは我々が自力で手に入れることが出来るものではなく、只々恵みとして与えられるものなのです。裂かれた復活の主イエスは、今日も我々の傍らにいて下さるのです。今日、その恵みに与る者とされ、御名を讃美したい。

《お祈り》

ラザロの姉妹マルタに「わたしは復活であり、命である。わたしを信じる者は、死んでも生きる。生きていてわたしを信じる者はだれも、決して死ぬことはない。」と仰った主イエスは、今も我々に同様の言葉で語り掛けて下さっていることを知らされますから感謝します。主イエスが「わたしが命のパンである」と語られるとき、それはご自身が裂かれたパンであることを知らされています。どうか我々がそのパンをいただくことが出来ますように、主イエスのご復活の命に与ることが出来ますように、主よ、我々を憐れみ、信仰をお与えください。

主よ、今日の礼拝を覚えつつも集うことの叶わない兄姉がおられます。どうぞ、主イエスが親しくお臨み下さり、夫々の事情を顧みて下さいますように。殊にご高齢故の弱さ、重みを感じる方々、病の中にある方々、不安の中にある方々を顧みて下さいますように。

この後二〇一五年度の定期教会総会がもたれます。総会が御心に叶うものとなりますように、祈りの内に臨むことが出来ますように。この年度の歩みが導かれますように。

放火殺人とか、未成年の人が被害者となる事件が報道されています。一人の存在が小さな物のように扱われています。主よ、どうぞ社会が人と人との温かな係りを大切にすることが出来ますように導いてください。我々がそのために証しすることが出来ますように。

今日からの一週間、分かたれたパンを備えられていることを覚えて過ごすことが出来ますように。また良きものを隣人と分かつことの出来る者として下さい。我々の主イエス・キリストの御名によって祈ります。アーメン

（四月二六日）

慈愛が来た

21 それでは、律法は神の約束に反するものなのでしょうか。決してそうではない。万一、人を
生かすことができる律法が与えられたとするなら、確かに人は律法によって義とされたでしょ
う。22 しかし、聖書はすべてのものを罪の支配下に閉じ込めたのです。それは、神の約束が、
イエス・キリストへの信仰によって、信じる人々に与えられるようになるためでした。23 信仰
が現れる前には、わたしたちは律法の下で監視され、この信仰が啓示されるようになるまで閉じ
込められていました。24 こうして律法は、わたしたちをキリストのもとへ導く養育係となった
のです。わたしたちが信仰によって義とされるためです。25 しかし、信仰が現れたので、もは
や、わたしたちはこのような養育係の下にはいません。

ガラテヤの信徒への手紙　3章21－25節

「苦しみにあったことは、わたしに良い事です。これによってわたしはあなたのおきてを学ぶことができました。」(詩119・71)、このように詩編の詩人は告白します。もちろん、詩人は苦しみそのものが良いと言っているのではないのです。苦しかった、辛かった、しかし苦しみを通して大切なものを見ることができるようになった、新たな視点を与えられた、そこで新しい世界見ることができた、そのように言うのです。詩人が語る「苦しみ」あるいは「卑しめ」(新共同訳)が

何であったのか、定かには分かりません。あるいは戦争による苦しみなのか、友の裏切りに遭った苦しみ、病の苦しみ、生活の苦しみなのか、そのような好ましくないと思われていたことを通して、神の恵み、恩寵、慈愛を見出したというのです。もしその苦しみがなければ、詩人は傲慢な日々、感謝のない日々を過ごしていたことでしょう。もし、その苦しみから掟を学ぶことがなく、恩寵を見る目を与えられなかったなら、詩人は不平、不満、恨みと嘆きの日々が続いたことでしょう。しかし、詩人は苦しみに遭ったことで、そのようなことから解放されたから良かったと言うのです。

お読みいただきましたガラテヤの信徒への手紙を書きましたパウロも、詩人とはまた異なる苦しみの日々を過ごしたのです。その苦しみを通して、パウロもやはり大切なものが見えるようになったのです。その喜び、信仰を与えられた喜びをパウロは、「キリストのゆえに、わたしはすべてを失ったが、それらのものを、ふん土のように思っている。」(口語訳)とまでいうのです。

この手紙でパウロは「養育係」という言葉を使っていますが、それを詩人に当てはめれば、「苦しみに遭ったこと」が養育係となり、自分を成長させてくれた、掟を学ぶことができた、ということになります。

パウロの苦しみは何であったのか。それは律法です。律法の苦しみを通して、信仰を与えられ、救いを与えられたのです。律法の苦しみを、パウロはローマの信徒への手紙の中で「わたしはなんと惨めな人間なのでしょう。死に定められたこの体から、だれがわたしを救ってくれるでしょうか。」（ローマの信徒への手紙7・24）と嘆くのです。
ところでパウロがこのガラテヤの信徒への手紙を書くのは、福音を受け容れ、救われた筈のガラテヤ教会の人々が再び律法の苦しみを自らに招くような事態となっている、そのような危機感をもったからです。律法が人に救いをもたらすものではないことを再度訴えるのです。

本来、律法というのは単なる規則集ではありません。例えばイザヤ書2章3節に「律法はシオンから出、主の言葉はエルサレムから出る」（口語訳）とあります。この律法を新共同訳では、「主の教え」と訳しています。つまり、律法は本来主の言葉であり、主の教えなのです。それを多くのイスラエルの人々は、規則集、救いのマニュアルのように変質させていったのです。その規則、マニュアルを守れば救われる、命、幸いを手に入れることができる、そのような受け止め方をするようになったのです。そうしますと、神さまの恵みによって救われる筈の信仰が、神さまの恵みではなく、掟を守る自分の努力に依って救われるという落とし穴に陥るのです。マニュアルに従った結果だから、当然のものといことになるのです。神さまの恵みはなくとも、マニュアル通り実行すれば神の国に入ることができるということになるのです。しかし、本来救いにマニュアルなどある筈もないのです。人が救いを得ようと、マニュアルに忠実であろうとすればするほど、神さまの恵みから離れて、自力世界の苦しみに陥るのです。

21節でパウロが「万一、人を生かすことができる律法が与えられたとするなら、確かに人は律法によって義とされたでしょう。」と語っていますが、その律法は今申し上げた救いのマニュアルです。置き換えて言うと「万一、人を生かすことができる救いのマニュアルが与えられたとするなら、確かに人は救いのマニュアルによって義とされたでしょう。」、救われたでしょう、となるのです。ガラテヤ教会で生じていた事態は正にこの律法のマニュアル化、自力救済です。

さて、お読みいただきました最初の言葉、21節でパウロは、「律法は神の約束に反するものなの」かと問うています。約束というのはアブラハムに与えられた祝福の約束です。パウロは言うのです、アブラハムへの祝福は、アブラハムが何かをしたからご褒美として与えられたのではなく、一方的に、神の約束として与えられたのであって、律法はアブラハムへの約束から四三〇年後に与えられたではないか、と。つまり、神の恵みは人の思い、願い、業に先立つものであり、律法というマニュアルを実行したからではない、というのです。

22節の「神の約束が、イエス・キリストへの信仰によって、信じる人々に与えられる」ということは、そのことを示すものです。ただ、此処で注意をしなければなりません。信仰によって与えられるということは、私が頑張って、力んで信じるということではないのです。また私の判断力とか、疑いに目をつぶってでも熱心に信じるということでもないのです。これは既に何度か申し上げていることですが、此処では「信仰」という訳語が誤解を与えているのです。

このことをご説明するために、ローマの信徒への手紙3章3節を読みたいと思います。そこには「彼ら（ユダヤ人）の中に不誠実な者たちがいたにせよ、その不誠実のせいで、神の誠実が無にされるとでもいうのですか。」とあります。この神の誠実という箇所を機械的に訳せば「神の信仰」が無にされるのか、ということになります。つまり、信仰には人の信仰もあれば、神の信仰もあるということです。そのような意味合いをもつものであり、それにふさわしい訳語が求められるのです。ですから人によっては信仰を誠実とか信実と訳すのです。つまり、神の誠実さと、それに応答する人の誠実さもあるのです。ですから、信仰と訳されている言葉は訳語の一貫性を欠くことになりますが、私は慈愛と訳しても可いものと思っています。「神の祝福が、イエス・キリストの慈愛によって、信じる人々に与えられる」となるのです。

さらに22節に訳の問題があります。「イエス・キリストへの信仰によって」とありますが、これは今申し上げました「信仰」という訳語に拘った故の無理な訳であり、間違いと言って良いものです。「イエス・キリストへの信仰によって」ではなく、「イエス・キリストの信仰によって」であり、「イエス・キリストの慈愛・信実によって」ということなのです。人の努力とか、熱心さは関係なく、我々に恩寵が備えられているのです。

少し横道にそれるかもしれませんが、教会で時に聞かれる神学の専門用語「信仰義認」は、私が頑張って信じるから義とされるということではなく、今申し上げた神の誠実さ、神の慈愛によって一方的に義とされる、つまり救われるということです。有名なローマの信徒への手紙3章28節「人が義とされるのは律法の行いによるのではなく、信仰による」という言葉もまた同様です。

イエス・キリストの慈愛、此処に示されるのはイエス・キリストが誠実、信実、慈愛そのものなのだ、そのようにいうことができると思います。それは十字架によって示されているのです。3章13節には「キリストは、わたしたちのために呪いとなって、わたしたちを律法の呪いから贖い出してくださいました。」とあります。主イエスの十字架は、マニュアル律法が如何に人を残忍で冷酷なものにするのかを示しています。その冷酷さ、呪いを主イエスは十字架で負って下さっているのです。

我々は現在日常生活で律法という言葉を使用することは、まずありません。しかし、聖書の時代と同様に、我々は現代の律法、マニュアル、常識に取り囲まれて生活しているのです。あれをすれば幸せになる、豊かさ、力を付けることができる、幸いになる、そんなマニュアル社会です。けれども我々の作り出したマニュアルによって、我々は自分で自分を裁き、もがき苦しみ、また人を苦しめ、希望を奪っているのです。人の温かさ、優しさが失われているのです。この苦しみを養育係として、我々を生かすのはマニュアルではなく、神の慈愛によるものであることを身を以て知らされたいと願います。慈愛が既に我々のところに来て下さっているからです。

《お祈り》

主イエス・キリストの父なる神様、今日も我々をこの場に招き、慈愛を知る場として下さいましたから感謝します。我々一人、独りは多くの苦しみ、悲しみを負って生きています。しかし、その苦しみ、悲しみは、慈愛の神が我々を見捨てたことを意味するのではないことを知らされています。さらに、ここにもご復活の主イエスが共にいて下さることを示されていますから感謝します。苦しみの時、主イエスよ、我々が十字架を見る者として下さい、呪いを自ら受け給うた方の慈愛を知る者として下さい。

今日の礼拝を覚えつつも、集うことのできない兄姉を思います。夫々の事情を抱えていますから、その事情を顧みて下さいますように。殊に健康上、体調の不安と痛みを覚える方々を顧みて下さいますように。使徒パウロは「神は真実な、誠実な方です。あなたがたを耐えられないような試練に遭わせることはなさらず、試練と共に、それに耐えられるよう、逃れる道をも備えていてくださいます。」(コリントの信徒への手紙一10・13)と言います。どうぞ、逃れの道を備えて下さいますように。

先週我々は、あなたの導きの内に定期教会総会を開催し、終えることができました。この年度の歩みがあなたの十字架を仰ぎつつ歩むことができますように。

報道ではネパール地震で死者の数がドンドン増え、未だに支援、救助の手が差し伸べられていない地域もあるとのことです。多くの人々の苦しみ、悲しみが顧みられますように。そこにもあなたが御立ち下さいますように。

今日からの一週間、与えられ、備えられている慈愛を受け止めつつ歩む者として下さい。我々の主イエス・キリストの御名によって祈ります。アーメン

（五月三日）

謙りの目

1 イエスは、民衆にこれらの言葉をすべて話し終えてから、カファルナウムに入られた。2 と
ころで、ある百人隊長に重んじられている部下が、病気で死にかかっていた。3 イエスのこと
を聞いた百人隊長は、ユダヤ人の長老たちを使いにやって、部下を助けに来てくださるように頼
んだ。4 長老たちはイエスのもとに来て、熱心に願った。「あの方は、そうしていただくのにふ
さわしい人です。5 わたしたちユダヤ人を愛して、自ら会堂を建ててくれたのです。」6 そこ
で、イエスは一緒に出かけられた。ところが、その家からほど遠からぬ所まで来たとき、百人隊
長は友達を使いにやって言わせた。「主よ、御足労には及びません。わたしはあなたを自分の屋
根の下にお迎えできるような者ではありません。7 ですから、わたしの方からお伺いするのさ
えふさわしくないと思いました。ひと言おっしゃってください。そして、わたしの僕をいやして
ください。8 わたしも権威の下に置かれている者ですが、わたしの下には兵隊がおり、一人に
『行け』と言えば行きますし、他の一人に『来い』と言えば来ます。また部下に『これをしろ』
と言えば、そのとおりにします。」9 イエスはこれを聞いて感心し、従っていた群衆の方を振り
向いて言われた。「言っておくが、イスラエルの中でさえ、わたしはこれほどの信仰を見たこと
がない。」10 使いに行った人たちが家に帰ってみると、その部下は元気になっていた。

ルカによる福音書　7章1－10節

お読みいただきましたルカによる福音書7章には百人隊長という言葉が登場します。口語訳では百卒長と訳されていたものです。文字通りには百人の兵隊たちの長、指揮者です。当時パレスチナを支配していた軍隊の一つの組織です。もっとも実際に百人ということではなく八〇人程度であったということです。ですから登場します百人隊長はローマ帝国の軍人であり、ユダヤ人から見れば異邦人、異教徒であったということです。ユダヤ教の立場からは、汚れた人々であり、救い難い人々とされていたのです。例えば使徒言行録にあります「ペトロがエルサレムに上って来たとき、割礼を受けている者（つまりユダヤ人）たちは彼を非難して、『あなたは割礼を受けていない者たちのところへ行き、一緒に食事をした』と言った。」（11・2－3）という表現に、ユダヤ人と異邦人との関係が示されています。今日登場します百人隊長も、そのような事情を知っていたのです。

この百人隊長はそのポストに見合う経験を積んでいたことが推察されますが、年齢は何歳位だったのでしょうか。今申し上げた経験というのは軍人としてのものであり、戦場での戦いの経験です。何人もの敵を殺していたでしょう、自分の命が危うくなったこともあったことでしょう。戦友の死も身近に知らされ、命の儚さ、死に行く者に対する人の無力を十分知っていた筈です。その彼が今、死にかかっている部下である一人の者への思いを表しています。人の無力さを知らされているのです。

「百人隊長の部下」と聖書にあります。百人隊長の部下というと軍人のように思われますが、そうではない筈です。口語訳では「部下」は「僕」と訳されていました。つまり奴隷です。軍人であれば８節にあるように「兵隊」という言葉を使用したものと思います。その奴隷は有能且つ忠実な人だったようです。百人隊長に重んじられていた、頼みにされていたというのです。その彼が今にも死にそうなのです。一人の兵卒として何人もの死に立ち会っていた筈の百人隊長は、もうこの僕が回復するのは困難なのではないか、そのような思いをもっていたものと思います。僕の回復はもう人の力を超えた状況であることを悟ったものと思います。

このような人の力を超えた状況で、百人隊長はかねてより聞いていた主イエスのことを思い起こしたのです。主イエスのお言葉、主イエスの業に期待するものがあることを受け止めていたのでしょう。そこで彼は親しくしていたユダヤ人の長老たちに伝言を頼んだのです。長老というのはその町のユダヤ教の共同体に属する指導的立場の人たちだと思います。先ほども申し上げましたように、ユダヤ人には異邦人たちへの選民意識がありましたので、それを乗り越えてつきあうことのできる結びつきがあったということです。そのような関係を築く一つが、今日お読みいただきましたようなユダヤ教の会堂の提供です。

また、百人隊長が伝言を頼むということは、異邦人との直接的な接触を嫌うユダヤ人への配慮をしていたということです。支配する立場で、権力を与えられ、戦を職業とする人がこのような配慮を見せるということは、不思議なことです。人が権力、権限を与えられ、財を与えられると、それらが自分自身に固有のものであるかのように錯覚してしまいがちです。けれども今日の百人隊長にはそのようなことが見受けられません。これも不思議なことです。彼は軍人として人の命の儚さを見たのみならず、そこから人の無力さ、移ろい易さをも見て取ったのではないか、謙って己を見ることができたのではないか、と推測しています。同時に主イエスにお願いするということは、人の力を超えるものを主イエスに見る目を与えられていたのです。

このようなことから、そもそもの発端であります僕のためにわざわざ人を送るということも、単に僕が有能で頼りになる存在であり、死なれたら自分が困るということだけでなく、一人の人としての僕への思いがあったのではないかと推測されます。

この百人隊長の思いは、伝言を託された長老たちを通して主イエスに伝わったのです。主イエスも百人隊長の思いに応えるべく、彼が異邦人であるということに捕らわれることなく、出かけていくのです。

ところがその途中で、百人隊長は主イエスに人を送るのです。今度は友人が使者となりました。友人を介して言います、「ひと言おっしゃってください。そして、わたしの僕をいやしてください。」と。隊長が欲しかった主イエスのお言葉、それは僕が癒されるようにという言葉です。細かく申しますと「わたしの僕が癒されよ」とい受動形の命令です。「僕が癒されよ」、そのひと言、命令の言葉、百人隊長が望んだ言葉はそれだったのです。

ここにも軍人としての百人隊長の生活が反映しているように思います。つまり、直接自分たちの命に係る戦での指揮官、隊長の命令は絶対であって、それがなければ軍隊が成り立たないのです。それが8節の言葉が示すものです。「わたしも権威の下に置かれている者ですが、わたしの下には兵隊がおり、一人に『行け』と言えば行きますし、他の一人に『来い』と言えば来ます。また部下に『これをしろ』と言えば、そのとおりにします。」とあるように、権威ある者としての主イエスが、「あなたの僕が癒されよ」とのお言葉、命令を発せられるならば、それは成就するということなのです。

主イエスは百人隊長の言葉に感心した、文字通りには驚いたというのです。「イスラエルの中でもこれほどの信仰は見たことがない」とまで言われるのです。イスラエル、選びの民の名前でありますが、元々の意味は「神は戦う」という意味でした。此処でイスラエルの名前が出るのは、あなた方の神、戦う神の御言葉、命令への忠実さ、信頼は如何なものか、そのように問うているようでもあります。果たして百人隊長の僕は、元気にされたのです。

7章最初のこの出来事を、ルカは6章の「家と土台」との小見出しに続くものとして伝えてくれています。この家と土台で主イエスは「わたしを『主よ、主よ』と呼びながら、なぜわたしの言うことを行わないのか。」と語っています。御言葉が軽んじられるならば、我々の人生の土台が揺らいでしまうのだと仰るのです。我々は御言葉、つまり慈愛という土台でしか命を与えられないのです。そこに我々は如何に忠実に立っているのか、問われています。

ユダヤの人々を支配する権力、また会堂を寄贈する程の富を与えられていた百人隊長は、傲慢と錯覚に陥ることなく、人の弱さ、脆さを知っていたのです。聞き及んだ主の御言葉、慈愛の前で謙りを与えられ、揺らぐことのない慈愛への揺るぐことない信を与えられたのです。彼が頑張ったからではなく、彼が人の弱さ、限りあることに直視した結果です。そこではもうユダヤ人とか異邦人という垣根はなくなり、主人も奴隷もなくなったのです。

《お祈り》

主なる神さま、今日も我々をこの場に我々をお集めくださり、御言葉の確かさ、慈愛の確かさを、百人隊長を通して示されています。年度主題聖句、「あなたはわたしの僕／わたしはあなたを選び、決して見捨てない。恐れることはない、わたしはあなたと共にいる神。」との御言葉を思い起こすものがあります。主よ、我々がこの世の歩みを僕として、御言葉に信頼し、終わりまで歩むことができますように、憐れみをお示し下さい。

愛する者を御許に送り、悲しみと寂しさの中にいる者がございます。どうぞその思いをあなたが顧みてくださいますように。あなたが親しくお臨み下さいますように。また今日の礼拝を覚えつつも、集うことのできていない兄姉を思います。殊に病の故に入院されている方々を思います。あなたの御手を以てお支え下さり、慰め、励ましをお与えください。また止むを得ない事情で集うことのできない兄姉もいます。顧みてくださいますように。

先週は教区総会が開催され、新しく教区三役が選出されました。その働きが守られ、教区、教会の繋がりが保たれ、働きが祝されますように。

この後もたれます定例役員会を顧みて下さい。

ネパール地震の死者が八千人を超えたとのニュースがありました。遺族の悲しみ、被災された方々の日々の生活を思います。思いを寄せることができますように。

今日からの一週間、御言葉の確かさを知る者として下さいますように。主イエス・キリストの御名によって祈ります。アーメン

（五月十日）

イエスの励まし

16 さて、十一人の弟子たちはガリラヤに行き、イエスが指示しておかれた山に登った。17 そし
て、イエスに会い、ひれ伏した。しかし、疑う者もいた。18 イエスは、近寄って来て言われた。
「わたしは天と地の一切の権能を授かっている。19 だから、あなたがたは行って、すべての民を
わたしの弟子にしなさい。彼らに父と子と聖霊の名によって洗礼を授け、20 あなたがたに命じ
ておいたことをすべて守るように教えなさい。わたしは世の終わりまで、いつもあなたがたと共
にいる。」

マタイによる福音書　28章16－20節

　主イエスがご復活された朝、最初にご復活の主イエスにお会いしたのはマグダラのマリアとヤコブの母マリアでした。その二人の女性に主イエスは「恐れることはない。行って、わたしの兄弟たちにガリラヤへ行くように言いなさい。そこでわたしに会うことになる。」と仰いました。お読みいただきましたマタイによる福音書28章で十一人の弟子たちがガリラヤに行ったのは、二人のマリアから主イエスの伝言を聞いたことを受けているのです。只、マタイは指示されていたガリラヤの山に行ったと伝えていますが、二人のマリアは、指示した山に行くようにとの伝言は受けていません。主イエスからは「ガリラヤへ行くように」とだけ指示されていました。あるい

はマタイにとっては山に行くことは当然のことであったのかも知れません。何故なら、旧約聖書の伝統では、山は神の啓示の場、救いの場、非日常の場であったからです。我々はモーセが十戒を授かったシナイの山を思い起こすことができますし、主イエスがいわゆる山上の説教をされた山を思い起こすことができます。そのようなことから、マタイにとって、ご復活の主イエスと弟子たちとの出会いの場は自ずと山となったものと思われます。

ところで、キリスト教信仰にとって、主イエスのご復活は最も大切な出来事です。最も大切なことは確かなことなのですが、マタイが弟子たちとご復活の主イエスとの出会いの場が、指定された山であったと聞きますと、疑問をおもちになる方もおられるのではないかと思います。それは福音書によってご復活の主イエスと弟子たちとの場が異なっていることです。例えばルカによる福音書ではエマオへの道を歩んでいた二人の弟子に近づいてこられ、それがご復活の主イエスと分かったのは、宿での食事の時でした。他の弟子たちはエルサレムで主イエスが真ん中にお立ちになりました。しかし「彼らは恐れおののき、亡霊を見ているのだと思った。」とルカが伝えるように、やはりご復活の主イエスであることを受け止めることができませんでした。

ヨハネはどうでしょうか。弟子たちがユダヤ人を恐れてエルサレムの自分たちの家の戸を閉め切っている場に、主イエスが来てくださったのです。手と脇腹の傷を見て主イエスと分かりました。その後、ティベリアス湖で七人の弟子が一緒に漁をしている場に現れましたが、それが主イエスだと分かるまで時間がかかったのです。マルコによる福音書では弟子たちはガリラヤでお目にかかれると語るのみです。

このように見て参りますと、教会にとりまして最も大切な主イエスのご復活の出来事は一様ではないのです。このことは、主イエスのご復活というものが、誰でもが何の疑問もなく受け止めることができる、という類いのものではないということを語っているように思います。また、ご復活の主イエスに出会うのも、特定の場とか時刻などに縛られるものではないのです。

マタイによる福音書の山での出会いも、同様です。17節の「疑う者もいた」という言葉が主イエスのご復活が誰にとっても自明のものではないということを表しているように思います。訳文では何人かはすぐ主イエスのご復活を了解したが、何人かは疑った、そのように受け止められる表現です。多くの訳はお読みいただいた訳と同様のものです。しかし、素直に訳すと、17節の後半は「しかし、彼らは疑った」となるものです。一部の弟子たちだけが疑ったのではなく、十一人の弟子たちは皆ご復活の主イエスにお会いして、心が揺れ動き、戸惑った、そのように受け止められる文言です。

例えばヨハネによる福音書が伝えるティベリアス湖でのご復活の主イエスとの出会いは、筆頭弟子のペトロも受け止めることができなかったのです。他の弟子が「主だ」と言ったので、裸同然のペトロは海に飛び込んだのです。ルカによる福音書は弟子たちが亡霊と思ったというのは今申し上げたとおりです。これらのことからも、「疑う者もいた」ではなく彼らは疑った、心が揺れたということでよろしいのではないかと思うのです。

そうです、聖書では主イエスのご復活という出来事は、決して一様なものとして描かれてはいないのです。弟子たちの生活の場が異なるように、夫々が異なった場で弟子たちは主との出会いを与えられるのです。何の疑いとか動揺、失意もなく、ご復活の主イエスとの出会いがあるのではないのです。

疑うということ、心揺れるということは、より真実なものを求めるということでもあるように思います。より真実なものを求めるということは、我々は全てのことを一度に受け止めることはできない、ということです。失敗をしたとき、厳しい状況、思いがけない出来事に遭遇したとき、病を得たとき、愛する者が亡くなったとき、それらは我々が人生の新しい局面、より真実なものの一面を知らされる機会ともなるのです。

マタイが伝えるガリラヤでのご復活の主イエスとの出会いもまた同様でした。疑う弟子たちに対して、主イエスは、「何と信仰の薄い者よ」とお叱りになることはありませんでした。そうではなく、そのような彼らに近寄ってこられたのです。それは弟子たちへの励ましのように思うのです。

少し細かなことを申し上げますと、ガリラヤの山でのご復活の主イエスと出会ったとき、弟子たちは主イエスを拝したのです。ですからご復活の主イエスであるということは受け止めたということになるでしょう。しかし、今申し上げたようにそれが一度で、いわゆる腑に落ちたということではなかったということでしょう。そのような彼らに主イエスはお声をおかけになるのです。近づいてくださるのです。それは恵み、命というものは、我々が追いかけ、追い求めることに先だって近づいてくるものだという、慈愛の一面を示しているように思います。疑い揺れる弟子たちに、主イエス自ら、慈愛の方から近づき声を掛けてくださる、そのようなことをこの山上での出会いは語っているように思います。

この真実こそ人を生かし、喜びとか希望、慰めを与える基があるのです。「全ての民をわたしの弟子にしなさい」との主イエスの命令は、数を増やし、勢力を拡大しなさいということではなく、ご復活の主イエスがお示しくださっている喜び、慰め、希望に全ての民があずかることができるように、ということでしょう。我々もまた礼拝の場で、祈りに、また職場で、家庭で、家族友人との語らいに、ご復活の主イエスに出会うことができるように、願い祈ります。

《お祈り》

主イエスは山上の説教で仰いました「求めなさい。そうすれば、与えられる。探しなさい。そうすれば、見つかる。門をたたきなさい。そうすれば、開かれる。」と。主よ、我々もご復活の主イエスと今日も出逢うことができますように、祈ります。ご復活の光を仰ぐことができますように、門を叩き続けます。ご復活の主イエスが自ら我々に近づいてくださっていること知る者としてください。

今日の礼拝を覚えつつも集うことのできていない方々を覚えます。御言葉によって我々は生かされることを知らされていますから、病の中にある者に主よ、あなたが近づき、お言葉を与えてくださいますように。痛みを覚える者、不安を覚える者にお臨みくださいますように。止むを得ない事情で集い得ないものを、あなたが励ましてくださいますように。

次週は教会の誕生日ともいわれる聖霊降臨日を迎えます。そこに示されます恵み、喜びを知る礼拝となりますように、導いてください。聖餐式を祝してください。

内閣の動きを見るとき、数の力を頼りに、言葉を弄び、強引に憲法を骨抜きにする思いが伝わってきます。どうぞ我が国の進路が、平和を求めるものでありますように、力をお与えください。

この後もたれます聖歌隊の練習を顧みてください。

今日からの一週間が、近づき給う主イエスを覚えつつ過ごすことができますように。

主イエス・キリストの御名によって祈ります。アーメン。

（五月一七日）

喜びを携えて

19 その日、すなわち週の初めの日の夕方、弟子たちはユダヤ人を恐れて、自分たちのいる家の
戸に鍵をかけていた。そこへ、イエスが来て真ん中に立ち、「あなたがたに平和があるように」
と言われた。20 そう言って、手とわき腹とをお見せになった。弟子たちは、主を見て喜んだ。
21 イエスは重ねて言われた。「あなたがたに平和があるように。父がわたしをお遣わしになった
ように、わたしもあなたがたを遣わす。」22 そう言ってから、彼らに息を吹きかけて言われた。
「聖霊を受けなさい。23 だれの罪でも、あなたがたが赦せば、その罪は赦される。だれの罪で
も、あなたがたが赦さなければ、赦されないまま残る。」

ヨハネによる福音書　20章19－23節

只今ヨハネによる福音書をお読みいただきました。お気づきの方も多かろうと思うのですが、実は今日の聖書の箇所は四月五日のイースターに与えられた御言葉と同じものです。そのイースターから七週間が経ち、今日は五〇日目の日曜日、ペンテコステといわれる聖霊降臨日です。教会の三つの大きなお祭りの一つです。しかし、それにしましてもクリスマスとペンテコステの迎えた方の温度差は可成り大きなものがあり、イースターよりもなお地味なお祭りとなっているような印象をもちますが、如何でしょうか。何故なのだろうと思うのです。考えられる一つの要因

は使徒言行録が伝えるペンテコステの出来事の記事にあるように思うのです。

使徒言行録の2章はペンテコステに読まれる聖書の箇所の定番といえるでしょう。わたしたち日本基督教団の聖書日課も、本日箇所として使徒言行録の2章が挙げられています。使徒言行録では既に1章から聖霊降臨については言及されていました。1章8節には「あなたがたの上に聖霊が降ると、地の果てに至るまで、わたしの証人となる。」とあります。この「証人となる」ということを受けてのことなのでしょうか、「信徒の友」の本日の日毎の糧欄のメッセージには「今日は聖霊降臨日です。聖霊によって教会が誕生した日でもあります」との記述があります。続いて2章には「一同が一つになって集まっていると、突然、激しい風が吹いて来るような音が天から聞こえ、彼らが座っていた家中に響いた。そして、炎のような舌が分かれ分かれに現れ、一人一人の上にとどまった」等の、印象的な出来事が記されていました。

ペンテコステは教会の誕生日には間違いないのですが、しかしペンテコステは「炎のよう舌」が現れたという現象が最も大事な事ではなく、その出来事が意味することに注意を払わねばなりません。そうでなければ大事なことが見失われたり、歪められたりするように思うのです。

ご存知のように、使徒言行録では「炎のような舌」が出現した後、ペトロが長い説教を始めています。そこでペトロは証人としての自分たちについて次のように語っています。「神はこのイエスを復活させられたのです。わたしたちは皆、そのことの証人です。」（2・32）と。「地の果てに至るまで、わたしの証人となる」とは、イエス・キリストの復活の証人となることだったのです。使徒言行録が伝える、部屋を揺り動かすような出来事は、この主イエスのご復活が見落とされてはならないのです。教会が誕生するということは、教会が主イエスのご復活を証言することとなったことを意味するものであり、それは教会に欠くことのできないことなのです。このように、ペンテコステは主イエスのご復活と切り離されてはならないのです。結びついてこそ、ペンテコステの意味が与えられるのです。

このことは、お読みいただきましたヨハネによる福音書のご復活の記事が、「聖霊を受けよ」という主イエスのお言葉と繋がっていることからも窺うことが出来ます。

また「聖霊を受けよ」とのお言葉は、個々の弟子にバラバラに主イエスが仰ったのではなかったことに注目したいと思います。個々の弟子たちにではなく、弟子たちという繋がりのある人々に、つまり教会に向かって語られたものであります。教会の真ん中に、ご復活の主イエスがお立ちくださり、釘で傷ついた手と、槍で刺された脇腹をお見せになったのです。手と脇腹はご復活の主イエスが十字架を負った方であるという現実を示すものです。

大祭司カイアファは「一人の人間が民の代わりに死に、国民全体が滅びないで済む方が、あなたがたに好都合だとは考えないのか」(11・50)と語りました。これはナザレ人イエス一人を犠牲にして暴動の起こる前に、その芽を摘み取り、主イエスの十字架によって、ローマ帝国による取り潰しを避け、自分たちの身の安全を図ったということです。しかしローマ帝国という世界最大の軍事力、権力をもってしても、また大祭司の魂胆、罪も、主イエスを抹殺出来ないことを、主イエスのご復活は示すのです。

けれどもそのような主イエスのご復活を弟子たちが知るまでは、彼らには平和も喜びもありませんでした。周囲のユダヤ教社会から身を隠すように、締め切った部屋で、怯えていたのです。そのような弟子たちの真ん中にご復活の主イエスがお立ちくださり「あなたがたに平和があるように」との声をおかけになったのです。

この平和について、主イエスは既に「聖霊を与える約束」との小見出しの付けられた段落の14章27節で「わたしは、平和をあなたがたに残し、わたしの平和を与える。わたしはこれを、世が与えるように与えるのではない。心を騒がせるな。おびえるな。」と仰っていました。怯えていた弟子たちは、今その平和がどのようなものであるか、聖霊を与えられ、主イエスのご復活によって了解したのです。

主イエスの十字架の死は、弟子たちが自分では信仰と思っていたもの、自分の考え、願い、判断、信念などは、所詮自分という枠の中のものでしかなかったことを明らかにしたのです。彼らが身を潜めていた閉め切られた部屋というのは、その自分という枠を象徴しているのではないかと思えるのです。ペンテコステの出来事はその枠を打ち破ったのです。

結果、ペンテコステは挫折としか思えなかった十字架の主イエスの死は、敗北ではなく、救いの出来事、潰《つい》えることのない命、永遠の命のあることを示すものとなったのです。締め切られた部屋の闇に、光が射したのです。弟子たちのユダヤ人を恐れるその恐れは、喜びに変えられたのです。

「聖霊を受けなさい」というのは、元々風とか息を意味するものです。創世記2章7節に「主なる神は、土の塵で人を形づくり、その鼻に命の息を吹き入れられた。人はこうして生きる者となった。」とあるように、弟子たちは聖霊という命の息、命の風を受けて、新しい人とされ、永遠の命に与る者、生きる者とされたのです。

その喜びに、一つの使命が与えられました。21節「父がわたしをお遣わしになったように、わたしもあなたがたを遣わす」というのです。ご復活の主イエスが立ち給うところに教会が与えられたのです。さらに続けて主イエスは仰いました「だれの罪でも、あなたがたが赦せば、その罪は赦される。だれの罪でも、あなたがたが赦さなければ、赦されないまま残る」と。あなた方が許せばとは、弟子たちが好き勝手に人を裁くことが出来るということではないでしょう。そうではなく、圧倒的な力を誇り、教会に圧力をかけていたユダヤ教社会にあって、多数者の言葉が人を生かすのではなく、多数者に権威があるのでもない、そうではなく十字架とご復活の主イエスを示されているキリストの教会にこそ、人を生かす真実の言葉があるのだということを語るものであるように思われます。

ペンテコステが教会のお誕生日であるとは、今申し上げた復活の喜び、救いの喜びを含むものであり、使命を与えられる事柄です。最初のペンテコステからは時間的に大きな距離があり、文化的にも距離があるにも拘わらず、イースターの喜び、ペンテコステの喜びが今に至るまで伝えられているからこそ、わたしたちの国にも教会が与えられていることを覚えたい。我々もまたその喜びを携えて、遣わされ、語る者とされたいと思います。

《お祈り》

主イエスは「あなたがたの上に聖霊が降ると、あなたがたは力を受ける。そして、エルサレムばかりでなく、ユダヤとサマリアの全土で、また、地の果てに至るまで、わたしの証人となる。」（使徒言行録1・8）と仰いました。主よ、我々を憐れみ、あなたの聖なる霊を我々に注いでください。我々があなたの慈愛の内に置かれていることを知る者としてくださいますように。ご復活の主イエスの証人とされ、如何なる世の力も我々から希望と慰めを奪い去ることができないことを知る者としてください。多くの方々とともに、その喜びを分かつことができますように。願わくは、あなたの憐れみの内に、死の床に至るまでも御名を讃美する者としてください。

今日の礼拝を覚えつつも集うことのできない方々を覚えます。どうぞその事情を顧みてください。殊に病の方、高齢の方をお覚えください。入院している者もいます。医師、スタッフの業（技）を祝して用いてくださいますように。

礼拝堂の維持保全工事が為されています。従事する方々の業（技）を祝してください、安全が保たれますように。また必要なものが備えられますように。

あのカイアファのように、人の命が道具とされることを意に介さない政治は、今も国の内外に力を得ています。主よ、あなたの御言葉を顧みない力は、怒り、悲しみ、滅びを招くものであることを我々が訴えることができますように。

今日からの一週間が主の御言葉によって導かれるものでありますように。わたしたちの主イエス・キリストの御名によって祈ります。アーメン

（五月二四日）

挫折を越えて

22 イスラエルの人たち、これから話すことを聞いてください。ナザレの人イエスこそ、神から
遣わされた方です。神は、イエスを通してあなたがたの間で行われた奇跡と、不思議な業と、し
るしとによって、そのことをあなたがたに証明なさいました。あなたがた自身が既に知ってい
るとおりです。23 このイエスを神は、お定めになった計画により、あらかじめご存知のうえで、
あなたがたに引き渡されたのですが、あなたがたは律法を知らない者たちの手を借りて、十字架
につけて殺してしまったのです。24 しかし、神はこのイエスを死の苦しみから解放して、復活
させられました。イエスが死に支配されたままでおられるなどということは、ありえなかったか
らです。25 ダビデは、イエスについてこう言っています。『わたしは、いつも目の前に主を見て
いた。主がわたしの右におられるので、／わたしは決して動揺しない。26 だから、わたしの心
は楽しみ、／舌は喜びたたえる。体も希望のうちに生きるであろう。27 あなたは、わたしの魂
を陰府に捨てておかず、／あなたの聖なる者を／朽ち果てるままにしておかれない。28 あなた
は、命に至る道をわたしに示し、／御前にいるわたしを喜びで満たしてくださる。』

使徒言行録　2節22－28節

主イエスは弟子のペトロに向かって「わたしはあなたのために、信仰が無くならないように

祈った。だから、あなたは立ち直ったら、兄弟たちを力づけてやりなさい。」(ルカによる福音書22・32)と仰いました。しかし、ペトロはこのように主イエスが祈られたことを快く思いませんでした。ペトロにしてみれば、これほど誠実に主イエスに仕え、主イエスへの信頼に関しては人後に陥らないと自負しているにも拘らず、そのことが理解されていない、そのように思え不満に思ったようです。彼は反論して言いました、「主よ、御一緒になら、牢に入っても死んでもよいと覚悟しております」と訴えたのです。そのように反論したのですが、結果はみなさんご存知のとおりです。主イエスが逮捕されて大祭司の家に連行されたとき、「あなたもイエスの仲間だ、一緒にいたではないか」との声に、「わたしはあの人を知らない、いや、そうではない、あなたの言うことは分からない」と主イエスとの係わりを全否定したのです。そのペトロを主イエスは振り向いて見詰められたというのです。その時の主イエスの眼差しはどのようなものであったのでしょうか、視線が合ったときのペトロの思いは、どのようなものだったでしょうか。号泣したペトロはどのような思いだったでしょうか、そのようなことを思わずにはおれません。何故なら、我々の内にもペトロに通じるものをもっていると思わされるからです。

今日お読みいただきました使徒言行録2章22節以下は、そのペトロが語っているメッセージです。先週我々が迎えましたペンテコステの出来事が生じた日に語られたものです。ペトロは「ユダヤの方々、またエルサレムに住むすべての人たち、知っていただきたいことがあります」と語り始めました。このメッセージは、あの大祭司の家で号泣したペトロと同一人物のものかと思わされるほどの違いがあります。この違い、変化は一体どこから来たものなのか、我々はそのような思いを与えられます。

自分も変われるものなら変わりたい、過去に捉われることなく、新しい生き方をしたい、我々は一度や二度ならずそのように思うのです。しかし、思い願っても中々変われないのです。過去への捉われ、自分への捉われから解放されないのです。ペトロも自分の口から出た主イエスとの係わりを否定する言葉「わたしはあの人を知らない、いや、そうではない、あなたの言うことは分からない」は忘れようにも忘れられないものとなっていたに違いないのです。ペトロは自分の弱さ、脆さ、醜さ、自己嫌悪、挫折感、そのようなものに向き合わざるを得なかったに違いないのです。

その号泣のペトロが今日お読みいただきましたように力強く、確信に満ちて語ることが出来るのは、自分の過去を乗り越えてきたことを物語り、それ故に彼のメッセージの真実性を示しているように思います。まさに、主イエスが「あなたは立ち直ったら、兄弟たちを力づけてやりなさい」と仰ったその言葉を思い起こさせるものがあります。

彼がこのようなメッセージを語ることが出来たのは、主イエスのご復活の意味を悟らせた聖霊の力に依るものであり、ペンテコステの恵みです。しかもこのことは、予め神さまの御計画の内にあったことであって、ペンテコステはその成就なのだと言うのです。そのことを先ず旧約聖書の預言者ヨエルの言葉を引用して根拠づけるのです。

引用されたヨエルの言葉を締め括るのは「主の名を呼び求める者は皆、救われる」というものでした。恐らくは、ペトロ自身もこのヨエルの「主の名を呼び求める者は皆、救われる」との言葉への信頼が、彼を慰め、希望となったものと思われます。ヨエルの言葉には何の条件も示さないで、つまり人の過去、弱さ、醜さ、能力などは関係なく、主を呼び求めることこそが救いに至る道であることが示されているのです。さらに申し上げるならば、呼び求める前から神の救いは備えられている。だから、要はその備えられているものを受け止めることだ、ということです。

このことを踏まえて、今日のペトロのメッセージが語られるのです。最初にペトロが語るのは、主イエスのお働きそのものが、神から遣わされた方であることを示しているということです。少し細かいことを申し上げれば、22節にある「遣わす」という語は原文にありません。ですから例えば岩波書店版では「神からあなたたちに〔神の器として〕認証された」と訳されています。その主イエスをイスラエルの人々は、「あなたがたは律法を知らない者たちの手を借りて、十字架につけて殺してしまった」と、その罪を指摘するのです。

ペトロが口にした「あなたがたが殺してしまった」との言葉を聞いたイスラエルの人々は、思いもかけず人殺し呼ばわりされたのですから、心穏やかではなかったのは当然です。しかし、このペトロの言葉は、聞く者の一部をして主イエスの十字架というものを、自分に係りあることとして向き合うように求めるものとなったと思われます。ペトロのメッセージ以前のイスラエルの人々にとって、十字架は五〇日ほど前、ナザレのイエスという噂の人物が、ローマ帝国総督ピラトの裁判で、二人の犯罪人と一緒に処刑されたよ、そのような噂話でしかなかった筈です。しかし、ペトロがこのように強く言うのは、主イエスの十字架はもはや噂話や過去の事件としての情報ではない、あなた自身のことであり、あなたの生き方に係る出来事なのだ、そのように訴えたいからです。

そのメッセージは、ペトロが自分の過去と向き合う中から出てきたものです。「私は主イエスの十字架を垣間見たとき、そこから距離を置こうとした者であり、逃げた者、裏切った者でしかない」そのように思える過去を踏まえていたのです。

しかし、それで可《よ》いのだ、神は、ペトロがそのような弱さ、醜さを抱える者であることを承知の上で、主イエスの救いを宣べ伝える器とされたのだということです。寧ろ、人の弱さ，脆さ、醜さを抱える者、知る者のための十字架だったのです。それが23節の「このイエスを神は、お定めになった計画により、あらかじめご存じのうえで、あなたがたに引き渡された」ということが意味するものでしょう。

計画というのは、ここでは神の慈愛の具体策という意味合いが籠められているように思われます。このことを、身を以て知らされたのがペトロだったのです。過去の自分を直視できないほどに弱さを知らされ、挫折したペトロを、再び立ち上がらせたのは、先ほども申しあげましたように、主イエスのご復活という出来事だったのです。24節の「神はこのイエスを死の苦しみから解放して、復活させられました。イエスが死に支配されたままでおられるなどということは、ありえなかったからです」との言葉には、ペトロの感謝と喜びの思いが籠められているように思えます。主イエスのご復活がペトロに神の慈愛を知らせ、彼に立ちあがらせる力を与えたのです。振り返ってみると、主イエスのご復活は既に聖書で触れられていたことではないか、ということでペトロは25節以下で、「あなたは、命に至る道をわたしに示し、／御前にいるわたしを喜びで満たしてくださる」と、詩編16編からの引用をするのです。

ところで、此処で使用されている「復活」という言葉の一般的な意味は、立ち上がらせるということです。主イエスのご復活が、ペトロを立ちあがらせたのです。そればかりでなく、人生の重荷、過去の重荷でへこたれそうになっている我々一人独りを、無条件に再び立ち上がらせる力が復活にはあるのです。主イエスを御復活させ給うた神は、決して我々を見捨て給うことなく、我々と共にいて下さり、励まし、慰めてくださることを語り掛けておられるのです。「主の名を呼び求める者は皆、救われる」とはそのようなことを語っているように思えます。

《お祈り》

主イエスを死者の中から復活させ給うた主なる神さま、今日も我々をこの恵みの場に集わしてくださいましたから感謝します。主よ、あなたの御子主イエス、ご復活の主イエスが今日も我々の真ん中にお立ちくださっていますから感謝です。どうぞ主よ、我々もまた主イエスのご復活の喜び、慰めにあずかる者としてくださっていることを知る者としてください。ペトロが立ち上がったように、我々もまた立ち上がる者とされ、日々の生活の場で復活の喜びにあずかる者としてください。使徒たちが心を合わせて祈ったように、我々もまた祈る者としてください。

今日の日を覚えながらも集うことの出来ていない兄姉を思います。主よ、夫々の方が事情を抱えていますから、それを顧みてください。殊に体調を崩し、入院加療されている方々を顧みてくださいますように。病床にある者に、あなたが慰めの言葉でお臨みください。

報道では、所謂イスラム国の信じ難い残虐行為は止むことがありません。主よ、背景は考えることは出来ても、その行為は、これは一体何だろうと混乱する思いです。主よ、平和への道が示されますように。

口之永良部島では全島民が避難するような火山の噴火がありました。避難された方々の生活が顧みられますように。

ネパール地震はなお生活環境が整わず、テント暮らしの方が多いとのことです。教区・教団、支援団体の働きが用いられますように。

次週の聖日は主の聖餐式を執り行います。主イエスと共に、また先に召された方々と共に恵みの聖餐にあずかることが出来ますように。

今日からの一週間、祈りの内に過ごす者としてください。主イエス・キリストの御名によって祈ります。アーメン

（五月三一日）

準備はできた

15 食事を共にしていた客の一人は、これを聞いてイエスに、「神の国で食事をする人は、なんと
幸いなことでしょう」と言った。16 そこで、イエスは言われた。「ある人が盛大な宴会を催そう
として、大勢の人を招き、17 宴会の時刻になったので、僕を送り、招いておいた人々に、『もう
用意ができましたから、おいでください』と言わせた。18 すると皆、次々に断った。最初の人
は、『畑を買ったので、見に行かねばなりません。どうか、失礼させてください』と言った。19
ほかの人は、『牛を二頭ずつ五組買ったので、それを調べに行くところです。どうか、失礼させ
てください』と言った。20 また別の人は、『妻を迎えたばかりなので、行くことができません』
と言った。21 僕は帰って、このことを主人に報告した。すると、家の主人は怒って、僕に言っ
た。『急いで町の広場や路地へ出て行き、貧しい人、体の不自由な人、目の見えない人、足の不
自由な人をここに連れて来なさい。』22 やがて、僕が、『御主人様、仰せのとおりにいたしまし
たが、まだ席があります』と言うと、23 主人は言った。『通りや小道に出て行き、無理にでも
人々を連れて来て、この家をいっぱいにしてくれ。24 言っておくが、あの招かれた人たちの中
で、わたしの食事を味わう者は一人もいない。』」

ルカによる福音書　14章15－24節

我々は事ある毎に主の祈りを捧げますが、その祈りの一つに「日毎の糧《かて》（パン）を今日も与えたまえ」とあります。この祈り、願いが今日の我が国の生活において、どれほどの重みをもって捧げられているのだろうか、どれほど感謝を以て食事をしているのだろうか、時にそのようなことを思わされます。けれども世界に目を向けるならば今日においても、この日毎の糧が決して自明なことでない地域が数多くあることを我々は知らされています。キリスト教系の、ＮＧＯ国際飢餓対策機構の広報では、世界の死亡原因の第一位は飢餓であり、一分間に一七人が餓死しているとのことです。その飢餓対策機構の機関誌で知ったのですが、ルワンダでは「おはよう、こんにちは」に相当する言葉を直訳すれば「今日は生きながらえていますか」という意味になるそうです。

主イエスが活動された当時のユダヤの状況は如何だったのか、もはや正確に知ることはできませんが、「日毎の糧（パン）を今日も与えたまえ」との祈りは、やはり今日の糧が自明でない状況を反映しているものでしょう。そのような状況下で盛大な宴会を開くというのは、主催者にも招待された者にも、共に大きな喜であったことは容易に推察することができます。

このような事情を反映していることと思いますが、旧約聖書では神の恵み、救いが宴会と食事に喩えられています。例えばイザヤ書25章6節には「万軍の主はこの山で祝宴を開き すべての民に良い肉と古い酒を供される。それは脂肪に富む良い肉とえり抜きの酒。」とあります。今日これを聞く者にも、その喜びが伝わってきます。

お読みいただきましたルカによる福音書14章15節以下はこのようなことを背景にしているように思われます。招待された者は、神さまが備えてくださっている救い、恵み、喜びに招かれているということであり、15節の「神の国で食事する人は、何と幸いなことでしょう」という言葉が意味しているものでしょう。また直前の14節で「正しい者たちが復活するとき、あなたは報われる」との言葉からは、その救い、喜びというのは我々の復活とか永遠の命をいうものを指しているように思われます。

その復活とか救いというものは、我々がこの世での生を終えるときとか、最後の審判といわれるときの問題ではなく、現在の生活が問われているものである、福音書はそのように訴えているように思えるのです。

しかし、その喜びの宴会に招待された人々は、誰もその招きに応えることをしなかったというのです。来られない理由は、例えば本人の病気とか、家庭での突発的な事情ではないのです。来ようと思えば来ることができたけれど、来なかったのです。宴会への招きよりも仕事、金儲けを選んだのです。我々が生活するためには、一定の収入、一定の富が必要なことはもちろんです。経済生活を無視することを主イエスが求めているのではない筈です。しかし、経済生活を第一とすることで、人生の課題とか問題が解決するのではなく、寧ろ問題は深刻化してくるのです。そのことについて、主イエスは既に9章25節で「人は、たとえ全世界を手に入れても、自分の身を滅ぼしたり、失ったりしては、何の得があろうか」とお教えになっている通りです。全世界の富をもってしても、人の命、復活の命、喜びと感謝を買い取ることはできないのです。

しかし、置かれた経済的な厳しさの前で、そのことから目を逸らせるのです。あるいは果てしない欲望の虜となって、愚かにも大切なものを見失ってしまうのです。箴言5章10節に「金銭を好む者は金銭をもって満足しない。富を好む者は富を得て満足しない。」とある通りです。

20節の「妻を娶りました」との三人目の人の理由は我々を複雑にさせるものがあります。此処での結婚したての人への言葉だけではなく、家族との係わり、絆に対する主イエスのお言葉も同様です。例えば9章59節「わたしに従いなさい」との主イエスのお言葉に対して、「主よ、まず、父を葬りに行かせてください」と答えた人への主イエスのお言葉、「死んでいる者たちに、自分たちの死者を葬らせなさい。あなたは行って、神の国を言い広めなさい。」とのお言葉とか、14章26節「もし、だれかがわたしのもとに来るとしても、父、母、妻、子供、兄弟、姉妹を、更に自分の命であろうとも、これを憎まないなら、わたしの弟子ではありえない。」などを我々はどう受け止めればよいのか戸惑ってしまいます。

これらの主イエスのお言葉は、「人が独りでいるのは良くない」(創世記2・18)との創世記の言葉が示すように、人の繋がりの重要さ、強さを前提にしているように思うのです。人には家族、夫婦の繋がりが必要であり重要なのです。けれども富と同様にそれらが神にとって代わることはできないという、人の限界というものがある、家族も如何ともし難い状況が人にはある、そのことを語っているように思うのです。人が手も足も出せない状況があるのです。

そこで主イエスが招かれて集った人々はどのような人々であったのか。貧しい人、体の不自由な人、目の見えない人、足の不自由な人たちでした。此処に挙げられた人々は恐らく殆どの場合、あの畑を買った人や、牛を買った人とは対照的に、頼るべきものが何もない状況に置かれた人々であったということができるでしょう。そういうことでは、妻を娶った人に対応するものとして、誰一人身寄りのない人が招きのリストに加わっても何の違和感もないと思います。

また23節には「通りや小道に出ていき」とあります。ここのところは、口語訳では「小道」ではなく、「垣根」とされていました。また同じ語がマタイによる福音書では「ある家の主人がぶどう園を作り、垣を巡らし」(21・33)とありますが、ここでは「垣」と訳されています。またエフェソの信徒への手紙では「キリストは二つのものを一つにし、御自分の肉において敵意という隔ての壁を取り壊し」(2・14)とありますが、ここでは同じ語が「壁」と訳されています。ですから、垣根で囲まれた所にいるホームレス的な人々なのか、あるいは隔ての壁の近くにいて人々から蔑視されている人々などと推測できるように思います。

つまり、宴会への招きに応えて、救いに与ることができるのは、神の招き、言葉よりも儲け話に心を動かされたり、親族との係わりを重要視するあまり御言葉を軽んじる人ではなく、神以外に依り頼むことのできないことを知らされる人、自分の無力さを知らされている人なのだということです。そしてこの私こそが貧しい者、動くことのできない者、見るべきものを見ることのできない者であると知る者が招きに応えることができるのです。既に慈愛の宴会の用意は整えられているのです。何かをしたり、資格が必要ではない。只々整えられている神の招きに応えることのみです。

《お祈り》

主なる神様、今日も我々をこの場にお集めくださり、感謝します。今日、この場にあることに恵みを覚えます。先週の日曜日と、また昨日と何の変化もないと思える今日の日に、あなたの恵みを知ることができますように。主イエスは「人はパンだけで生きるものではなく、神の口から出る一つ一つの言で生きるものである」(マタイによる福音書4・4)と語られました。主よ、我々を生かすものが何なのか、惑わされることなく見ることができる信仰を我々にお与えください。何が最も大切なのかを見る目をお与えください。今日、この場にあなたの慈愛と招きを知る者としてください。

主よ、様々な事情により集うことのできない方々がいます。高齢化、病気で礼拝に集うことが儘ならない方もおられます。入院加療中の方々を顧みてください。慰めをお示しくださいますように。入院に至らないまでも痛み、苦しみをもつ方がいますから顧みてくださいますように。

国会では憲法の根幹にかかわる事柄が審議されています。主よ、力によっては平和が与えられないことを知る国となることができますように、祈り求めます。

今日からの一週間、あなたの招きを受けている者として、感謝して応える者としてください。

主イエス・キリストの御名によって祈ります。アーメン

（六月七日）

喜びの宴

1 徴税人や罪人が皆、話を聞こうとしてイエスに近寄って来た。2 すると、ファリサイ派の人々や律法学者たちは、「この人は罪人たちを迎えて、食事まで一緒にしている」と不平を言いだした。3 そこで、イエスは次のたとえを話された。4「あなたがたの中に、百匹の羊を持っている人がいて、その一匹を見失ったとすれば、九十九匹を野原に残して、見失った一匹を見つけ出すまで捜し回らないだろうか。5 そして、見つけたら、喜んでその羊を担いで、6 家に帰り、友達や近所の人々を呼び集めて、『見失った羊を見つけたので、一緒に喜んでください』と言うであろう。7 言っておくが、このように、悔い改める一人の罪人については、悔い改める必要のない九十九人の正しい人についてよりも大きな喜びが天にある。」

ルカによる福音書　15節1－7節

お読みいただきましたルカによる福音書のたとえ話は、聖書を読む者の心に残る譬話の一つです。しかし同時に、たとえ話の難しさというものを思わされるのです。例えば羊飼いがより多くの収入を得ようとすれば、どう見ても九十九匹を守ってやった方が効率的ではないか、何故なら、羊飼いが迷子になった羊を捜しに行っても見つけることができるという保証はないのであり、また探しに行っている間に残された九十九匹の羊が盗まれるとか、他の獣に襲われるという危険もあるではないか、などと考えられるからです。そうなりますとこの話をどう受け止めればよいのか迷路に入って、抜け道が見えなくなってしまいます。

ですから我々はここで主イエスが何を仰りたかったのか、文脈のなかから見出すという視点が必要なことのように思われます。そこで注目したいのは、此処に登場する徴税人、罪人とファリサイ派の人々、律法学者たちとの対比です。

ファリサイ派の人たちがここで不平を言いだしたとあります。主イエスが罪人と言われている人と一緒に食事をしていることが、彼らには気に入らなかったのです。今日お読みいただいた箇所では主が一緒に食事をしたということは書かれていませんが、既に5章で、主イエスは徴税人のレビと一緒に食事をしています。その時ファリサイ派の人たちは、主イエスにではなく弟子たちに対して「なぜ、あなたたちは、徴税人や罪人などと一緒に飲んだり食べたりするのか。」と言い寄っているのです。今日のファリサイ派の人たちの不満も、その非難の思いがくすぶり続けていることを表しています。ファリサイ派の人々にしてみれば、徴税人は罪人でしかなかったのです。当時徴税人は恰も泥棒のように見做され、さらには律法上の不潔な者とされていたのです。また律法を知らない人々を地の民として汚れた者、罪人として毛嫌いしていたのです。その罪人の罪は接触感染をもたらす細菌のように受け止められていたのです。弟子を抱えるほどの者が、その罪人と接触して食事をすることなど、とても容認できなかったのです。

このようなファリサイ派の人々や律法学者の声を聞いてお語りになったのが、今日のたとえです。一匹の羊が、群からはぐれたのです。その一匹の羊を探すために、羊飼いは九十九匹を野原に残して出掛けて行くのです。

私は此処を読み乍ら、一匹の羊はその群れから弾き出された存在のように思えてきました。もし周囲の羊と上手くいっておれば、見失われることはなかったと思うのです。

ところで見失うということは、単に羊が視野から消えたということより、少し深刻な状況が含まれているように思われます。この「見失う」と訳されている言葉は時に殺すとか、滅ぼすなどとも訳されています。例えば、ルカによる福音書8章22節以下で弟子たちが嵐のガリラヤ湖に船出して波に呑み込まれそうになったとき、彼らは主イエスに助けを求めて叫びました、「先生、先生、わたしたちは死にそうです」(口語訳)と。この死にそうですという言葉と、見失うという言葉は同じものです。たった一匹かもしれないけれど、命に係ることが今生じているのです。だから羊飼いは、その命を救うために九十九匹を野原に残して探し回るのです。

この「野原」には牧草が生えていて、羊がいることに何の疑問も感じません。しかしこの野原という語は、通常「荒れ野」と訳される言葉です。旧約聖書の証言などから、荒れ野は恐れを感じさせる、荒涼とした地ということができます。

そうしますと、荒れ野は何だか我々の人生とか社会を象徴するように思えるのです。主イエスには荒れ野とも言えるような社会から弾き出された一匹の羊と、徴税人・罪人との対比をこのたとえで見事に語っておられます。

社会的には、たとえ無視できると思われるような小さな存在であっても、人の命の重さ、尊厳は数や力、自分たちの基準で弾き出すことはできないのです。多くの命の前で、一つの命の重みが軽くなるということはあり得ないのです。「人が一人でいるのは良くない」とあるように、もし我々の歎き、痛みが誰からも顧みられないなら、我々は生きていくことができないのです。優しさとか労りの思いが与えられなければ人は生きていけないのです。これは人の弱さとか強さの問題ではなく、人はそのように造られているのです。そのような、人が生きていけなくするようなことが、ファリサイ派によって為されているのです。

そうしますと羊飼いが一匹の羊を捜し求めたということは、主イエスが人の痛み、悲しさを知る者、無くてはならないものを奪われた者を探し求めてくださるということだけでなく、神の憐れみを求めることさえ儘ならない者をも探し出してくださるということを語っています。見つけ出された羊が自力で歩く元気さえ失い、羊飼いの両肩に担がれた（新共同訳ではこの「両肩」は訳出されていない）ことがその事を示しています。一歩も踏み出せなくなっている羊は、命と喜びの家へと連れ戻されたのです。そこで主イエスは、多くの人を集め、一緒に食事をする宴が開かれるのです。それは喜びと讃美の宴です。

主イエスはこのたった一匹の羊が生き返るということについて仰いました、「このように、悔い改める一人の罪人については、悔い改める必要のない九十九人の正しい人についてよりも大きな喜びが天にある。」と。神に見出された一人の罪人は、その罪を悔い改めたというのです。ここでの「悔い改め」には、その言葉が通常もっている後悔とか口惜しさなどの暗さが感じられないのです。聖書が語る悔い改めというのは、喜びと感謝への方向転換であり、罪というのは、我々が何か悪いことをしたということより寧ろ、我々を探し求めてくださる神の慈愛に気づかないこと、目を逸らすことのように思えます。年度主題聖句との絡みで「悔い改め」ということを申し上げるならば、神は我々を選び、決して見捨てることなく、我々と共にいつもいてくださる神の慈愛に気づかされることであり、たとえその道が十字架へと連なるものであろうとも、我々を探し求めてくださる神に出会うことを指しているように思います。対極にある悔い改める必要のない九十九匹の羊とは、自らを義《ただ》しいとし、隣人を審いて弾き出す人々、神を信じると言い乍ら、実は自分しか信じることのできない人々、そんな人たちのように思えます。我々は悔い改めを与えられ、喜びの宴に連なる者とされたいと思います。

《お祈り》

主イエスは「医者を必要とするのは、健康な人ではなく病人である。」と仰いました。我々はいつも自己診断して、自らを健やかな者とします。神なしで自らの力で生きて行くことができる、との傲慢さに陥ります。しかし、その内面は、思い悩みと不安です。あなたからの恵みを自分の傲慢の材料としてしまいます。主よ、主イエスが苦しみ悶えながらもご慈愛に委ねて歩まれたことを、思い起こすことができますように。苦しくなれば一人彷徨《さまよ》う弱さを抱える我々を憐れんでくださり、何時もあなたが共にいてくださることを知らされる者としてください。

今日の礼拝を覚えつつも集うことのできていない方々を顧みてください。殊に病やご高齢の故に弱さを抱える方々を顧み、慈愛のお言葉をお示しくださいますように。止むを得ない事情をかかえて来ることのできない方々を顧みてください。

今日は花の日・子どもの日礼拝を守ることができ感謝します。主イエスは「子供たちをわたしのところに来させなさい。妨げてはならない。神の国はこのような者たちのものである。」（マルコによる福音書10・14）と仰いました。教会に連なる子どもたちが、探し求めてくださる主と連なることができますように、また子どもたちの家庭を祝してください。

ネパール地震から一月半、最近ではマスコミに取り上げられることも少なくなりましたが、なおも多くの方々がテント暮らしを強いられているとのことです。苦しみの中にある人々への思いが形となりますようにしてください。

この後もたれます役員会を祝してくださいますように。

今日からの一週間、祈りの内に御言葉に生かされる者としてください。主イエス・キリストの御名によって祈ります。アーメン

（六月一四日）

慈愛の眼差し

11 また、イエスは言われた。「ある人に息子が二人いた。12 弟の方が父親に、『お父さん、わた
しがいただくことになっている財産の分け前をください』と言った。それで、父親は財産を二
人に分けてやった。13 何日もたたないうちに、下の息子は全部を金に換えて、遠い国に旅立ち、
そこで放蕩の限りを尽くして、財産を無駄遣いしてしまった。14 何もかも使い果たしたとき、
その地方にひどい飢饉が起こって、彼は食べるにも困り始めた。15 それで、その地方に住むあ
る人のところに身を寄せたところ、その人は彼を畑にやって豚の世話をさせた。16 彼は豚の食
べるいなご豆を食べてでも腹を満たしたかったが、食べ物をくれる人はだれもいなかった。17
そこで、彼は我に返って言った。『父のところでは、あんなに大勢の雇い人に、有り余るほどパ
ンがあるのに、わたしはここで飢え死にしそうだ。18 ここをたち、父のところに行って言おう。
「お父さん、わたしは天に対しても、またお父さんに対しても罪を犯しました。19 もう息子と呼
ばれる資格はありません。雇い人の一人にしてください」と。』20 そして、彼はそこをたち、父
親のもとに行った。ところが、まだ遠く離れていたのに、父親は息子を見つけて、憐れに思い、
走り寄って首を抱き、接吻した。21 息子は言った。『お父さん、わたしは天に対しても、またお
父さんに対しても罪を犯しました。もう息子と呼ばれる資格はありません。』22 しかし、父親は
僕たちに言った。『急いでいちばん良い服を持って来て、この子に着せ、手に指輪をはめてやり、

足に履物を履かせなさい。23 それから、肥えた子牛を連れて来て屠りなさい。食べて祝おう。24 この息子は、死んでいたのに生き返り、いなくなっていたのに見つかったからだ。』そして、祝宴を始めた。

ルカによる福音書　15章11－24節

お読みいただきましたルカによる福音書15章11節以下には「『放蕩息子』のたとえ」との小見出しが付けられています。今日は24節までをお読みいただきましたが、この段落はお読みいただきますと33節まで続くものであることが容易に分かります。11節で「息子が二人いた」とありますように、この段落には放蕩息子と呼ばれる弟と、いわゆる真面目な生活を送っている彼の兄とが登場しているのであり、共に見る必要があります。加えて父として登場する主人公たる神の姿が語られています。ですから放蕩息子という小見出しでよいのかということが言われています。

そこで我々は「放蕩息子」に引き連れていかれないように注意して、このたとえの意味を探りたいと思います。結論的に申し上げれば、私には二人の息子を通して、人の「罪」が如何なるものかということと、神の慈愛を語っているように思えるのです。その罪というものは二人の兄弟だけのものではなく、今に生きる我々の姿をも明らかにするものです。また、この物語が人の愚かさ、苦しみ、不平、不満がどのような性格のものであるかを明らかにしているように思います。

先ず弟が父親に言った言葉から見てみたいと思います。彼は「お父さん、わたしがいただくことになっている財産の分け前をください」と言いました。つまり父親の死亡によって相続することのできる筈の財産を、父が生きている内に早めにください、つまり生前贈与してくださいというのです。これについて註解書には、当時のユダヤ社会には生前贈与の制度はなかったとかローマ法では云々とあります。しかし大事なことは法律論ではなく、弟の父への要求は、あなたの死を期待しています、父なき世界、神なき世界で生きていきたい、父のもっているものの良いものを自分の思うように使いたい、そのような願い、思いの表明であるように思えます。

細かいことを申し上げますと、12節には二回財産という言葉が登場します。訳語は同じになっていますが、この二つは異なる語が使用されています。弟が求めて「財産を分けてください」と言った財産は、固定資産などの財産であり、父が二人の息子に分け与えた財産は、生活、命を意味する語であり、生活費とか資産、身上、身代などと訳されています。この生活費、財産を、口語訳では「とりまとめて」、新共同訳では「換金して」遠い国へ、つまり父親の影響力の及ばない地に旅立ったのです。ここに我々の罪が示されています。神の影響力、力から離れたところで、我々は快適に過ごしたい、過ごすことができると錯覚する罪であり、神なしで元気に過ごすことができるとする傲慢の罪です。

ところで、不思議に思われますのは、父は弟の求めに応じて、二人の息子に財産を生前贈与してしまうことです。弟の言いなりになっている神さまの姿は、一面神さまの力無さを示すように思えます。少なくとも、力強さを求める我々の思い、基準からすれば、確かにそう思えるのです。けれども、神さまは決して無力な方ではないのです。無力と言うより、神の愛が如何なるものかを示しているのです。人を力づくで、強制してご自分の思いに従わせるのは聖書が語る神の愛ではないのです。人はこの放蕩息子とされる弟のように、力、華やかさ、快楽を求めます。しかしこの放蕩息子は、放蕩三昧の結果、自分が生かされるのは、力づくで事を運ばれることのない神、その方の慈愛に依るものであることに気づかされるのです。そのことが、息子の帰還に際しての父親の姿に示されています。

さて、旅に出かけた弟は放蕩三昧で有り金すべてを遣い切ってしまい、加えてひどい飢饉で空腹に耐えかねるようになったのです。その結果、彼はある人のところに身を寄せて、豚の飼育に携わるようになったのです。ユダヤ教社会では豚は穢れた存在です。その飼育に係る者も当然穢れた者とされたのです。それでも彼の腹は満たされません。遂に彼は豚の餌にさえ手を出そうとしたのです。いなご豆です。この豆の莢《さや》は一五～二〇センチの大きさ、莢の果肉は糖分五〇％で、野生の蜜といわれるそうです。その莢を乾燥させた形がいなごを連想させるということで、いなご豆との名前が付けられたそうです。その豚の餌にさえ手を出すという悲哀を彼は舐めるのです。

16節には「食べ物をくれる人はだれもいなかった」とありますが、この文の訳は幾つか考えられます。一つは、実際に弟は豚の餌、イナゴ豆に手を出したのだが、豚がそれを与えなかったという訳が可能です。つまり、いなご豆を横取りしようと思ったけれど豚に邪魔されたということです。もう一つは、豚にいなご豆を与える人はいても、弟にいなご豆を与える人は誰もいなかった、という訳です。新共同訳聖書の「食べ物」という言葉は原文にはないものですので、人は穢れたものとされる豚に餌をやる人はいても、弟にはそのいなご豆を与えなかった、ということになります。何れにしましても、人としての尊厳を失うほどの悲惨さ、苦しみ、飢餓を弟は味わったのです。

ところで、働くことなく放蕩三昧の日々を送れば、何れ生活費は底をつくということは目に見えていることです。飢饉とか病気、事故が起こる可能性、また人は何時の日かこの世での生を終えるという事実も分かる筈です。しかし、弟は父の許を離れ遠い国へ旅立つ時、そのようなことは全く見えていなかったのです。彼が見ていたのは、幻想の世界だったのです。主イエスが生まれつき目の見えなかった物乞いの人を癒されことを、それが安息日であったということを理由に非難してきたファリサイ派の人々に、「見えなかったのであれば、罪はなかったであろう。しかし、今、『見える』とあなたたちは言っている。だから、あなたたちの罪は残る。」(ヨハネによる福音書9・41)と語られました。その主イエスのお言葉がここでも思い起こされます。

人としての尊厳が傷つくほどの状況に追い込まれるようになって初めて彼の幻想は揺らぎ始め、真実が見え始めたのです。彼の幻想という罪は崩れ始め、父の許へ還る思いを与えられたのです。

父は還ってきた息子を遠くから認めました。その姿を憐れに思いました。文字どおりにいえば五臓六腑に痛みを覚えたのです。彼のことが気になって仕方なかったのです。彼のことを忘れることはなかったのです。還ってきた息子の存在をそのまま受け容れるのです。何の資格、能力、条件も必要ないのです。彼が帰還すること、それが父である神の喜びなのです。そこで早速に喜びの宴が準備されるのです。

父の許を離れる際、力なく思えたその姿は、弟を迎えるとき、還り来たる者を誰一人拒むことなく迎える、慈愛と忍耐の力であることが示されたのです。

主イエスはご自身の十字架とご復活で、この慈愛と忍耐をお示しになっています。傲慢、幻想から解放され、真実を知らされ、主の許に還るように、ご復活の主イエスの慈愛の眼差しを知りたいものと願います。

《お祈り》

主なる神さま、今日も我々をこの礼拝の場に集めてくださいまして感謝します。主よ、我々は日々の歩みの中で、見るべきものを見失い、ありもしないものを見てしまい、あなたから離れる者です。多くの華やかなもの、欲望をそそるもの、世の力強さが我々の目を奪います。主よ、そのような我々を憐れんでください。無くてはならないものを見ることのできる信仰を、気づきをお与えください。見えないのに見えていると錯覚する罪から解放してください。使徒パウロが「わたしたちは見えるものではなく、見えないものに目を注ぎます。見えるものは過ぎ去りますが、見えないものは永遠に存続するからです。」(コリントの信徒への手紙二4・14)と語りましたが、我々があなたの慈愛を見る者としてください。あなたはあの放蕩息子を遠くから認められ、憐れまれましたが、その憐れみと慈愛が既に、この場にも備えられていることに気づく者としてください。

今日の礼拝に集うことの叶わない人々を顧みてください。高齢故の弱さを覚える方、病の中にある人を顧みてくださいますように。お仕事や家庭の事情で集うことのできない方々を顧みてくださいますように。久しく集うことのできていない兄姉を顧みてくださいますように。

主よアメリカ合衆国サウスカロナイナ州の教会では聖書研究をしていた九人の方が射殺されました。年若い犯人は、射殺の先に何を見ていたのでしょうか。主よ、ご遺族にあなたの慰めと、祈りが聞き届けられますように。

隣国、韓国ではＭＥＲＳ感染が大きな問題となっています。感染防止の作業が守られますように。

今日からの一週間、御前に謙り、祈りの内に恩寵を知る者としてください。讃美する者としてください。主イエス・キリストの御名によって祈ります。アーメン

(六月二一日)

枠を越える神

4 そこで、ペトロは事の次第を順序正しく説明し始めた。5「わたしがヤッファの町にいて祈っていると、我を忘れたようになって幻を見ました。大きな布のような入れ物が、四隅でつるされて、天からわたしのところまで下りて来たのです。6 その中をよく見ると、地上の獣、野獣、這うもの、空の鳥などが入っていました。7 そして、『ペトロよ、身を起こし、屠って食べなさい』と言う声を聞きましたが、8 わたしは言いました。『主よ、とんでもないことです。清くない物、汚れた物は口にしたことがありません。』9 すると、『神が清めた物を、清くないなどと、あなたは言ってはならない』と、再び天から声が返って来ました。10 こういうことが三度あって、また全部の物が天に引き上げられてしまいました。11 そのとき、カイサリアからわたしのところに差し向けられた三人の人が、わたしたちのいた家に到着しました。12 すると、〝霊〟がわたしに、『ためらわないで一緒に行きなさい』と言われました。ここにいる六人の兄弟も一緒に来て、わたしたちはその人の家に入ったのです。13 彼は、自分の家に天使が立っているのを見たこと、また、その天使が、こう告げたことを話してくれました。『ヤッファに人を送って、ペトロと呼ばれるシモンを招きなさい。14 あなたと家族の者すべてを救う言葉をあなたに話してくれる。』15 わたしが話しだすと、聖霊が最初わたしたちの上に降ったように、彼らの上にも降ったのです。16 そのとき、わたしは、『ヨハネは水で洗礼を授けたが、あなたがたは聖霊によって洗礼を受ける』と言っておられた主の言葉を思い出しました。17 こうして、主イエス・キリストを信じるようになったわたしたちに与えてくださったのと同じ賜物を、神が彼らにもお与えになったのなら、わたしのような者が、神がそうなさるのをどうして妨げることができたでしょうか。」18 この言葉を聞いて人々は静まり、「それでは、神は異邦人をも悔い改めさせ、命を与えてくださったのだ」と言って、神を賛美した。

使徒言行録　11章4―18節

旧約聖書のレビ記などには様々な清いものと穢れたもの、清浄、不浄の規定があります。食物についての言及もあります。多くのイスラエルの民はこの食物規定に従うよう、真面目に信仰生活を送っていたのです。何故この食物が清く、あちらは穢れているのか、たとえ明確にその理由が分からないとしても、信仰の故に、御言葉であるが故にその規定、律法を守るということは、それなりに意味があることであり、信仰の一つの姿であろうと思います。

しかし、イスラエルの民のこの真面目さが、頑なさとか隣人蔑視、差別感情となってしまうケースが出てきたのです。この清浄規定を守らない者は皆穢れている、しかし遵守する自分たちは穢れていない、そのような理解をするようになっていたのです。今日お読みいただきました使徒言行録の時代的背景は、律法を守らない異邦人といわれる人々が、そのことの故に穢れの民であるとされていたといいたことがあります。

主イエスのご生涯は、律法、掟を遵守している故に自らを義《ただ》しい者、清い者とする人々、社会との闘いであったとの見方ができるように思います。聖書ではそのように自らを義しい者とするファリサイ派とか律法学者というグループの人々が登場しています。しかし、ファリサイ派のみならず、誕生まもない教会の中にも似たような考えをする人はいたのです。つまり隣人を律法遵守という基準で、穢れた者とする人々は教会の中にもいたのです。

このような律法という基準は時代を超え、形を変えて、清浄な者、聖い者、不浄な者、穢れある者を造り出しているのです。そのような偏見・予断の中で育った我々もまた、残念ながら言葉を覚えるように、予断・偏見を自分のものとしてしまうのです。それが如何に人を傷つけ、自らをも傷つけ、傷つくのか我々は知らされています。それは我々から人生の豊かさを奪い取るものです。偏見、差別から来る苦しみ、痛み、怒りを訴える声、呻きの前を通り過ごしたくないと思います。

このような視点から見るならば、主イエスの、偏見の故に苦しむ人々への思い、眼差しは驚くほどに鋭いものがあることに気づかされます。それは驚く他ないのです。「神の子」とは、このような偏見に犯されることなく、人の痛みに目を注がれる方であり、憐れまれる方、腸《はらわた》を痛める方であることを知らされ、驚嘆するのです。

一例を挙げます。使徒言行録と同じ著者であるルカによる福音書5章には、穢れた病とされる重い皮膚病を全身に患った者に、主イエスは手を差し伸べられ、「清くなれ」と命じ、癒しをお与えになっているのです（13節）。当時、穢れは恰もばい菌のように接触伝染するとされていたのですから、主イエスは自らにその穢れを招く形で、彼を癒されたのです。偏見だらけの中で、主イエスが触れて下さる、そのことが癒しになるように思うのです。驚きです。

今日の話の素材の一つ、食物規定についても主イエスは明確に言及されています。これはマルコによる福音書ですが、7章18節以下で「すべて外から人の体に入るものは、人を汚すことができないことが分からないのか。それは人の心の中に入るのではなく、腹の中に入り、そして外に出される。こうして、すべての食べ物は清められる。」とお語りになっているのです。実に明快ですが、しかし、語るには恐ろしい言葉です。主イエスのお言葉は、ユダヤ教当局者をどんなにか腹立たしく刺激したことでしょう。それは殺意を抱かせるものとなったのです。

主イエスのお言葉から、この食物規定についての教会の態度は明確になっていると思われるのですが、しかし、最初期の教会にはまだ混乱があったのです。先ほど申し上げましたように、キリスト者とされても多くの者は、食物規定を知らない異邦人と接触し食事をすることは、自らに穢れを招くと思っていたのです。筆頭弟子のペトロもその一人でした。8節の「主よ、とんでもないことです。清くない物、汚れた物は口にしたことがありません。」とのペトロの言葉からそのことを窺うことができます。

そのペトロがカイサリアでローマ帝国の軍人で、百人隊長のコルネリウスの家で食事をしたのです。カイサリアという町はギリシア語で皇帝を意味するカイサルに由来する名前です。つまり、ローマ皇帝アウグストゥス、ティベリウスの二人の皇帝を記念して建設された町であり、ローマ軍の駐留地となっていました。

では何故、ペトロが異邦人コルネリウスの家で食事することとなったのかということに関しましては、10章からの記事、またお読みいただきました11章5節以下に記されている通りです。異邦人と一緒に食事をしたペトロに向かって、エルサレム教会の人々は「あなたは割礼を受けていない者たちのところへ行き、一緒に食事をした」と非難したのです。割礼を受けていない人々とは、異邦人、食物規定を知らない人々、ということです。エルサレムの教会の中にも、律法遵守が救いの必須条件のように考える人々がいたということを示すものです。

これに対するペトロの反論、弁明、説明が11章5節以下に語られているのです。ペトロの説明は、そもそも論を語っている印象を我々に与えます。自分たちは食物規定の中で生活しているが、そもそも神は天地を創造されたとき仰ったではないか、「『地は、それぞれの生き物を産み出せ。家畜、這うもの、地の獣をそれぞれに産み出せ。』そのようになった。神はそれぞれの地の獣、それぞれの家畜、それぞれの土を這うものを造られた。神はこれを見て、良しとされた。」（創世記1・24－25）と。つまり、神が良しとされたものを、何故あなた方は穢れているなどと言うことができるのか、ペトロはそう言いたかったに違いないのです。さらに、創世記は「主なる神は、土の塵で人を形づくり、その鼻に命の息を吹き入れられた。人はこうして生きる者となった。」（2章7節）とも語るのです。神の息によって生かされるものとなった人をどうして穢れた存在と見做すのか、そのような思いもあったと思われます。

しかし、一旦宗教、社会の規範となったものは、人々から容易に消え去ることはありません。ペトロもその規範から解放されるのに時間が必要だったのです。しかし今日、幻を通して真実に目を開かれたのです。12節には「ためらわないで一緒に行きなさい」と、異邦人コルネリウスのところに行くようにと、ペトロは聖霊の語り掛けを聞きました。岩波書店版の訳でも同様に「ためらわず彼らと共に行くように」とあります。しかし岩波版は後日、翻訳者自身が「差別せずに彼らと共に行くように」と訂正しています。この訳が正しいものと思います。つまり、聖霊はペトロに異邦人だ、ユダヤ人だと差別してはいけない、と語り掛けるのです。

神はユダヤ人だから、異邦人だからと人を枠に嵌めて創造されたのではないのです。不浄な人間と、清浄な人間を神が創造されたのではないのです。人間が勝手に、人を枠に嵌めているのです。9節には「神が清めた物を、清くないなどと、あなたは言ってはならない」との聖霊の言葉があります。これは意訳です。直訳すれば「神が清めたものを、あなたは不浄なものとするな」というのです。神が人を清められたのだから、人が穢れを造りだしてはいけないのです。

このことを明らかにしたのは聖霊の働きであり、誰をも生きるものとする神の息です。この聖霊のバプテスマを受ける時、人は神に浄められ、神に良しとされ、生かされた者となるのです。神は人を、祝福の内に生きる者として創造されたのです。

《お祈り》

使徒パウロは「だれでもキリストにあるならば、その人は新しく造られた者である。古いものは過ぎ去った、見よ、すべてが新しくなったのである。」(コリントの信徒への手紙二5・17)と語りました。主よ、我々は多くの思い込み、偏見、予断の中で過ごしています。また、そのことさえ認めたくない頑なさをもっています。主よ、あなたの御言葉により、聖霊により真実を見る者として下さい。隣人の痛みに心留める者として下さい。何よりも先ず、主のみ手が差し伸べられていることを知る者として下さい。主イエスが十字架へと歩まれた慈愛を知る者として下さい。

主よ、今日の礼拝を覚えつつも集うことの出来ていない方々を覚えます。主よ、その兄姉にあなたがお臨み下さい。殊に病にある者、ご高齢故の痛みを負う者を憐れみ、御手を差し伸べて下さいますように。ご家庭の事情で集うことの出来ない方に顧みをお与えください。

午後からは南部地区の「賛美のつどい」があります。当教会の聖歌隊も参加します。共に主の御名が讃美されますように。

シャロンの会が開催されます。今月の懇談のテーマは、我々を育むと同時に憎悪と葛藤の場ともなる家族についてです、導きをお与えください。

国会では憲法に係る議論が為されています。議論が成熟したものとなりますように、と祈ります。

今日からの一週間、御前に謙り、御言葉の真実を知らされる者として歩ませて下さい。アーメン

（六月二八日）

人を生かす絆

7 週の初めの日、わたしたちがパンを裂くために集まっていると、パウロは翌日出発する予定
で人々に話をしたが、その話は夜中まで続いた。8 わたしたちが集まっていた階上の部屋には、
たくさんのともし火がついていた。9 エウティコという青年が、窓に腰を掛けていたが、パウ
ロの話が長々と続いたので、ひどく眠気を催し、眠りこけて三階から下に落ちてしまった。起
こしてみると、もう死んでいた。10 パウロは降りて行き、彼の上にかがみ込み、抱きかかえて
言った。「騒ぐな。まだ生きている。」11 そして、また上に行って、パンを裂いて食べ、夜明け
まで長い間話し続けてから出発した。12 人々は生き返った青年を連れて帰り、大いに慰められ
た。

使徒言行録　20章7－12節

ユダヤ教徒からキリスト者とされた使徒パウロは、生涯、旅する伝道者でした。使徒言行録にはパウロが三回の大きな伝道旅行をしたことが記録されています。今日お読みいただきました20章はその三回目の伝道旅行での出来事です。場所はエーゲ海に面するトロアスです。第二回の伝道旅行の際に一度訪れていた町です。パウロは今回一週間滞在して、明日には旅立とうとしている日曜日のことです。7節にあります「週の初めの日」という言葉からそのことが分かります。

人々は、明日の別れを惜しんで今日集まったのではありません。そうではなく、日曜日の礼拝のためです。その礼拝では説教と聖餐式があったのです。使徒言行録には説教とか聖餐式という言葉は使用されていませんが、既に礼拝の形が整いつつあったことがここに示されているのです。「パンを裂くために」という言葉は聖餐式を表します。それは例えばルカによる福音書22章19節に「イエスはパンを取り、感謝の祈りを唱えて、それを裂き、使徒たちに与えて言われた。『これは、あなたがたのために与えられるわたしの体である。わたしの記念としてこのように行いなさい。』」との言葉からも窺えるのです。また11節には「夜明けまで長い間話し続けて」とありますが、この「話す」という語は、英語で説教を表す言葉の一つ、ホミリー（homily）の語源となったものです。元来は「話し合う」とか「語り合う」ということを意味する言葉です。この言葉には説教が対話的な性格をもつものであることが示されています。ですから此処での話し続けるというのは、雑談とか世間話ではなく、説教といっても良いものかと思います。このような礼拝の形がエルサレムから恐らく一〇〇〇キロ以上ある小アジアのトロアスにまで広まっていることが示されています。

礼拝の形は教会、教派によって実に様々です。カトリック教会、ハリストス教会、聖公会、所謂福音派系の教会と実に多様です。けれどもその原型が、既にここに示されているのです。ユダヤ教が土曜日を安息日として礼拝を守るのに対して、キリスト教会は、主イエスのご復活された日曜日を覚えて礼拝を守っているのです。わたしたち京都御幸町教会のこの礼拝も、説教、聖餐式を含め、その源泉は実に二千年前に遡るのです。実に不思議な、かつ厳粛な思いを与えられるのです。

尤も大きく異なる点もあります。それはこの日曜日の礼拝が夜に守られていることです。8節の「たくさんのともし火」がそのことを表しています。それは、このトロアス教会だけのことなのか、一般的なことだったのかは必ずしも明確ではありません。恐らくは、多くの教会で礼拝は夜守られていたのではないかと思っています。何故なら、経済的には決して余裕のない時代にあって、昼間はそれぞれ働かねばならない状況であったのではないかと思われるからです。

今日登場しましたエウティコという青年もまた昼間働いて、夜の礼拝に集っていたに違いないと思うのです。この「青年」という語が何歳ぐらいを指すのかは分かりません。ある方は少年と訳していますので、相当幅広い年齢層の人を指すものでしょう。デスクワークなどない時代です、労働時間も長かったでしょう。若いとはいえ一日の労働を終えると相当に疲れていたのではないでしょうか。礼拝がなければ、仕事を終え家に帰って休みたいと思う時間帯です。それでも、疲れを押し切ってみんなが礼拝に集っているのです。疲れに勝る喜びが、礼拝にあったからこそ、集うことができたのです。

その喜びとの関連で申し上げれば、8節の「階上の部屋には、たくさんのともし火がついていた」とある「ともし火」は集ってきた人々の喜びを象徴しているように思えるのです。希望をもてそうにない夜という闇の世界で、パウロによって伝えられる福音の喜びが輝いているのです。

教会はその喜びを掲げる場となっているのだ、そのことを「たくさんのともし火」が語っているように思えるのです。

私は更に、今日のテキストの背後に視線を遣らねばならないと思わされます。言葉として、名前は出てきませんが、ご復活の主イエスが場面の背後に立っておられるということです。聖霊の導きがあるのです。「これは、あなたがたのために与えられるわたしの体である。わたしの記念としてこのように行いなさい。」と語り給うた主イエス、十字架への道を歩まれた主イエスが、この礼拝の場、聖餐式の場にも臨んでいて下さっているのです。つまりご復活の主イエスが、この夜の礼拝の場に共にいて下さっている、御名が讃美されている、そのことを我々は見逃してはならないと思います。

ところでパウロは、我々の礼拝を基準にすれば、その基準を遥かに超える長時間の説教をしていました。その説教中にエウティコは眠ってしまい三階から落下してしまいました。実際の三階の高さがどれほどなのか、落ちたところが石地なのか草地なのか、エウティコはどこを打ったのか、そのような情報は我々に与えられていません。礼拝に集っていた人々が慌て急いで降りていったのでしょう、そうすると死んでいた、というのです。実際にエウティコが死んでしまっていたのか、死んでいたように思えたのかは分かりません。「生き返った」ということで大騒ぎにもなっていないので、「死んでいた」ように思えたのかもしれません。パウロは言いました、「騒ぐな、まだ生きている」と。これは直訳すれば「騒ぐな、何故なら彼の命は彼の内にあるのだから」となります。

彼の内に命、それは信仰による幸い、喜び、永遠の命を象徴しているように思えるのです。誰も奪い去ることの出来ない神の慈愛です。礼拝に集い、御言葉に接し、聖餐に与り、信徒が共に交わり、主イエスが共においで下さる、そのような場で、既に備えられている、与えられている慈愛が我々に力を与えるのです。そのようなことをこのエウティコ事件は語っているように思えるのです。主イエスが共にいてくださる教会の、人と神との絆によって我々は生かされるのです。そういう意味でエウティコは神の不思議な力、慈愛の内に生き返ったのです。

我々はこの礼拝をどのように守っているのか、恵みを灯し続けているのか、感謝と喜び、また畏れをもって礼拝に臨んでいるのか、そのような問い掛けが、この出来事に籠められているように思います。「これは、あなたがたのためにに与えられるわたしの体である。わたしの記念としてこのように行いなさい。」と語り給うた主イエスに従い、教会が二千年の時の流れの中で受け継いでいる礼拝、聖餐式に感謝して与りたいと思います。

《お祈り》

二千年も前、使徒パウロたちはたくさんのともし火の中で聖餐式を守りました。教会はその聖餐と御言葉の恵みによって生かされてきました。たとえ我々が眠りこけるようなことがあってもなお、あなたは我々を見放さない方であることを知らされています。「見よ、イスラエルを見守る方は／まどろむことなく、眠ることもない。」（詩編121・4）との詩編の言葉を思い起こします。主がまどろむのではなく、私が微睡《まどろ》み、あるいは眠りこけてしまうものであることを思います。たとえ窮地に陥ろうとも、主の慈愛に目醒める者として下さいますように。

今日の礼拝を覚えつつも集うことの出来ていない方々を覚えます。夫々の事情が顧みられますように。病の故に入院されている方、自宅療養されている方に顧みをお示し下さいますように。介護すべき家族を抱える者を慰めて下さいますように。

先週ネパール地震救援募金を締め切りました。現地の困難、不安はなおも続いています。復旧のための働きが守られますように、被災されている方々にあなたの顧みがありますように。

国会の場でも、国際的にも大国と呼ばれる国も、テロに走る組織も、共に力に寄り恃む姿勢は弱まることがありません。主よ、我々があなたの平和のともし火を掲げることができますように、御言葉の力をお与えください。

今日からの一週間、あなたの慈愛に生かされる者として下さい。主イエス・キリストの御名によって祈ります。アーメン

（七月五日）

弱さを抱えつつ

1兄弟たち、万一だれかが不注意にも何かの罪に陥ったなら、〝霊〟に導かれて生きているあなたがたは、そういう人を柔和な心で正しい道に立ち帰らせなさい。あなた自身も誘惑されないように、自分に気をつけなさい。2互いに重荷を担いなさい。そのようにしてこそ、キリストの律法を全うすることになるのです。3実際には何者でもないのに、自分をひとかどの者だと思う人がいるなら、その人は自分自身を欺いています。4各自で、自分の行いを吟味してみなさい。そうすれば、自分に対してだけは誇れるとしても、他人に対しては誇ることができないでしょう。5めいめいが、自分の重荷を担うべきです。

ガラテヤの信徒への手紙　6章1－5節

我々が信仰を与えられるということは、より真実なものに気づかされ、真実ならざるものから解放されることである、そのように言える一面があるように思います。教会の伝統的な言葉で申し上げれば、罪からの解放であり、救いということになるのでしょう。さらに換言すれば、我々にとって何が大切なのかということを、知らされることのように思います。そのことはあのマルタとマリアの姉妹の物語からも窺うことができます。主イエスの接待に忙殺されるマルタが、手伝うことをしないで主イエスの話に聞き入るマリアのことで苛立っていたのです。主イエスはそのマルタに向かって「マルタよ、マルタよ、あなたは多くのことに心を配って思いわずらっている。しかし、無くてならぬものは多くはない。いや、一つだけである。」（ルカによる福音書10・41－）と仰いました。ビジネス用語を借用すれば、信仰は人生のプライオリティ、優先順位をしっかり守るのです。枝葉末節のことに捕らわれない、解放されるということです。

解放という言葉は使用していませんが、パウロはこのガラテヤの信徒への手紙で次のようなことを語っています。「兄弟たち、あなたがたは、自由を得るために召し出されたのです。ただ、この自由を、肉に罪を犯させる機会とせずに、愛によって互いに仕えなさい。」（5・13）というのです。我々が解放される、自由になるということは、隣人に仕えること、隣人を愛する姿となるのだとパウロは言うのです。隣人に仕えるということ、また聖霊を与えられるということと、「隣人を自分のように愛する」ということとは別のことではないということを5章で語るのです。

けれども我々は愚かさとか、弱さを抱える者です。信仰を与えられても、何が重要なのかを見失い、道を逸れてしまっている自分に気づくことがあるのです。それも、決して珍しくないことです。お読みいただきました6章1節に「不注意にも何かの罪に陥ったなら」というのは、そのような事情を語るものです。「罪に陥る」とされていますが、寧ろ過ちとか、罪過などと言った方が良いかと思います。

その過ちが具体的に何を指すのか、必ずしも明確ではありません。もしかしたら直前の5章で触れられています肉の業を指しているのではないかと推測できます。そこには姦淫、わいせつ、好色、に始まる一五項目の悪徳表が掲げられています。

さらに信仰を与えられるということは、人の弱さ、愚かさを受け止める事でもあります。弱さ、悲しみを含め、真実の自分の姿を受け止めるのです。その信実に立ってこそ人は強さというものが与えられるのです。パウロはコリントの信徒への手紙二で「わたしの恵みはあなたに十分である。力は弱さの中でこそ十分に発揮されるのだ」（12・9）との御声を聞いたことと紹介しています。パウロの場合は棘《とげ》と表現される身体上の問題を抱えていたのですが、与えられている病をあるが儘に受け止めるところで、神の恵みの力が発揮されるのだというのです。身体上の弱さだけでなく、我々の罪、過ちを認めるということについても同様のことがいえるように思います。我々は自分で自分に恰好を付けたくなるものです。格好を付けて、自分を誤魔化すのではなく、ありのままの姿を受け止めるところでしか、神の力は発揮されないのです。弱さ、醜さ、愚かさ、誤魔化し、そのようなものを受け止めることも、信仰の一つの姿のように思えます。同時に信仰はその弱さが支えられているのだというメッセージを聞くのです。否、支えられていることを知るからこそ弱さを受け容れることができるのではないでしょうか。

6章1節でパウロは罪過に陥った人を柔和な心で立ち返らせなさいと言います。その柔和というのは、今申し上げたような自分の姿、弱さを受け止めるところから出てくるのであって、続く「自身も誘惑されないように気をつけなさい」というのも、また同様です。

誘惑に関して、我々は主の祈りで「試みにあわせず悪より救い出したまえ」と祈りますが、この「試み」が動詞と名詞の違いはありますが、お読みいただいた「誘惑」と同じ言葉です。そうしますと、我々への誘惑、試みの一面には、自分自身を何か偉い者のように錯覚してしまい、自らの弱さ、愚かさから目を逸らすことが含まれているように思えます。主の祈りにこのような祈りがあるということは、我々が自分の真実を見つめることが如何に難しいかを語っているように思います。

さらに1節には「正しい道に立ち返らせなさい」とあります。口語訳では「正しなさい」となっていました。新共同訳は親切心からだと思うのですが、原文にない語をしばしば付け加えます。1節には道などという言葉はありません。口語訳の「正す」という語の基本的な意味合いは、修理、修復、回復を意味する言葉です。つまり、過ちを犯すということは、自分本来の姿が見失われているのだから、そこから回復するようにしなさいという意味合いとなります。ですから新共同訳では、倫理的に正しい道に引き戻しなさいというニュアンスを与えるように思います。しかし、それではパウロの思いを歪めるように思います。寧ろ癒しを与えるというニュアンスに近いのではないでしょうか。

ですから兄弟姉妹を正す時はいわゆる上から目線で非難、批判し、裁くのではなく、その人と同じ危うさ、弱さを自分も抱える者としての係わりが求められるのです。そうでなければ、私とあなたとは住む世界が違うのだということになってしまいます。そうではなく、あなたと同じ世界に住む者であり、同じ弱さ、悲しみを負う者として係るのです。互いに重荷を担うには、そのような同じ場に立とうとする思いがまず求められることと思うのです。そこに神の力が働くのです。使徒パウロが「力は弱さの中でこそ十分に発揮される」と言った、その力が現実のものとなるのです。

話しが少しそれますが、ヘブライ人への手紙を見てみたいと思います。その手紙では大祭司としての主イエスが語られます。5章には「大祭司は、自分自身も弱さを身にまとっているので、無知な人、迷っている人を思いやることができるのです。」（5・2）とあります。主イエスは自分の弱さ、悲しみを受け止められる方であり、それ故隣人を思いやることができるのだというのです。主イエスもそのような重荷を負って歩まれたのです。

話しを戻しますと、2節には「互いに重荷を担いなさい。そのようにしてこそ、キリストの律法を全うすることになるのです。」とあります。キリストの律法とは、5章14節に言及されていることを承けるものでしょう。つまり「互いに重荷を担いなさい。そのようにしてこそ、キリストの律法を全うすることになるのです。」とある、その律法です。

ところで、6章3節に「実際には何者でもないのに、自分をひとかどの者だと思う人がいるなら、その人は自分自身を欺いています」とありますが、我々は聖書に伝えられる主イエスの姿に、自らをひとかどの者、口語訳に従えば何か偉い者とするような姿を見ることはできないのではないでしょうか。そうではなく、社会から弾き出された人々、病に呻く人々に視線を注ぎ、近づき、彼らと食卓を共にする姿です。我々はそこに己を偉い者として自分を欺くことなく、真《まこと》の人となり給うた神の独り子を見るのです。

我々は主イエスの姿を仰ぎつつ、御前に謙り、自らの弱さを受け止め、互いに重荷を担う信仰を与えられたいと願います。

《お祈り》

主なる神さま、今日も我々をこの礼拝の場に集めてくださり、主イエスに示される恩寵を知らされ感謝します。主よ、我々は愚かにも自らを何か偉い者のように錯覚し、弱さを拒否する者です。主よ、どうか我々が自らの弱さ、貧しさを日々の生活で受け止める謙りを知る者としてくださいますように。互いに重荷を担う者としてください。主イエスの眼差しを知る者としてください。

今日の礼拝を覚えつつも集うことのできていない兄姉を覚えます。その兄姉の生活の場に、あなたがお臨みくださいますように。あなたが共に重荷を負ってくださいますように。殊に、入院されている方、療養、病とご高齢の重荷を負うておられる方々を顧みてくださいますように。お仕事、止むを得ない事情で集うことのできない方々を顧みてくださいますように。

この後もたれます役員会を顧みてくださいますように。また今月末に計画されています教会キャンプを祝してくださいますように。大事なことを知ることができますように。

力で事を解決する国際社会にあって、我が国もまた一歩その流れに近づこうとしているように思えます。主よ、不安を覚えます、思うことを力で進める政治に怒りを感じます。主よ、あなたの御心がなりますように、道を備えてください。

今日からの一週間、御前に謙り、あなたの慈愛の内に歩む者としてください。

主イエス・キリストの御名によって祈ります。アーメン

（七月一二日）

思い煩うな

2 わたしはエボディアに勧め、またシンティケに勧めます。主において同じ思いを抱きなさい。
3 なお、真実の協力者よ、あなたにもお願いします。この二人の婦人を支えてあげてください。
二人は、命の書に名を記されているクレメンスや他の協力者たちと力を合わせて、福音のために
わたしと共に戦ってくれたのです。4 主において常に喜びなさい。重ねて言います。喜びなさ
い。5 あなたがたの広い心がすべての人に知られるようになさい。主はすぐ近くにおられます。
6 どんなことでも、思い煩うのはやめなさい。何事につけ、感謝を込めて祈りと願いをささげ、
求めているものを神に打ち明けなさい。7 そうすれば、あらゆる人知を超える神の平和が、あ
なたがたの心と考えとをキリスト・イエスによって守るでしょう。

フィリピの信徒への手紙　4章2－7節

使徒言行録の16章11節以下の段落には「フィリピで」という小見出しが付されています。そこには「翌日ネアポリスの港に着き、そこから、マケドニア州第一区の都市で、ローマの植民都市であるフィリピに行った。そして、この町に数日間滞在した。」とあります。

フィリピはローマの植民都市とありますが、それは前三一年からのことであり、ローマ帝国の軍団が駐留し、軍事的にも重要な植民都市となっていました。この町が使徒パウロの伝道旅行で

ヨーロッパ最初の地となったのです。

パウロがそのフィリピの教会に宛てて書いた手紙を今日お読みいただきました。この手紙は学者たちの研究結果として、実は三通の手紙が纏められたものと推測されています。つまり、この手紙を始から読み進んでいますと、話しの展開が良く分からない箇所が何箇所かあるのです。今日は4章2節以下をお読みいただきましたが、これも4章1節以下から読み始めますと、1節と2節との繋がりが良くわからないのです。

さて、今日の聖書の箇所では、エボディアとシンティケという二人の女性が登場します。あまり記憶にない名前かもしれません。口語訳ではユウオデヤとスントケという名前でした。因みに紫布の商人の女性の名はリディアではなくルデヤとなっていました。固有名詞は少し変わっても別人の響きをもちますので、できるならばあまり変化させて欲しくないものと思います。

このエボディアとシンティケはパウロの「他の協力者たちと力を合わせて、福音のためにわたしと共に戦ってくれたのです」との言葉からも窺うことができますように、熱心に教会生活を送っていたようです。ところがどうもこの二人に何かトラブルがあったようです。それが何かは特定することはできません。只、パウロの言葉からは単に個人的な事柄ではなく、教会に関するものなのだろうということぐらいしか想像できません。

多分教会の働きに関して二人が譲り合うことができない対立関係となるということは、当事者だけの問題で終わることなく、周囲の者をも巻き込む、あるいは迷惑を与えるということが、ここに示されているように思います。だからこそ、このような対立がパウロのところまで伝わり、パウロもまた手紙で二人の名を挙げて、「同じ思いを抱きなさい」と対立を解くようにと勧めるのです。

しかし、我々の日常生活では「同じ思いを抱きなさい」と勧められても、それは実に空虚に響いて終わりではないでしょうか。黙っておくわけにもいかないから、ひとこと言っておこう、そんな受け止められ方ではないかと思うのです。あるいは同じ思いになれないからこそ対立があるのではないか、そのような声も聞こえてくるかもしれません。そうしますと、パウロはそんなに意味のない、重みのない言葉を語ったのでしょうか。

我々はつい聞き流すのです。パウロは「主において」という一言を加えているのです。信仰の熱心さ、教会への熱意がいつの間にか、自分への拘りになっているのではないか、そのような思いが「主にあって」に籠められているように思います。

このことについて我々はこの手紙の2章を思い起こすのです。そこには「キリストを模範とせよ」との小見出しが付されています。そこでもパウロは同じ思い、また一つの思いということを言っています。パウロは言うのです、「何事も利己心や虚栄心からするのではなく、へりくだって、互いに相手を自分よりも優れた者と考え、めいめい自分のことだけでなく、他人のことにも注意を払いなさい。」(2・3－4)と。「互いに相手を自分よりも優れた者と考え」というのは、実際にはそう思ってもいないにも拘わらず、そう思うようにしなさいということではない筈です。謙りを与えられるとき、「相手を自分よりも優れた者と考え」る見方を与えられるということでしょう。そこで「キリストは自分を無にして、僕の身分になり、人間と同じ者になられました。人間の姿で現れ、へりくだって、死に至るまで、それも十字架の死に至るまで従順でした。」(2・6－8)と、いわゆるキリスト讃歌を紹介するのです。「主にあって同じ思いを抱きなさい」というのは、換言すれば、実は我々は既にキリストの十字架から、このような謙りを与えられているのだよ、それに応えなさい、ということのように思われます。

さて文の繋がりが少し良くないのですが4節以下にもまた軽く聞き流してしまいそうな言葉が続きます。常に喜べ、思い煩うな、何事にも感謝して祈れ、と。我々の感覚からすれば、常識的には無理なこと、できないことです。しかしパウロにすれば、それが信仰なのだ、と言っているように聞こえます。

我々の日常は、家庭、学校でも仕事でも、また教会でも課題、問題を抱えているのです。それらが常にあるということは理解できるのです。しかし、だからこそパウロは「常に」とか、「何事につけ」に続けて「喜べ」、また「思い煩うな」、などと言っているように思います。

実際パウロの伝道者としての生活は苦難の連続でした。鞭打ち、監禁、暴動、労苦、不眠、飢餓の中で伝道したというのです。その彼がコリントの信徒への手紙二6章10節で「悲しんでいるようで、常に喜び、物乞いのようで、多くの人を富ませ、無一物のようで、すべてのものを所有しています。」と言っているのです。常に喜んでいるというパウロの言葉は張ったりとか、強がりではないように思えます。

パウロは命が脅かされるほどの困難の中で、伝道しました。健康上の問題も抱えていました。その問題から解放されるように何度も祈っているのです。その結果パウロは聞きました、「わたしの恵みはあなたに十分である。力は弱さの中で十分に発揮されるのだ」(コリントの信徒への手紙二12章9節)との主の言葉を。さらに申し上げれば、パウロに語り掛けられた神は、今も同様に語り掛け続けて下さっている、そのようなニュアンスで語っています。つまり常に喜べということは、常に謙って自分の弱さを受け止めなさい、そうすれば神は、そのようなあなたを支えて下さるのだ、ということです。喜ぶことができないとき、思い煩うとき、そこに自らの弱さを受け止めることのできない傲慢な自分がいるのです。強がりを言わないで、あなた自身を主の慈愛に委ねなさい、神は我々を決して見放し給うお方ではないのです。慈愛を受け止め委ねるところで、7節「あらゆる人知を超える神の平和が、あなたがたの心と考えとをキリスト・イエスによって守るでしょう。」とパウロは言うのです。「守るでしょう」という語は、軍隊が駐留して守るという意味もあります。先ほどフィリピにはローマ軍が駐留していたと申しましたが、我々を守って下さるのはあのローマ軍ではなく、共にい給う慈愛の神です。思い煩うな、我々には守り導いて下さる慈愛の神が共にいて下さるのです。喜びの内に主イエス・キリストの神に感謝を捧げましょう。

《お祈り》

慈愛の御神、今日も我々をこの場に集うことを許し、あなたの慈愛に触れることができましたから感謝します。主よ、我々はあなたの慈愛に鈍感です。主よ、そのような我々を憐れみ、あなたの慈愛に聡い者として下さい。自分自身を知らされ、導きを知る者として下さい。世の華やかさに心奪われることなく、気づかない内に自らを欺くことがない者として下さい。

今日の礼拝を覚えつつも集えない兄姉を覚えます。療養中の方、リハビリ中の方、なおも体調に不安を覚える方がおられます。主イエスからの平安がありますように。なれない海外に滞在中の方を顧みて下さいますように。

国会では戦争を身近に感じさせる法案が審議されています。力を与えられた者が、より力に頼む世界へ踏み出そうとしているように思えます。不安を、不安と訴えることができますように。

大きな台風がやってきました。そのために死者も出ています。思いもかけない突然の死であったことを思います。悲しみのご遺族に慰めを祈ります。家屋に被害を受けられた方に希望をお与えくださいますように。

来週の教会キャンプにあなたのお導きをお与えください。一歩を踏み出すためのきっかけとなりますように。その備えをしてくださる方々に導きがありますように。

なおもイスラム圏からのテロリズムが報道されます。殺戮と破壊の先に一体何があるのか、いつ、どのような形で収束するのかと思わされます。憐れみをお与えください。

今日からの一週間、あなたの導きを覚え、あなたに委ねて、喜びと感謝の内に歩むことができますように。主イエス・キリストの御名によって祈ります。アーメン

（七月一九日）

苦い良薬

13もし、善いことに熱心であるなら、だれがあなたがたに害を加えるでしょう。14しかし、義
のために苦しみを受けるのであれば、幸いです。人々を恐れたり、心を乱したりしてはいけませ
ん。15心の中でキリストを主とあがめなさい。あなたがたの抱いている希望について説明を要
求する人には、いつでも弁明できるように備えていなさい。16それも、穏やかに、敬意をもっ
て、正しい良心で、弁明するようにしなさい。そうすれば、キリストに結ばれたあなたがたの善
い生活をののしる者たちは、悪口を言ったことで恥じ入るようになるのです。17神の御心によ
るのであれば、善を行って苦しむ方が、悪を行って苦しむよりはよい。18キリストも、罪のた
めにただ一度苦しまれました。正しい方が、正しくない者たちのために苦しまれたのです。あな
たがたを神のもとへ導くためです。キリストは、肉では死に渡されましたが、霊では生きる者と
されたのです。19そして、霊においてキリストは、捕らわれていた霊たちのところへ行って宣
教されました。20この霊たちは、ノアの時代に箱舟が作られていた間、神が忍耐して待ってお
られたのに従わなかった者です。この箱舟に乗り込んだ数人、すなわち八人だけが水の中を通っ
て救われました。21この水で前もって表された洗礼は、今やイエス・キリストの復活によって
あなたがたをも救うのです。洗礼は、肉の汚れを取り除くことではなくて、神に正しい良心を願
い求めることです。22キリストは、天に上って神の右におられます。天使、また権威や勢力は、

キリストの支配に服しているのです。

ペトロの手紙一　3章13－22節

新約聖書の中で、最もこなれたギリシア語が使用されている文書の一つといわれるペトロの手紙一をお読みいただきました。ガリラヤ育ちの使徒ペトロがこんな立派なギリシア語は使えなかっただろうといわれています。加えて主イエスの弟子にしては、主イエスのお言葉が出てこないではないかとか、その他幾つかの理由から、この手紙は実は使徒ペトロが書いたものではないとされています。もはや誰が書いたのかということは確かめることはできません。しかし、今日は便宜上、著者をペトロとしてお話させていただきます。

そのペトロは何の目的でこの手紙を書いたのかということですが、信仰の故に外部から圧力を受け、苦しんでいる信徒を励ますためであったということは確かなように思われます。その圧力がどのようなものであったのか、容易に特定することはできません。ある方は5章にバビロンの名前が出てくるところから、ローマ帝国からの迫害ではないかと言います。しかし、そのように断定するには無理があるように思われます。例えば2章13節には「主のために、すべて人間の立てた制度に従いなさい。それが、統治者としての皇帝であろうと」とあります。「全ての」といわれますと、たとえ圧力のない時に語られた言葉だとしても、「無批判的」な態度と受け止められる表現かと思います。ましてやキリスト者の状況がローマ帝国の組織的迫害によって、本当に明日をも知れない状況だとすれば、出てこない言葉だと思われます。ですから、この手紙の背後にある苦しみ、圧力は、ローマ帝国からの迫害などではなく、信仰生活一般で、周囲からのもの、家庭内での葛藤などを指していると思います。そのことはこの手紙に「召使いたちへの勧め」とか「妻と夫」等という小見出しがあることからも窺うことができます。

そこでお読みいただきました13節ですが「善いことに熱心であるなら、だれがあなたがたに害を加えるでしょう」とあります。しかし具体的にはどのようなことが問題となっているかは不明です。「義のために苦しみを受けるのであれば」との言葉からは、苦しみは将来のことのようにも受け止められます。しかし仮定の問題ではなく、手紙の読者は実際に苦しみの中にあるのです。その「義のために」というのは、換言すれば信仰の故にと理解できます。その信仰の故に苦しみを受けるなら、幸いではないかとペトロはいうのですが、何故幸いなのか、ペトロは言及しません。きっとキリスト者には信仰の故に苦しみにまさる喜びがあり、希望があるのだということを言いたかったものと思います。

続く14節でペトロは「人々を恐れたり、心を乱したりしてはいけません」と言います。直訳すれば「彼らの恐れを恐れるな」というのです。このように訳しますと、ペトロはこの言葉を旧約聖書イザヤ書から引用していることが明らかになります。「神のみを畏れよ」との小見出しが付けられたイザヤ書8章12節からの引用です。「あなたたちはこの民が同盟と呼ぶものを何一つ同盟と呼んではならない。彼らが恐れるものを、恐れてはならない。その前におののいてはならない。」とあります。

このイザヤの言葉は、イスラエルのアハズ王がスリヤ・エフライム戦争で敵の攻撃に怯えているとき、イザヤがアハズを慰め、励ました言葉です。国の存亡の危機に、イザヤは主なる神への信頼を説いたのです。ペトロもまたそのような神への信頼、復活の神への信頼を思い起こすように、義のために苦しみ、悩みにある人々に説いたということです。

ところで教会の周囲の福音を受け入れることのできない人々、福音宣教に反感をもつ人々、教会に圧力をかける人々、それらの人々とキリスト者とでは、ものの見え方が異なります。何を最も大切にするか、何を恐れるのかということの違いであり、何に希望を見出しているのかという点で異なるのです。そういう意味で信仰者は、ものの見方、人生観が変えられた者です。

キリスト者の場合、希望、世界の見方のベースにあるのは、主イエスのご復活です。このことについて、ペトロは手紙の最初から語っています、「神は豊かな憐れみにより、わたしたちを新たに生まれさせ、死者の中からのイエス・キリストの復活によって、生き生きとした希望を与え」(1・3)たというのです。この希望は世の如何なるものによっても替え難いものです。このキリスト者の復活、永遠の命の希望についてペトロは「朽ちず、汚れず、しぼまない財産」(1・4)だとも加えています。この神への揺るぎない信頼と希望こそが、現下の苦しみの状況で求められているのです。

しかしながら、我々が信仰を与えられるということは、我々が苦難に遭わないとか、苦しみ、悲しみがなくなるということを意味するものではありません。人生には苦しみ、悲しみは付き物なのです。その苦しみ、悲しみに遭ったときそれにどう対応するのか、如何に受け止めるのか、そのことをこそ信仰は語るのです。信仰者は苦難に遭ってもそれを乗り越える力を与えられるのです。信仰は、何故、どうして私がこんな目に遭うのか、などという正解のない問い掛けから人を解放するのです。たとえ、あなたは斯《か》く斯《か》く然々《しかじか》で苦しみに遭っていますといわれたとしても、そのような説明は人に何の力も与えないのです。そのような問いに拘り続けることは、不平不満、口惜しさしかもたらさないのです。我々は、人生について全てを知ることができるほどには賢くはないのです。分からないことは分からないこととして、御手に委ね、ご復活の主イエスに委ねること、これが信仰の姿です。

そこでペトロは主イエスのご生涯、とりわけ十字架とご復活の主イエスを見よ、と勧めるのです。只、ペトロは言葉遣いに注意を注がないところがあったのかもしれません。そこで少し触れておきたいと思います。18節には「キリストも、罪のためにただ一度苦しまれました」とありますが、「も」を入れると、我々は混乱してしまいます。これは「キリストは」とする筈だったものと思います。そうでなければキリストもやはり罪を犯したのか、となります。また18－19節では霊と肉が分離されて、霊のみが生きていることになっていますが、我々の告白する使徒信条は霊ではなく「身体のよみがへりを信ず」です。

何れにしましても、ここでペトロが言いたかったことは、主イエスの十字架はいわれないもの、不当なものであったということです。その説明のつかない十字架の道を自ら歩まれた主イエスが、如何に我々の思いを越えて御神に委ね歩まれた方かということが、あなたがたの苦しみを通して分かる筈だというのです。自分の苦しみを通して、御子の恵み、慈愛の確かさに気づかされるのです。十字架の苦しみは、我々にあの希望、復活の希望を与えるためであり、神の愛の揺るぎないことを示すものとなるのです。周囲の異教社会にあって、揺るぐことなく主に信頼する者であれとの勧めです。人生の悩みは何時もあります。しかし同時に神の慈愛も我々から離れることのないことに気づかされたいものです。

《お祈り》

主なる神さま、今日も我々をこの礼拝の場に集めて下さり感謝します。我々は御言葉を与えられ、ご復活の主イエスを告げ知らされているにも拘らず、いとも容易《たやす》く動揺し、不安、不満を覚えるものです。主よ、そのような我々を憐れみ、信仰をお与えください。預言者イザヤは「安らかに信頼していることにこそ力がある」(イザヤ書30・15)と語りました。どうぞ主よ、そのような力をお与えください。たとえ避けることのできない病とか高齢という重荷であっても主よ、世の終わりまで、あなたに委ねる力をお与えください。

今日の礼拝を覚えつつも集うことのできていない兄姉を覚えます。主よ、あなたの礼拝に集えない辛さを顧みて下さいますように。病の故に集うことのできない方々、療養し、リハビリされている方を顧みて下さいますように。旅にある者がいます。あなたの守りの内に旅を終えることができますように。暑さのためと思われる体調不良の方がおられます。導きをお与えください。この後もたれます教会キャンプを祝して下さい。あなたの御恩寵を知ることができますように。

原発事故により東北教区小高伝道所、浪江伝道所は平常活動は全く不可能な状況が続いていると知らされています。両伝道所に連なる方々にあなたの慰めが示されますように。活動再開の道が備えられますように。

今日からの一週間、御前に謙りを与えられ、委ねて歩む者として下さいますように。主イエスの御名によって祈ります。アーメン。

（七月二六日）

憐れみを受けて

9 愛には偽りがあってはなりません。悪を憎み、善から離れず、10 兄弟愛をもって互いに愛
し、尊敬をもって互いに相手を優れた者と思いなさい。11 怠らず励み、霊に燃えて、主に仕え
なさい。12 希望をもって喜び、苦難を耐え忍び、たゆまず祈りなさい。13 聖なる者たちの貧し
さを自分のものとして彼らを助け、旅人をもてなすよう努めなさい。14 あなたがたを迫害する
者のために祝福を祈りなさい。祝福を祈るのであって、呪ってはなりません。15 喜ぶ人と共に
喜び、泣く人と共に泣きなさい。16 互いに思いを一つにし、高ぶらず、身分の低い人々と交わ
りなさい。自分を賢い者とうぬぼれてはなりません。17 だれに対しても悪に悪を返さず、すべ
ての人の前で善を行うように心がけなさい。18 できれば、せめてあなたがたは、すべての人と
平和に暮らしなさい。19 愛する人たち、自分で復讐せず、神の怒りに任せなさい。「『復讐はわ
たしのすること、わたしが報復する』と主は言われる」と書いてあります。20 「あなたの敵が飢
えていたら食べさせ、渇いていたら飲ませよ。そうすれば、燃える炭火を彼の頭に積むことにな
る。」21 悪に負けることなく、善をもって悪に勝ちなさい。

ローマの信徒への手紙　12章9－21節

毎週水曜日には中週祈祷会がもたれています。暑い日々ですので八月はお休みですが、先週の

水曜日には、「あなたがたは、光に照されたのち、苦しい大きな戦いによく耐えた初めのころのことを、思い出してほしい。」とのへブライ人への手紙10章32節から学び、祈りました。現在祈祷会では一九八二年になくなっておられるのですが、スイスの首都ベルンの教会で長く牧師をされていましたリュティといわれる先生の小説教を題材にしています。その日のメッセージは次のように始まっていました、「世にあるキリスト者に課せられている戦いは、殴りかかったり戦い取ったりする戦いではなくて、『耐え』る戦いだという特殊性を持っている。」とあり、さらに続けて、「キリスト者の戦いは、めったやたらに打ちかかっていくことではなくて、耐え忍ぶことである。」と仰っていました。

打ちかかられるということは、心も身体も傷つけられてしまいます。ですからリュティ牧師の仰っていることは、いざ自分が実行しようとすると実にしんどいこと、不可能ではないかとさ思えます。しかし間違いではないと思います。なぜなら圧倒的な力の前で為す術なく項垂《うなだ》れる人の痛み、悲しみ、怒りに対して、打ちかかる方は極めて鈍感なのです。打ちかかっていくということは、そのような人々と同じ土俵に立つことのように思えるからです。

リュティ牧師のいう「耐える」ということの一つの側面は、キリスト者は、人にそのような鈍感さを与えてしまう力を求めないで戦うということを指しているように思います。人の痛みへの鈍感さを与える力は、大は国家間では戦争を引き起こし、社会生活のレベルでは例えばセクハラ、アカハラ、マタハラ等様々のパワーハラスメント、いじめ等になるのでしょう。またハラスメントという表現は取らなくても子どもの心身を傷つける体罰なども、とどのつまりは力に依り恃む親や教師の生き方を示すもののように思われます。

主イエスのご生涯は、この力に依り恃む生活を否定するものであったように思います。力に依り恃む生活が如何に人に悲惨さ、痛み、悲しみをもたらし、さらに自分自身をどんなに傷つけるか、ということをお示しになっているように思います。我々の周囲は、力に傷つく人を、弱者とか負け組などと称し鈍感になり、自らを強い者とするのです。十字架の主イエスに向かって通行人は「おやおや、神殿を打ち倒し、三日で建てる者、十字架から降りて自分を救ってみろ。」(マルコによる福音書15・29)と首を振りながら言い、祭司長、律法学者たちは「他人は救ったのに、自分は救えない。メシア、イスラエルの王、今すぐ十字架から降りるがいい。それを見たら、信じてやろう。」(マルコによる福音書15・31－32)と言い、さらに主イエスと一緒に十字架に付けられた二人までも同様に言ったのです。この二人にまで主イエスは弱い者と蔑まれたのです。力で事を解決される道を選ばれなかったからです。

しかし、弱者と思われ、負け組と思われていた主イエスに神が働いておられたのです。主イエスの歩みのすべての場で、神が共にいてくださり、働いてくださっていたのです。主イエスのご復活がそのことを示すのです。ヘブライ人への手紙が「あなたがたは、光に照されたのち、苦しい大きな戦いによく耐えた」という、その光は主イエスのご復活の光であった筈です。その光があるからこそ「耐える」ことができたのです。リュティ牧師は、この耐えることについてお祈りで「しかし主よ、もしあなたが私を光で照らしてくださらなければ、私には不可能です」と語っています。

祈祷会の話が少し長くなりましたが、お読みいただきましたローマの信徒への手紙12章9節以下でパウロが語っていることは、表現は異なるとしても、あの復活の光に照らされているということが前提になっているように思われます。そうでなければ、今日パウロが語っていることは、例えば、迫害する者のために祝福を祈れなどということは、立派なことであるかもしれないが、不可能なこと、絵空事だということで終わってしまうように思います。

しかしパウロは12章2節で本気で、「あなたがたはこの世に倣ってはなりません。」と言っています。世に倣うということは、やられたらやり返そうではないか、我々も剣を取ろうではないか、打ちかかっていこうではないか、ということになるでしょう。「この世」で示されているのは、力に依り恃む生き方のように思われます。ですから14節、「あなたがたを迫害する者のために祝福を祈りなさい」というのは、そのように人に傲慢と鈍感さをもたらす力に依り恃まないということを教えているように思われます。パウロは絵空事を語っているのはなく、主イエスのご復活から、そのことを知らされたに違いないのです。

さらにパウロは言うのです。復讐するな、神にお任せしなさいと。これはもう力には力、という世では説明できないことです。あの光を受けなければ不可能なことであり、無理なこと、人々からは一蹴される勧めです。しかし、ここにパウロの福音があり、パウロが与えられた信仰があるです。

さて、ローマの信徒への手紙10章5節以下には「万人の救い」との小見出しが付けられた段落があります。12節には「ユダヤ人とギリシア人の区別はなく、すべての人に同じ主がおられ、御自分を呼び求めるすべての人を豊かにお恵みになる」とあります。つまり人には誰であっても、ご復活の主の命に与る恵みが用意されているとパウロは言うのです。ユダヤ人にも、ギリシア人も、敵であっても既に恵み、慈愛は備えられているのです。そのことに気づかされるとき、その気づきは信仰となるのです。またキリストの血は、今自分たちを迫害する者のためにも流されたのです。復讐の対象となる人にも慈愛、恩寵、つまり信仰は備えられているのです。パウロは「キリスト我が内に在りて生くるなり」(ガラテヤの信徒への手紙2・20)と語っていますが、パウロだけが特別な存在として創造されたのではなく、神はそのようなものとして、つまりキリストの住まい、聖霊の宮として人を創造されたのです。その内なるキリストを見るからこそ10節にあるようにお互いに、「優れた者と思」うことができるのです。19節の復讐の対象となる人にもまた、神の命が用意されているのです。

世に悪のあることは事実です。その悪の悪たる所以《ゆえん》は、自分に与えられた力、恵みを自分のためにのみ使い、力任せに、力を拠り所として事を運ぶところにあります。その悪に復讐するなということは、あなたが苦しめられているその同じ力に、あなたも自身も依り恃む生活をしてはいけない、あなたも人を苦しめ、傷つけ、自らをも苦しめることになる、というのです。力に頼らない戦い、耐えることが求められるのです。

パウロは5章で言います、「わたしたちは知っているのです、苦難は忍耐を、忍耐は練達を、練達は希望を生むということを。希望はわたしたちを欺くことがありません。わたしたちに与えられた聖霊によって、神の愛がわたしたちの心に注がれているからです。」（5・4）と。我々もまた神の愛、憐れみが注がれていることを知る生活をしたいものと願います。主イエスの慈愛は私と共に涙してくださり、私と共に喜んでくださるのです。ここに我々の平和の礎があると信じます。

《お祈り》

主なる神さま、今日も我々をこの場に集わせてくださり、あなたを礼拝し、讃美することができましたから感謝します。主よ、我々が知らされているあなたの御言葉の最初のものは、「光あれ」でありました。主よ、あなたの慈愛の光の内に我々が創造されたことを覚えることができますように。預言者イザヤのことば「恐れることはない、わたしはあなたと共にいる神」（イザヤ書41・10）を我々は年度主題聖句として掲げています。あなたの慈愛、憐れみは決して我々から離れ去ることなく、揺らぐことのないことを思わされます。殊に我々が弱さを知らされるとき、あなたは近づいてくださっていることを知らされています。パウロも「わたしの力は弱いところに完全にあらわれる」とのあなたの御言葉を与えられています。主よ、我々が苦しい時、辛い時、あなたが我々に耐える力を与えてください、慰めと希望をお与えくださいますように。

主よ、今日の礼拝を覚えつつも集うことのできていない方々をお覚えください。来ようにも高齢と病の故に集えない方々がいます。主よあなたがそこでお働きくださいますように。ご家族にもあなたの顧みがありますように。

主よ、我々は今日を平和聖日として礼拝を守っています。主よ、平和の源はあなたの御言葉にあり、慈愛にあります。人はお金や武力、地位を与えられると、思い高ぶり、ろくなことに用いません。ですから主よ、我々に謙りをお与えくださり、あなたの力を知る者としてください。

主よ、あなたは「汝殺すなかれ」(出エジプト記20・13) との戒めをお与えくださっています。けれどもあなたの御言葉は無視されているように思えます。今週には広島に、来週は長崎に原子爆弾が投下された日を迎えます。戦争の現実を突き付けられています。あなたの命の宿る多くの命が、いとも簡単に抹殺されました。主よ、命の源であるあなたの御言葉を畏れる思いを大事にすることができますように。そして生きる者としてください。

この後もたれます懇親のとき、あなたが祝してください。

この一週間、御恩寵に感謝し、御名を讃美する者としてください。

主イエス・キリストの御名によって祈ります。アーメン

(八月二日)

苦難と愛

1 パウロ、シルワノ、テモテから、父である神と主イエス・キリストとに結ばれているテサロ
ニケの教会へ。恵みと平和が、あなたがたにあるように。
2 わたしたちは、祈りの度に、あなたがたのことを思い起こして、あなたがた一同のことをい
つも神に感謝しています。3 あなたがたが信仰によって働き、愛のために労苦し、また、わた
したちの主イエス・キリストに対する、希望を持って忍耐していることを、わたしたちは絶えず
父である神の御前で心に留めているのです。4 神に愛されている兄弟たち、あなたがたが神か
ら選ばれたことを、わたしたちは知っています。5 わたしたちの福音があなたがたに伝えられ
たのは、ただ言葉だけによらず、力と、聖霊と、強い確信とによったからです。わたしたちがあ
なたがたのところで、どのようにあなたがたのために働いたかは、御承知のとおりです。6 そ
して、あなたがたはひどい苦しみの中で、聖霊による喜びをもって御言葉を受け入れ、わたした
ちに倣う者、そして主に倣う者となり、7 マケドニア州とアカイア州にいるすべての信者の模
範となるに至ったのです。8 主の言葉があなたがたのところから出て、マケドニア州やアカイ
ア州に響き渡ったばかりでなく、神に対するあなたがたの信仰が至るところで伝えられているの
で、何も付け加えて言う必要はないほどです。9 彼ら自身がわたしたちについて言い広めてい
るからです。すなわち、わたしたちがあなたがたのところでどのように迎えられたか、また、あ

なたがたがどのように偶像から離れて神に立ち帰り、生けるまことの神に仕えるようになったか、10更にまた、どのように御子が天から来られるのを待ち望むようになったかを。この御子こそ、神が死者の中から復活させた方で、来るべき怒りからわたしたちを救ってくださるイエスです。

テサロニケの信徒への手紙一　1章1－10節

パウロはガラテヤの信徒への手紙で、挨拶もそこそこに「キリストの恵みへ招いてくださった方から、あなたがたがこんなにも早く離れて、ほかの福音に乗り換えようとしていることに、わたしはあきれ果てています」と、ガラテヤ教会の状況を嘆いていました。ところが、お読みいただきましたテサロニケの信徒への手紙では随分と様子が異なります。テサロニケの人々を思い起こしてはいつも神に感謝している、というのです。そればかりではなく3章7節以下で、「あなたがたの信仰によって励まされました。あなたがたが主にしっかりと結ばれているなら、今、わたしたちは生きていると言えるからです。」とまで語るのです。

人を励ましたり慰めたりということは、決して易しいことではありません。いくら考えて言葉を選んで語り掛けたとしても、それで思いが伝わるというものではありません。パウロや、シルワノ、テモテの場合、どのようにして励ましを受けたのか。それは神が働いておられるということを、確かなこととして知らされたからです。また慈愛に生かされている人と係り、その日常に触れたからではないかと推測されます。テサロニケの人々は確かに信仰により生かされているのです。

このテサロニケ教会ですが、パウロのいわゆる第二次伝道旅行の際、つまり五〇年頃にその基礎が据えられています。使徒言行録17章には「テサロニケでの騒動」という小見出しの付けられた段落があります。3節にはパウロが「『メシアは必ず苦しみを受け、死者の中から復活することになっていた』とあり、また、『このメシアはわたしが伝えているイエスである』と説明し、論証した。」とあります。このパウロの話を聞いて多くのギリシア人が信じたことが報告されています。

ところが周囲のギリシア人たちはこれを妬んで、ならず者を巻き込んで暴動を起こしたというのです。このようなことが影響したのでしょうか、パウロたちは三回の安息日しかテサロニケで話をすることは出来なかったのです。ですから、山四週間のテサロニケ滞在だったということです。信仰を与えられたテサロニケの人々の教会にも圧力がかかっていたのです。加えてテサロニケ教会は経済的にも決して豊かではありませんでした。ですからパウロは教会の人々に経済的負担を掛けまいと、夜も昼も働いたというのです（2・9）。さらにフィリピの信徒への手紙4章16節にある「また、テサロニケにいたときにも、あなたがたはわたしの窮乏を救おうとして、何度も物を送ってくれました。」との記述も、テサロニケ教会の状況を語っています。

先ほど触れましたように、テサロニケ教会には久しく留まることはできませんでした。しかしそのテサロニケの教会のことがパウロには気がかりでした。ですから訪問したいとの思いはもっていましたが、叶いませんでした。そこでテモテをテサロニケ教会に送り、教会の様子を聞いたのです。テモテは朗報をもたらしてくれました。それを受けて、この手紙を書いているのです。

1章1節以下はある意味では手紙の形式を踏んだ挨拶ということが出来るかもしれません。けれども、この挨拶にもパウロの思い、信仰、感謝を見ることが出来ます。

挨拶では「父である神と主イエス・キリストとに結ばれているテサロニケの教会へ」と語ります。「結ばれている」に相当します言葉を英語で申し上げれば「in」という一語です。口語訳では直訳調に「イエス・キリストとにあるテサロニケ人たちの教会へ」となっていました。教会は神と主イエス・キリストとに結ばれているのではなく、神と主イエス・キリストとの内、中にあるのです。「結ばれている」ですと、二つの独立した意志をもったものが、何かの思いで結ばれている、そのような印象を与えます。しかしパウロの挨拶ではそうではなく、教会は神さまの中側、内側に、神の慈愛と恵み、摂理、ご加護の中に教会は置かれている、包まれているのです。パウロはテモテから聞かされたテサロニケ教会の様子からそのことを改めて知らされたのです。そのことが感謝となっているのです。ですから2節で「神に感謝しています」という表現になるのです。決して儀礼的に〇〇さんのご親切に感謝します、というようなことではないのです。

また3章8節には、口語訳で申し上げますと「あなたがたが主にあって堅く立ってくれるなら、わたしたちはいま生きることになるからである。」とあります。キリスト者が信仰に立つということは、私は努力し、頑張って信仰するぞということではありません。頑張るのではなく、神の慈愛に包まれていることを知らされ、受け止めて日々に歩むことです。加えて申し上げますならば、信仰は苦難に遭わないことを約束するのではなく、苦難・困難に耐える力を我々に与えてくれるものです。たった一語の小さな単語「〜にあって（in）」は今申し上げましたように多くの思い、喜び、感謝が籠められているように思われます。

また後日書かれたコリントの信徒への手紙二5章17節には「だれでもキリストにあるならば、その人は新しく造られた者である。古いものは過ぎ去った、見よ、すべてが新しくなったのである。」（口語訳）とあります。信仰を与えられるということは、新しいもの見方、生き方の始まりでもあります。そのことをパウロは挨拶の9節で、「偶像から離れて神に立ち返る」と表現しています。

此処で使用されています「偶像」という言葉「エイドーロン」は、英語のアイドル（idol）となります。確かにidolを辞書で引きますと偶像という訳語があります。元々は見るとか外形を意味する言葉に由来するものです。これをヒントにしますと、偶像というのは何も木石などの像を神とすることに限られたものではなく、寧ろ我々が目に見えるもの、聞こえてくるものに捉われる生活をすることであるように思います。パウロが「わたしたちは見えるものではなく、見えないものに目を注ぎます。見えるものは過ぎ去りますが、見えないものは永遠に存続するからです。」（コリントの信徒への手紙二4・18）と語っていることを思い起こさせます。テサロニケの人々は目に見える世界から、目に見えない世界に思いを移した生き方をするようになったのです。ご復活の主イエスに目を注ぐ生き方であり、我々が神の愛と摂理、慈愛の中にあることを知る生活です。換言すれば、目に見える世界、常識の世界では、たとえ絶望的であったとしても、決して我々を見捨て給うことない神の慈愛の内に生きることです。主の慈愛に在って生きる者とされ、感謝と希望を与えられた日々を歩みたいと願います。

《お祈り》

主なる神さま、実に熱い日々、猛暑、酷暑の日々が続きます。主よ、どうぞ我々の健康が支えられますように、殊にご高齢の方、病にある方、体調不全の方々を顧みて下さいますように。この暑さの中、今日も我々を礼拝の場にお集めいただきまして感謝します。

主よ、我々の日々の生活には様々な困ったこと、心沈むようなことがあります。しかし、主よ、我々が希望を見失うことがありませんように。使徒パウロが「わたしたちは知っているのです、苦難は忍耐を、忍耐は練達を、練達は希望を生むということを。希望はわたしたちを欺くことがありません。」(ローマの信徒への手紙5章3節以下)の言葉を思い起こすことができますように。主よ、我々が復活の主イエスの現実を知る者として下さり、慈愛の希望の内に歩む者として下さい。

今日の礼拝を覚えつつも集うことの出来ない方々を覚えます。ご高齢の方、病中・病後の方、入院加療中の方、家族の介護の方、主よ、顧みをお与えくださいますように。

主よ、七十年前の今日、長崎に原子爆弾が投下されました。戦争というものが、人から優しさとか労りの心、また判断力を奪うことを思わされます。ですから主よ、我々が平和への思いを失うことなく歩むことができますように、神さまに創られた我々が、造り主の御心を求めることができますように。

今日からの一週間、ご復活の主イエスの慰め、励ましを受けつつ歩む者としてください。わたしたちの主イエス・キリストの御名によって祈ります。アーメン

（八月九日）

慈愛の証し

19 わたしの愛する兄弟たち、よくわきまえていなさい。だれでも、聞くのに早く、話すのに遅
く、また怒るのに遅いようにしなさい。20 人の怒りは神の義を実現しないからです。21 だか
ら、あらゆる汚れやあふれるほどの悪を素直に捨て去り、心に植え付けられた御言葉を受け入れ
なさい。この御言葉は、あなたがたの魂を救うことができます。22 御言葉を行う人になりなさ
い。自分を欺いて、聞くだけで終わる者になってはいけません。23 御言葉を聞くだけで行わな
い者がいれば、その人は生まれつきの顔を鏡に映して眺める人に似ています。24 鏡に映った自
分の姿を眺めても、立ち去ると、それがどのようであったか、すぐに忘れてしまいます。25 し
かし、自由をもたらす完全な律法を一心に見つめ、これを守る人は、聞いて忘れてしまう人では
なく、行う人です。このような人は、その行いによって幸せになります。26 自分は信心深い者
だと思っても、舌を制することができず、自分の心を欺くならば、そのような人の信心は無意味
です。27 みなしごや、やもめが困っているときに世話をし、世の汚れに染まらないように自分
を守ること、これこそ父である神の御前に清く汚れのない信心です。

ヤコブの手紙　1章19－27節

お読みいただきましたヤコブの手紙1章19節以下は「聞くのに早く、話すのに遅く、また怒る

のに遅いようにしなさい。」と始まっています。どこでも通じる言葉のように思えます。つまり、早とちりをして、状況を弁えない儘に多くを喋ってはいけないとか、出しゃばって言葉数が多くならないように、じっくり状況を把握してから喋り出しなさい、そのように受け止めることが出来るかもしれません。あるいは箴言の言葉を思い起こされる方もおられるかもしれません。箴言の賢者は「愚かな者も黙っているときは、知恵ある者と思われ、そのくちびるを閉じている時は、さとき者と思われる。」（箴言17・28）と語ります。だからあまり喋らない方が良い、喋れば喋るほどあなたの愚かさが丸出しになるよ、そのような受け止め方をすることもできるかもしれません。

しかしヤコブが言いたかったことは、そのようなことではなかった筈です。ヤコブは教会の人、信仰の人であり、信仰の言葉を語っているのです。ですから処世訓に終わることを語っているのではない筈です。このヤコブの言葉を受け止めるためには、そのヤコブの信仰がどのようなものなのかということを見る必要があります。

そのために、少し遡って17節から見てみたいと思います。「良い贈り物、完全な賜物はみな、上から、光の源である御父から来る」とヤコブは言っています。良い贈り物、賜物は同義語反復と思われますので、その違いに拘る必要はなかろうと思います。この「完全な賜物」は一体何を表すというのでしょうか。それは神の慈愛であり、恩寵、愛、救い、そのようなものを内に含んでいるものと思われます。その賜物は「光の源である御父から来る」とヤコブは言うのです。ここでの光は複数形ですので、このように訳すほかないのかもしれませんが、意訳すれば次のようになるかと思います。「天の諸々の光の源である御父から来る」と。つまり、良き賜物は天地創造の神さま、月や星をも創造された神さまの許から来るものである、というのです。この賜物は揺らぐことがないのです。人は神の真理の言葉、慈愛の言葉、救いの言葉によって創造されたのです。人は神の慈愛、救いを知る最初のもの、初穂とされたのです。聖書が記す神の最初の言葉、「神は言われた。『光あれ。』こうして、光があった。」という光り、つまり希望、慰め、優しさの中に人は創造されたのです。真理の言葉とは、このような言葉を指している筈です。この真理の言葉は、21節を見るならば、我々の心に植え付けられているものだというのです。細かく申し上げれば、真理の言葉は我々の心に、生まれ乍らに埋め込まれているものなのであって、本来的に人にはそのような言葉が備わっている、そのようなニュアンスの言葉がここで使用されています。我々一人一人が神の慈愛の言葉、愛とか優しさの光りの言葉が埋め込まれているのだ、これがヤコブの信仰、その基本的な部分と思われます。

ですから、19節の「聞くのに早く、話すのに遅く、また怒るのに遅いようにしなさい。」というときの、「聞く」というのは、我々を創造した御神の慈愛の声を聞くことであり、遍く人が本来御神から与えられているあの言葉、慈愛、憐れみ、光の言葉に耳を傾ける、そのような話の流れになっているのです。このことを抜きにして我々が何かを語るということは、1章14節のヤコブの言葉を借りれば、「人はそれぞれ、自分自身の欲望に引かれ、唆されて、誘惑に陥るのです」

ということに繋がることになるに違いありません。さらには生まれつき与えられている神の慈愛抜きに何かができるかのような錯覚であり傲慢、また自分自身を見失っていることになるのです。

人の怒りについても同様です。その怒りが正義感とか信念に基づくものであっても、それが慈愛の言葉に取って代わることはできないのです。また自分は人を裁くことができるとする傲慢が潜んでいるのです。だから、生まれつき与えられている神の言葉、恩寵の言葉を受け容れなさい、聞きなさい、というのです。あなたの内なる真理の言葉に耳を傾けなさい、そこで人は、自分自身を見出し、我々の歩みが始まるのだ、そのような思いが籠められているように思います。

真理の言葉を受け止める、受け容れるということは、我々が神の恵み、御神の慈愛を受け止めるということです。感謝と喜びを与えられるのです。それが我々の救いです。21節の「御言葉は、あなたがたの魂を救うことができます」とはそのような意味でしょう。

それは具体的には、例えば27節で語られていることでしょう。つまり、「みなしごや、やもめが困っているときに世話をし、世の汚れに染まらないように自分を守ること」です。御言葉はそのような隣人の痛み、悲しみ、不運に共感するのです。神が天地を創造され、人を創造されたということは、人は神からの慈愛、憐れみの心をもつ者として創造されたということを意味する、ヤコブはそのように言うのです。

このことは我々が知らされている主イエスのご生涯からも窺うことができます。主イエスは

『わたしが求めるのは憐れみであって、いけにえではない』とはどういう意味か、行って学びなさい。」（マタイによる福音書9・13）とお教えになりました。主イエスの十字架は、我々への憐れみ、慈愛を示すものでした。ヤコブは2章で「兄弟あるいは姉妹が、着る物もなく、その日の食べ物にも事欠いているとき」、口先でいくら良いことを言っても、何も行動しなかったなら、その信仰は死んでいるというのです。換言すれば、そのような人は、我々の奥深くにある真理の言葉、憐れみの言葉を受け止めることができていない、まことの自分を見失っているというのです。

このことは、御言葉が御言葉として聞かれるとき、それは人を衝き動かす力となるということを言っているように思います。それは旧約聖書の言葉、ヘブライ語の言葉「ダーバール」という単語が、同時に出来事とか原因などをも意味することからも窺うことができます。我々が真理の言葉を与えられるとき、それはでき事となり、我々を衝き動かすものとなるのです。

さてヤコブは2章24節で「人は行いによって義とされるのであって、信仰だけによるのではありません。」と語ります。これは「神は恵みをもて我らを選び、ただキリストを信ずる信仰により，我らの罪を赦して義としたまふ。」との日本基督教団信仰告白と一見矛盾しているような表現です。しかし矛盾ではなく、強調点が異なっているものと思います。信仰告白の「信仰により」というのは「慈愛により、憐れみにより」と言い換え可能かと思います。日本基督教団信仰告白はその慈愛、憐れみを強調するのです。ヤコブは、神の言葉、憐れみ、慈愛の躍動性、ダイナミズムを強調しているように思われます。

我々の年度主題聖句は、「わたしはあなたを選び、決して見捨てない。恐れることはない、わたしはあなたと共にいる神」（イザヤ書41・9－10）とあります。これは換言すれば、神の慈愛、憐れみ、真理の御言葉は決して我々から離れ去ることはないということです。ヤコブの言葉は、あなたの業はどこにある、ちゃんと行いのある生活をしなさいと我々を責めるのではなく、我々が生まれる前から我々に備えられている慈愛、賜物に、日々の生活の中で気づかされ、受け止めて、苦難の多い人生を共に生きていこう、共に御言葉の確かさを知ろう、という励ましのよう思えます。

《お祈り》

慈愛の神さま、今日も我々をこの場に集めて下さり、有り難うございます。今日も我々は「わたしはあなたを選び、決して見捨てない。恐れることはない、わたしはあなたと共にいる神。」との年度主題聖句の確かさを知らされましたから感謝します。その確かさ、揺らぎないことことを知らされ、御名を讃美し、感謝する者としてくださいますように。

主よ、ヤコブは箴言を引用して、「神は、高慢な者を敵とし、／謙遜な者には恵みをお与えになる。」（ヤコブの手紙4・6）と言います。我々が御前に謙り、あなたに依り頼む者として下さい。

主よ、今日の日も様々な事情で集うことのできていない方々を思います。夫々の場であなたが慰めと希望をお与えください。殊に入院加療中の者、リハビリ中の者、病後の養生をしている者、痛みを覚える者、重荷を負う者を顧みて下さいますように。また時節柄出かけている者も多いことかと思います。夫々の場でお守りをお与えください。

来週、我々は信徒立証礼拝を守ります。立てられた者を顧みて下さり、用いて下さいますように。御言葉の確かさ、豊かさを分かち合うことができますように。

わたしたちの国は昨日敗戦から七十年の記念の日でした。我々日本基督教団も戦勝祈祷会をし、植民地支配に加担し、教団代表者は伊勢神宮参拝をしました。時の流れに流されてしまいました。信仰を問われています。ヤコブは「富んでいる者たちこそ、あなたがたをひどい目に遭わせ、裁判所へ引っ張って行くではありませんか。」と語ります。主よ、我々が御言葉に聴き従う生活をする者としてくださいますように。

今日からの一週間、御言葉に思いを寄せて歩む者とし、我々に備えられている慈愛を知る者としてください。主イエス・キリストの御名によって祈ります。アーメン

（八月一六日）

キリストの真実

7 それとも、あなたがたを高めるため、自分を低くして神の福音を無報酬で告げ知らせたから
といって、わたしは罪を犯したことになるでしょうか。8 わたしは、他の諸教会からかすめ取
るようにしてまでも、あなたがたに奉仕するための生活費を手に入れました。9 あなたがたの
もとで生活に不自由したとき、だれにも負担をかけませんでした。マケドニア州から来た兄弟た
ちが、わたしの必要を満たしてくれたからです。そして、わたしは何事においてもあなたがたに
負担をかけないようにしてきたし、これからもそうするつもりです。10 わたしの内にあるキリ
ストの真実にかけて言います。このようにわたしが誇るのを、アカイア地方で妨げられることは
決してありません。11 なぜだろうか。わたしがあなたがたを愛していないからだろうか。神が
ご存じです。12 わたしは今していることを今後も続けるつもりです。それは、わたしたちと同
様に誇れるようにと機会をねらっている者たちから、その機会を断ち切るためです。13 こうい
う者たちは偽使徒、ずる賢い働き手であって、キリストの使徒を装っているのです。11・14 だ
が、驚くには当たりません。サタンでさえ光の天使を装うのです。15 だから、サタンに仕える
者たちが、義に仕える者を装うことなど、大したことではありません。彼らは、自分たちの業に
応じた最期を遂げるでしょう。

コリントの信徒への手紙二　11章7−15節

ある牧師がかつて牧して仕えておられた教会での働きについてお話されたことが、印象に残っています。その牧師が赴任されていたのは、小人数の教会だったそうです。そこで何とか教会員を増やそうと一所懸命に伝道したと仰るのです。何故なら、少ない教会員では献金額が少なく、生活できないんだ、そのような主旨でした。牧師の生活の厳しさを思わされます。その牧師は実に真面目で随分とご苦労されたことかと思います。正直な思いだったのだろうと思います。言葉尻を捕らえるようなことになりますが、わたしにはやはりふと引っ掛るものがありました。つまり、その先生の表現は献金額増加のために伝道をする、そのように受け止められかねない表現となっていたからです。実際は生活に困窮すれば他に任地を求めるか、他の仕事に就くことも出来たにも拘わらず、教会に留まり続けたのですから、その先生の召命と真面目さを思わされたのです。

かつて私が赴任していました教区の教会も、その歴史を見てみますと、教区の互助制度が出来るまでは、長い期間、牧師は一～二年で交代していました。これは教会財政の厳しさを反映するものと思われます。

しかし、このような教会財政、献金のことが教会で問題となることがあります。お読みいただきましたコリントの信徒への手紙のコリントの教会もまたこの問題で揺れていたのです。

使徒言行録18章によれば、パウロはテント職人として生計を立て、また伝道に従事していました。そのことはお読みいただきました7節で「自分を低くして神の福音を無報酬で告げ知らせた」という言葉にも示されています。また9節の「あなたがたのもとで生活に不自由したとき、だれにも負担をかけませんでした」との言葉も同様です。職人として専従していたとしても、生活は楽ではなかった筈です。ましてや伝道に時間を割くパウロは、生活に窮することもあったのです。パウロはその際、他の教会から支えられました。パウロはそのことを心苦しく思っていたことが窺えます。パウロは8節で「他の諸教会からかすめ取るようにしてまでも、あなたがたに奉仕するための生活費を手に入れました」と語ります。ここでパウロは軍事用語を使用しています。直訳すれば「強奪して」「俸給、分け前」を手に入れたというのです。新共同訳聖書のように「かすめ取るようにしてまでも」という曖昧なことではなく、はっきりと「強奪した」と言うのです。

そのパウロが今コリントの教会の人々から非難されているのです。何でそのような非難をされているのか、確かなことは分かりません。9章には「エルサレムの信徒のための献金」との小見出しがありますが、エルサレム教会への献金を募ったことが一つの原因となっていたことは十分に推測されます。つまり、エルサレム教会への献金と言いながら、実はパウロはそれを自分のものとしようとしているのではないか、そのようなパウロへの不信感がコリントの教会の人々にあったのかもしれません。いずれにしましても、そのような金銭に関して、パウロとコリントの教会の人々との間の信頼関係が築けていなかったのです。パウロは謂われない疑いを掛けられていたのです。これに対する抗議、弁明が今日、語られているのです。

無報酬で福音を告げ知らせる、神の言葉を売り物にしない、利得を目的として伝道をしない、それはパウロの信仰の告白であり、信仰の形であったように思われます。その背後にあるのは、我々は神の恵み、命、救い、喜びというものを何の値もなく、人の努力とか思いとかに係りなく、いわば只で与えられているではないか、そのような思いであったと思います。つまり伝道は世の経済活動の基準とは全く異なる世界での業であるということです。また7節の「福音を無報酬で告げ知らせた」という「無報酬」が、「与える」という言葉の変化形に由来することにも示されています。パウロは福音、恵み、救いを与えられたのです。律法遵守という努力の業、自力で手に入れたのではないのです。だからパウロもまたその喜びを分かつ者となりたい、そのような思いがあったに違いありません。伝道の背後には、自分が神の慈愛を与えられている、そのような喜びがあるのです。

だから収入を得ることを目的として福音を語るようなことは決してしない、また伝道が名誉、名声を得るための活動であると誤解されるようなことがないようにと自戒していたのです。実際に聖書にも自分の利得を得るために働いていた者の存在が言及されています。今日のテキストに登場します偽使徒とか、ずる賢い働き手と称される人々がそれでしょう。彼らがコリントの教会の人々に、パウロに関する悪意ある情報を提供したり、親切さを偽装してパウロを貶《おとし》める動きをしていたものと思われます。

これらのことを承知の上で、パウロはコリントの教会の人々に語り掛け、福音を宣べ伝えてきたのです。邪魔され、貶められる危険はあるのです。しかし、パウロはコリントの教会の一人独りが神様に与えられている尊さ、重さを知っているが故に、いい加減に福音を語ることは出来ないのです。11節の「わたしがあなたがたを愛していないからだろうか」というのは、そのような思いの、パウロなりの表現でしょう。「神の福音を無報酬で告げ知らせる」ということが指し示すのも、只でしてあげているのだ、ということではなく福音の内から湧き出てくることの一つです。ですから9節で「これからもそうするつもりです」と語るのは、パウロの信仰からはそうせざるを得ないということのように思います。

「無報酬」はパウロの考え方とか拘りということではなく、彼がキリストに示され、与えられたものが形として表れたもの、キリストの恩寵、福音に対する応答なのだ、そのような思いが伝わります。このことは10節にも続きます。

その10節ですが、パウロは「わたしの内にあるキリストの真実にかけて言います」と言います。これは文字通りには「キリストの真理がわたしの内にある。」ということです。註解者はこの表現は誓い、宣誓の形式だといいます。その根拠が何処にあるのか私は知りませんが、新共同訳はそのような理解の反映かと思います。しかし私は、そうであったとしても文字通りの意味、つまり「キリストの真理、真実がわたしの内にある」ということを、パウロが決して軽く口にしているようには思えません。キリストの真理、真実が我が内にあるのだ、だからそれに衝《つ》き動かされて伝道をしている、だからキリストの言葉、恵み、命を大切にし、自分の利益の手段として用いることは断じてできない、そのように言っているように思えるのです。

「キリストの真理がわたしの内にある」、この言葉は我々に「生きているのは、もはやわたしではありません。キリストがわたしの内に生きておられるのです」とのガラテヤの信徒への手紙2章20節の言葉を思い起こさせます。御言葉への奉仕が、腹立たしくも情けない誤解をされても、自分の怒り、感情に走るのではなく、自分の内に与えられている真実、慈愛に由来する忍耐をもって対応する力を与えられるのです。このことはさらに「神の恵みによって今日のわたしがあるのです。」（コリントの信徒への手紙一15・10）とのパウロの言葉をも思い起こさせます。

パウロの生涯は、たとえ悲しみ、苦しみ、不安、誹謗中傷にあっても「キリストの真理、慈愛が我が内にある」ことを語っているように思います。パウロのみならず、私たちもまた「キリストの真実、慈愛、命、（つまり復活のキリスト）がわたしの内におられる」ことを覚えて、感謝と讃美を捧げる信仰者としての日々を歩みたいと願います。

《お祈り》

主イエス・キリストの父なる神様、暑い日々が続きましたが、守られて今日も我々をこの場に集わして下さり感謝します。しかしながら、体調を崩されている方、療養されている方、入院加療されている方、リハビリに励まれている方など重荷を負う多くの方々を覚えます。主よ、あなたがそれらの方々にお臨み下さり、慰めと平安をお示し下さいますように。

主なる神さま、今日我々は使徒パウロの苦しみ、悲しみに接しました。あなたから与えられた恵みに応えて誠実にコリントの教会の人々に接しても、その誠意が曲解され、非難される悲しみです。けれども、その時もパウロは揺るぐことのないあなたの慈愛の故に生かされました。主よ、我々もまた誤解されたり、謂われない非難、批判を受けるときがあります。言い掛かりとも思えるような言葉に接することもあります。また逆にそのようなことで隣人を苦しめてはいないのかと思わされます。主よ、苦しい時、辛い時もあなたの恵み、慈愛に生かされる者として下さい。小さな事と思えることであっても、そこにあなたの恵みを見る者として下さい。

主イエスは弟子たちを派遣するに際し「ただで受けたのだから、ただで与えなさい」（マタイによる福音書10・8）と仰っています。あなたの恵みを豊かに分かつことができる信仰を我々にお与えください。

主よ、マスコミは残忍な事件を伝えます。どれほどの悲しみが被害者の周囲の方々にあることでしょうか。容疑者の生い立ちも思わされます。主よ、人の痛み、悲しみを思う優しさが我々の社会にありますように。あなたの御言葉に思いが寄せられますようにと願います。

今日からの一週間、御言葉の豊かさ、慰めに思いを寄せつつ過ごす者として下さい。

主イエス・キリストの御名によって祈ります。アーメン

（八月二十日）

新生の十字架

11 このとおり、わたしは今こんなに大きな字で、自分の手であなたがたに書いています。12 肉
において人からよく思われたがっている者たちが、ただキリストの十字架のゆえに迫害されたく
ないばかりに、あなたがたに無理やり割礼を受けさせようとしています。13 割礼を受けている
者自身、実は律法を守っていませんが、あなたがたの肉について誇りたいために、あなたがたに
も割礼を望んでいます。14 しかし、このわたしには、わたしたちの主イエス・キリストの十字
架のほかに、誇るものが決してあってはなりません。この十字架によって、世はわたしに対し、
わたしは世に対してはりつけにされているのです。15 割礼の有無は問題ではなく、大切なのは、
新しく創造されることです。16 このような原理に従って生きていく人の上に、つまり、神のイ
スラエルの上に平和と憐れみがあるように。17 これからは、だれもわたしを煩わさないでほし
い。わたしは、イエスの焼き印を身に受けているのです。18 兄弟たち、わたしたちの主イエ
ス・キリストの恵みが、あなたがたの霊と共にあるように、アーメン。

ガラテヤの信徒への手紙　6章11－18節

コリントの信徒への手紙二12章には「思い上がることのないようにと、わたしの身に一つのとげが与えられました。」とのパウロの言葉があります。おそらくパウロは何かの持病、あるいは

障がいと思われるものがあったことが窺えます。そのこととどれほど関係しているかは不明ですが、パウロがかつてガラテヤ教会を訪問した時も体調が非常に悪かったようです。そのパウロに対してガラテヤ教会の人々は大変親切に対応しました。このことについてパウロは、「この前わたしは、体が弱くなったことがきっかけで、あなたがたに福音を告げ知らせました。わたしの身には、あなたがたにとって試練ともなるようなことがあったのに、さげすんだり、忌み嫌ったりせず、かえって、わたしを神の使いであるかのように、また、キリスト・イエスでもあるかのように、受け入れてくれました。」と語っています。そこにはガラテヤ教会の人々が福音に生きる姿が示されているように思います。

ところが、そのパウロの伝えた福音を根っこのところから揺るがそうとする人々がガラテヤ教会に現れたのです。それはペトロのように、主イエスに直接教えを受けていないパウロの使徒職についての批判であり、ガラテヤ教会の人々との信頼関係を揺るがすことでした。２章の「使徒たち、パウロを受け入れる」との小見出しはそのことを反映するもののように思われます。更に重要なことは、教会の中のユダヤ主義者とでもいうべき人々の言動です。それは具体的には、キリスト者となってもなお割礼を受けなければならないということを主張する、いわば律法主義の人々です。割礼がなければ人は救われない、と考えている人々です。

この考えはパウロの信仰、福音と全く相容れないものなのです。例えば２章15節以下の段落には「すべての人は信仰によって義とされる」との小見出しが付けられていますが、それは律法主義の全否定です。その段落でパウロは「人は律法の実行ではなく、ただイエス・キリストへの信仰によって義とされると知って、わたしたちもキリスト・イエスを信じました。」と言うのです。しかし此処の「イエス・キリストへの信仰」という訳は良くありません。正確には「イエス・キリストへの信仰」ではなく、「イエス・キリストの信仰」です。またこれは何度か触れていますが、信仰というのは文字通りに信仰とか信頼という意味と共に信実、誠実という、二つの意味をもつも言葉です。此処では主イエスが我々に示してくださった神の信実、まこと、更には神の慈愛と言って良かろうと思います。つまり神の慈愛によって我々は救われる、義とされるというのです。換言すれば本当の自分に出会うことが出来る、そのような意味の籠められた言葉のように思います。

ですから割礼を受けなければ救われないという教えと、パウロの伝えた福音は根っこのところから違うのです。人は割礼という形で救われるのではない、律法という掟、形を守ったから救われるのではないのです。またこの救いはユダヤ人に限らず、全ての人に及ぶのです。3章28節で「ユダヤ人もギリシア人もなく、奴隷も自由な身分の者もなく、男も女もありません。あなたがたは皆、キリスト・イエスにおいて一つだからです。」とパウロが言うとおりです。更に先ほど引用しましたコリントの信徒への手紙二で触れましたように、パウロは持病なり障がいといえるようなものをもっていたようですが、たとえ病気であろうが、障がいであろうが、それらは神の慈愛が失われたことを意味するものではないのです。寧ろそこで神の恵みが示されるのだということをパウロは知っているのです。コリントの信徒への手紙二12章9節で啓示を受けて、「わたしの恵みはあなたに十分である。力は弱さの中でこそ十分に発揮されるのだ」とのパウロの告白が最も良くそのことを表しています。

しかしこのことは、パウロと対極の立場にある人々、力を誇ろうとする人々、多数者の激しい反感を買い、迫害を受けるものとなったのです。そのことはこの手紙の5章11節「兄弟たち、このわたしが、今なお割礼を宣べ伝えているとするならば、今なお迫害を受けているのは、なぜですか。そのようなことを宣べ伝えれば、十字架のつまずきもなくなっていたことでしょう。」との言葉からも窺うことが出来ます。

ガラテヤ教会の人々に割礼を迫る人々は、パウロの伝える福音故の迫害とか圧力を避けたいために、また多数派に身を寄せ、多数者におもねるために、ガラテヤ教会の人々に言い寄っているのです。そのような人々に惑わされてはならない、とパウロは12節でいうのです。

「人からよく思われたい」という12節の言葉ですが、文字どおりには良い顔をする、ということです。平たく言えば「ええ格好しい」ということでしょう。これは大変大きな誘惑です。そこに我々の信仰がどのようなものかが現れてくる、そのように言うことが出来るかもしれません。つまり、御言葉の力よりも人の目を尊ぶ姿勢です。我々は何処までも、何処までも人の目が気になるのです。誰に対して良い顔をするのかといえば、力ある人、多数者に対してです。それを裏返せば、力弱い立場に置かれた者、少数者にはいい顔を見せないのです。

ところで14節には「わたしたちの主イエス・キリストの十字架のほかに、誇るものが決してあってはなりません。」との言葉があります。「誇る」に対して辞書には「得意のさまを示す、自慢する、いい気になる」などの言葉を当てています。これが一般的な受け止め方かと思います。そうすると自分のものではない十字架を誇るというのは、私にはどうも国語としてしっくりきませんでした。パウロは同じようにコリントの信徒への手紙一でも「誇る者は主を誇れ」（1・31）と語っていますが、これは旧約聖書のエレミヤ書9章23節からの引用です。エレミヤが使用している「誇る」という語を見てみますと、「ハレルヤ」という言葉と同根の語を使用していました。つまり讃美とか栄光を帰すということです。ですから我々は14節の「わたしたちの主イエス・キリストの十字架のほかに、誇るものが決してあってはなりません」は、「わたしたちの主イエス・キリストの十字架のほかに、讃美するものが決してあってはなりません」と言い換えても大きな間違いはないでしょう。我々は十字架の主イエスを讃美するのであって、人の力とか強さではないということです。

パウロは自分の病気とか障がいを通してその事を知らされたのです。以前のパウロは、病気、障がいがなくならなければ幸福はないと思っていたのです。律法を守らない者は救い難いと思っていたのです。主イエスの十字架は、律法を知らない犯罪人の敗北の徴でしかなかったのです。しかし、そうではなかったのです。神は人々が敗北、恥辱以外の何物でもないと思っていたその現場で働いてくださっていたのです。主イエスのご復活がその事を示しているのです。無いと思っていたところに命、幸い、感謝、喜びがあったのです。何かをしなければではなく、何かがなければではなく、強くなければではなく、神は端《はな》から命、喜び、感謝の世界を備えていてくださったことを十字架が示してくれたのです。知らなかった、思いもしなかった世界が開かれたのです。新しい世界を開く、それはまさに神さまの創造の業です。ですから15節にありますように割礼は全く問題にならないのです。

我々もまた今日、此処にご復活の主イエスが共にいてくださることを知る者とされ、十字架を讃美する者とされたいと思います。

《お祈り》

「だれでもキリストにあるならば、その人は新しく造られた者である。古いものは過ぎ去った、見よ、すべてが新しくなったのである。」(コリントの信徒への手紙二5・17）と使徒パウロは語ります。主よ、我々を新たな者としてください。病の時も、不安を覚えるときも、自分が小さく見えるときも、年老いて弱さ、不安を覚えるときも、主よ、あなたが共にいてくださることを覚え、御名を讃美する者としてくださいますように。我々が身の周りの小さな事にこそ、あなたの御恩寵を見る目をお与えください。

今日の礼拝を覚えつつも集うことの出来ていない方々を覚えます。夫々の場にあってあなたの慈愛を覚えることが出来ますように。殊にご高齢の故に弱さを覚える方々、リハビリに励んでおられる方々、自宅療養されている方々を顧みてください。止むを得ない事情で集えない方々に恩寵をお示しください。

この後もたれます招聘委員会をあなたが顧みてくださいますように。

報道では戦争のために故郷を離れ、仕事を捨て生活の場を求める難民の方々が四〇万人近くいるとされています。幼児の犠牲も伝えられています。どれほど多くの悲しみ、不安、怒りが繰り返されているでしょうか。平和を求める働きが為されますように。

今日からの一週間御名を讃美しつつ過ごすことが出来ますように。主イエス・キリストの御名によって祈ります。アーメン
（九月六日）

日々新たにされて

12 あなたがたは神に選ばれ、聖なる者とされ、愛されているのですから、憐れみの心、慈愛、
謙遜、柔和、寛容を身に着けなさい。13 互いに忍び合い、責めるべきことがあっても、赦し合
いなさい。主があなたがたを赦してくださったように、あなたがたも同じようにしなさい。14
これらすべてに加えて、愛を身に着けなさい。愛は、すべてを完成させるきずなです。15 また、
キリストの平和があなたがたの心を支配するようにしなさい。この平和にあずかるために、
あなたがたは招かれて一つの体とされたのです。いつも感謝していなさい。16 キリストの言葉
があなたがたの内に豊かに宿るようにしなさい。知恵を尽くして互いに教え、諭し合い、詩編
と賛歌と霊的な歌により、感謝して心から神をほめたたえなさい。17 そして、何を話すにせよ、
行うにせよ、すべてを主イエスの名によって行い、イエスによって、父である神に感謝しなさ
い。

コロサイの信徒への手紙　3章12－17節

お読みいただきましたコロサイの信徒への手紙でパウロは「憐れみの心、慈愛、謙遜、柔和、寛容を身に着けなさい」と言います。また続いて「赦し合いなさい」とも求めます。さらに幾つかのことが求められています。

しかし、このようにこれを為すべしと幾つも言われますと、我々はは鬱陶しくなります。もちろん言われている事柄、内容自体が悪いこととは思いません。そのように振る舞うことができたら善いこととは思います。しかし、それらが何か義務、命令であるかのように求められと嫌な思いをするのです。またこれらの求めが一つの評価基準となって、人から品定めされるのも鬱陶しいことです。そんなにあれをしろ、これをしろと言うのならパウロさんに、「パウロさん、あなたはガラテヤ教会の人々に『兄弟たち、あなたがたは、自由を得るために召し出されたのです。』(ガラテヤの信徒への手紙5・13)と言っているではないですか、ごちゃごちゃ言わんといてください」と呟きたくなる思いがします。

もちろんパウロさんは、頭ごなしにコロサイ教会の人々に倫理を語っているのではありません。ちゃんと根拠をもって語っているのです。ですから、その根拠を抜きにして、ああしなさい、こうしなさい、私の言うことを聞きなさい、というのではないのです。

最初にパウロは「あなたがたは神に選ばれ、聖なる者とされ、愛されているのですから」と言うのです。神は最初に人に要求するのではなく、人は最初から恵み、慈愛の中に生を与えられているのだ、造られているのだ、「だから」というのです。その根拠に立って倫理が語られているのです。

根拠の最初に語られているのは、あなた方は神に選ばれているのだからということです。選びの主体は神さまです。神さまが選んだというのです。そのことは「あなたがたがわたしを選んだのではない。わたしがあなたがたを選んだ。」（ヨハネによる福音書15・16）とのヨハネの言葉にも示されている通りです。我々に何か取り柄があったから選ばれたのではない、というのが一貫して聖書が語る所です。そのことを最もよく表しているものの一つは、申命記の次の言葉でしょう。「あなたは、あなたの神、主の聖なる民である。あなたの神、主は地の面にいるすべての民の中からあなたを選び、御自分の宝の民とされた。主が心引かれてあなたたちを選ばれたのは、あなたたちが他のどの民よりも数が多かったからではない。あなたたちは他のどの民よりも貧弱であった。」（申命記7・6－）とあります。神は、弱さの悲しみ、痛みにある者に思いを寄せて下さることが明言されているのです。ですから神に選ばれた者は、決して傲慢になることはないのです。人が如何に繁栄しようとも、傲慢になることは御心ではないのです。見るべきものを見失っているのです。申命記は次のようにも語っています。「あなたは、『自分の力と手の働きで、この富を築いた』などと考えてはならない。むしろ、あなたの神、主を思い起こしなさい。富を築く力をあなたに与えられたのは主であり、主が先祖に誓われた契約を果たして、今日のようにしてくださったのである。」（8・17－18）と。このように見ますと、神の選びは、弱さとか悲しみを知る者に近づき給う神の業ということが言えます。そのような意味で、キリスト者は選ばれた者なのです。

このコロサイの信徒への手紙3章12節の言葉を直訳調に表現しますと、「神に選ばれた聖なる者」ということになります。聖なる者、口語訳では聖徒と訳される言葉です。パウロはコロサイ教会の人々に言うのです、あなた方は聖なる者、聖徒なのだと。

もし我々が周囲の人から、「あなたは聖なる方なのですね、聖徒なのですね」と尋ねられたなら、「はい、そうです」と答えることには躊躇するのではないでしょうか。我々には聖なる者、聖徒という語に、特別に品行方正で、世事と懸け離れたようなイメージをもつかもしれません。しかし、聖書は確かにキリスト者を聖徒と呼ぶのです。因みに広辞苑にも「聖徒」という項目が挙げられていますが、最初の説明は「キリスト教会の会員たる信徒」と正しく説明しています。ですから我々以上に、周囲の方々の方が我々を聖徒としてくださっているのかもしれません。

聖書が語る聖徒というのは、どのようなことなのでしょうか。それは倫理の問題というよりは信仰の問題であり、神さまの恵み、愛を知らされている者のことを指しているように思えます。新共同訳はその点誤解を招く恐れがあるのではないかと思います。「聖なる者とされ、愛されている」とあります。これですと聖なる者とされたから、その結果ご褒美として神さまから愛されていると受け止められかねません。そうではなく聖なる者、且つ愛されている者とされているのです。聖なる者ということと愛されている者とは並行、或いは説明、と受け止めることができるように思うのです。聖なる者、即ち愛されている者ということです。神の愛、恩寵を知る者が聖なる者なのです。

このことはローマの信徒への手紙の手紙の方が事情を明らかにするかもしれません。ローマの信徒への手紙1章7節には「ローマにいる、神に愛され、召された聖徒一同へ。」(口語訳)とあります。神に愛されていることを知った聖徒、そのようにいうことができましょう。

詩編にも同様のことを見ることができます。先週のいずみ会では31編を学んだのですが、24節には「主の慈しみに生きる人はすべて、主を愛せよ。」とあります。口語訳が「すべての聖徒よ、主を愛せよ。」と訳していたものです。すべて誠実な者よとか信仰の人よ、と訳すこともできるかと思います。つまり、聖徒ということ、信仰、神の愛は相互に関係しているのです。あるいは神の愛を知ること、それが我々の信仰であり、それが聖徒たることの所以《ゆえん》ということができるように思われます。

さて、コロサイ教会の人々はどこに神の愛を見ることが出来たのでしょうか。2章12節でパウロは「洗礼によって、キリストと共に葬られ、また、キリストを死者の中から復活させた神の力を信じて、キリストと共に復活させられたのです。肉に割礼を受けず、罪の中にいて死んでいたあなたがたを、神はキリストと共に生かしてくださったのです。」と語ります。キリスト者は、キリストの復活の力に与る者とされたのです。結果、生活が一変したのです。3章10節の言葉を引用すれば「造り主の姿に倣う新しい人を身に着け」たのであり、永遠の世界へ招かれているのです。これもまた聖徒の姿なのです。この3章10節には「日々新たにされて」とあります。「日々」という語は原文にはありません。ですから訳文としては正しくないと思います。しかし、信仰生活の視点からはその通りです。選ばれたこと、信仰を与えられたこと、神の愛を日毎に知らされたことを感謝するのです。人を生かす神の慈愛は、母や父の愛などと同様、決して古びることはありません。何時も新しいのです。ですからキリストに在って日々新たにされるのです。此処にも聖徒とされる者の姿があります。慈愛によって新しくされ、我々もまた慈愛、謙遜、柔和、寛容の生活をする者とされたいと願います。

《お祈り》

主なる神さま、今日我々は使徒パウロの言葉に接しました。「あなたがたは神に選ばれた者、聖なる者とされ、愛されているのですから」とパウロは語ります。我々は自分が聖なる者とされたことを受け止めること、少ない者です。主よ、我々があなたから聖徒とされていること、新しく造られた者のであること、あなたの慈愛を受けている者であることを当然のこととすることがありませんように。さらには忘れることがありませんように、日々新たに覚える信仰をお与えください。

今日の礼拝を覚えつつも集うことのできていない方々を覚えます。集いたいけれど集い得ない方々がございます。憐れみ深い主よ、どうぞそのような方々にあなたが寄り添ってくださいますように、御名を讃美することができますように、体調を整え、家族を守り、治療、リハビリをお守りください。

来週は永眠者記念礼拝を守ります。主に在って御許に召された方々の信仰と生活から、主の御恩寵を覚え、大切なものが何なのかを知らされ、御名を讃美することができますように。

思いを超えた豪雨のため、思いがけず家族を失った方、行方不明の方を抱える家族、自宅が流出した家族など多くの方が悲しみ、不安を覚え、途方に暮れる方々がおられます。主よ、救援活動が祝され、被災者の方々の思いが顧みられますように。

国会は国の将来に係る法案が可決されようとしています。平和のために如何することが大切なのか、見失われることがありませんように。

今日からの一週間、御言葉を糧として歩むことができますように、小さな事にあなたの恩寵を覚える者としてください。主イエス・キリストの御名によって祈ります。アーメン。

（九月一三日）

故郷の喜び

13 この人たちは皆、信仰を抱いて死にました。約束されたものを手に入れませんでしたが、は
るかにそれを見て喜びの声をあげ、自分たちが地上ではよそ者であり、仮住まいの者であること
を公に言い表したのです。14 このように言う人たちは、自分が故郷を探し求めていることを明
らかに表しているのです。15 もし出て来た土地のことを思っていたのなら、戻るのに良い機会
もあったかもしれません。16 ところが実際は、彼らは更にまさった故郷、すなわち天の故郷を
熱望していたのです。だから、神は彼らの神と呼ばれることを恥となさいません。神は、彼らの
ために都を準備されていたからです。17 信仰によって、アブラハムは、試練を受けたとき、イ
サクを献げました。つまり、約束を受けていた者が、独り子を献げようとしたのです。18 この
独り子については、「イサクから生まれる者が、あなたの子孫と呼ばれる」と言われていました。
19 アブラハムは、神が人を死者の中から生き返らせることもおできになると信じたのです。そ
れで彼は、イサクを返してもらいましたが、それは死者の中から返してもらったも同然です。20

信仰によって、イサクは、将来のことについても、ヤコブとエサウのために祝福を祈りました。
21 信仰によって、ヤコブは死に臨んで、ヨセフの息子たちの一人一人のために祝福を祈り、杖
の先に寄りかかって神を礼拝しました。22 信仰によって、ヨセフは臨終のとき、イスラエルの
子らの脱出について語り、自分の遺骨について指示を与えました。

ヘブライの信徒への手紙　11章13－22節

我々京都御幸町教会では九月の第三日曜日を、永眠者記念礼拝を守る日としています。今日、その第三日曜日を迎え、我々は既に神の御許にお帰りになった方々を偲び、先達に信仰をお与えになった神の恵みを覚え、讃美するためにここに集っています。今日、集まられている皆さんは、夫々に愛する者の顔や声、思い出の出来事などを思い起こされていることと推察します。

我々は身近な者に亡くなられますと、それが突然の思い掛けないものであったとしても、あるいは、いわゆる天寿を全うしたものであったとしても、それなりに人生を考えさせられ、信仰に思いを寄せるのです。

その人生について、お読みいただきましたヘブライ人への手紙では、「地上ではよそ者であり、仮住まい」の身であったと言い表しています。口語訳聖書では「地上では旅人であり寄留者であるであることを、自ら言いあらわした」とあります。旅人であるというのは、もちろん観光旅行などということではなく、自分たちの人生が、この地に安息の場がなく、外国人としての旅をしている、現状に執着しないということであり、お読みいただきました新共同訳聖書の「よそ者」というのはそういう意味です。

聖書には寄留者、旅人の元祖とでもいうべき人物がいます。その名をアブラハムという人です。聖書の民イスラエルの人々は、このアブラハムを信仰の父として掲げているのです。聖書はこの寄留者という存在を、寡婦、孤児と並ぶ社会的弱者の代表として挙げています。ですから律法といわれる聖書の教えには「寄留者を虐待したり、圧迫したりしてはならない。あなたたちはエジプトの国で寄留者であったからである。寡婦や孤児はすべて苦しめてはならない。」(出エジプト記22・20－)との言葉があるのです。

その信仰の父アブラハムは神さまから、「あなたは生まれ故郷 父の家を離れて わたしが示す地に行きなさい。わたしはあなたを大いなる国民にし あなたを祝福し、あなたの名を高める 祝福の源となるように。」との言葉を与えられました。そのお言葉に従ってアブラハムの旅人、寄留者としての人生が始まったのです。ところがアブラハムは出発の時点では、何処に行くか目的地を告げられていなかったのです。只「わたしが示す地に行きなさい」と、神さまへの従順と信頼が求められているのです。しかし、アブラハムもその子たちもまた、示された地、カナンに入ることは出来ませんでした。

このアブラハムの人生は、我々の人生の一面を表しているように思えます。我々もまた自分が生まれ育った場所、家、家族を離れ、また弱さとか不安を抱える歩みです。順風満帆と言われる時であったとしても、事故や災害、戦争に遭遇すればたちまち、我々は旅人であり寄留者であることを思わされます。あるいは病を得ること、年を重ねることは人が避けることの出来ない弱さを抱えるえるものであることを思い起こさせます。

それでは御言葉に従ったけれども、約束のものを手に入れることが出来なかったアブラハムの人生は何だったのか。只、弱さと苦しみだけを抱え失敗して死んでいったのか。そのような疑問が当然出てくるのではないでしょうか。

ヘブライ人への手紙はそれに答えるのです。「約束されたものを手に入れませんでしたが、はるかにそれを見て喜びの声をあげ」たというのです。見方によれば、失敗でしかない人生と思われていたのですが、そうではない、寧ろ喜びの人生だったのだというのです。悔し紛れにそのように言っているのではなく、信仰による人生の確かさを語っているのです。つまり旅人、寄留者ということが示すのは、我々地にある者の生活は、この世に在るもの、目に見えるものを絶対的なものとすることは出来ない、してはいけないということです。財産や名誉、健康、家族も、それらは確かに大切なものであっても、それでもそれらを絶対のものとしてはいけない、それらは限りあるものであって、神としてはならないということです。そのことを信仰は語るのです。

その信仰について、この手紙の11章1節には「信仰とは、望んでいる事柄を確信し、見えない事実を確認することです。」とあります。またある方は次のように訳しています。「信仰とは（私たちが）希求していることの基であり、見えないものの証明である。」（岩波書店版、小林 稔訳）と。ここでの望んでいる事柄、正確には望まれている事柄とは、命です。まことの命、喜びの命、永遠の命です。アブラハムは自分たちが目指す目的地は、命の都（町）、であり安息の地です。そここそが我々の故郷であることを知らされていたのです。確かに自分たちは命の世界、故郷に迎えられることを、信仰、信頼、慈愛によって知らされていたのです。それで喜びの声を挙げたのです。この都はもちろん、客観的にその存在を証明できたり、見ることができる類のものではなく、信仰の世界のことです。この信仰が我々の人生を確かなものとするのです。信仰が、人間は如何なるものかという真実を教えるのです。我々は意識する時は少ないかもしれませんが、やはり皆さん何かを信じ、何かを大切にして生きているのです。問題は我々が何を大切なものとして信じているのかということです。その真実性は誰も実験して確かめることはできないのです。だからこそ「信じる」のです。このことを換言すれば、我々がどのように人生を見ているのか、ということです。

今日我々はこのようにして、永眠者記念礼拝をもっていますが、永眠とはこの地での事柄であり、生物学的には確かに永眠です。けれども本書11章4節には「アベルは死にましたが、信仰によってまだ語っています。」とあります。そのような一面は確かに人の死にはあるのです。我々も今日、永眠者の顔を見、言葉を聞くことが出来るのです。それは、永眠者の方々の掛替えのない家族、隣人への優しさ、祈りを知らされた者が聞くことを許されるのです。

更に、我々はこの世の歩みを終えられ、既に御許にある方々から、「あなたは一体何を大切にして生きているのか」との声をも聞くことが出来ます。我々は地上にあるもののみに心奪われることなく、慈愛の神さまの言葉の重さを知り、教えられている人と人との係わりを大切して歩みたいと願います。そこに、主イエスがご自身の命を以て示してくださっている御復活の命に与る道が拓かれるのです。その道は既に故郷に迎えられた方々に再会する道です。既に御許にある方々は、決して我々から遠くにおられるのではないことを覚えて歩みたいと願います。

《お祈り》

主なる神さま、我々は今日の日を永眠者記念礼拝として守っています。我々は愛する者との別れ、悲しみを通して、共に過ごした日々が恵みの時であったことを思わされます。また今日を与えられていることの大切さを思わされます。神さま、主に在って召された方々が御恩寵の故に故郷である御国へと入れらていますことを感謝します。我々はこの手紙の7章25節の、「この方は常に生きていて、人々のために執り成しておられるので、御自分を通して神に近づく人たちを、完全に救うことがおできになります」との御言葉に接しています。我々もまた、主イエスの執り成しに励ましを受け、この地での歩みを確かなものとし、信仰の先達と共に喜びの声を上げることができますように。

主よ、今日の礼拝を覚えつつも集うことのできていない方々を思います。一人独りが抱えています事情を顧みてくださいますように。殊に病の中にある方、怪我をされている方、リハビリに励まれている方、介護に携わる方々を顧みてくださいますように。

この後もたれます永眠者を偲ぶ会を顧みて下さいますように。多くの思い出と共に、あなたの導きを知る時としてくださいますように。

報道される国会での審議は只々力任せに事が運ばれ、力ある者のもつ力の怖さを見せつけられました。戦争というのは、このような力任せの考え方の結果に違いないと思わされます。

シリアからの難民が四百万人を超えるとの報道に接しています。エジプトを脱出したイスラエルの民の荒野の旅を思い起こします。主よ、あなたの御心がなされますように、希望の灯が点されますように。

今日からの一週間、華やかさに心奪われることなく、小さな事、何でもないと思われることにあなたの恩寵を見出して過ごすことができますように。

主イエス・キリストの御名によって祈ります。アーメン

（九月二十日）

貧者の豊かさ

5 わたしの愛する兄弟たち、よく聞きなさい。神は世の貧しい人たちをあえて選んで、信仰に
富ませ、御自身を愛する者に約束された国を、受け継ぐ者となさったではありませんか。6 だ
が、あなたがたは、貧しい人を辱めた。富んでいる者たちこそ、あなたがたをひどい目に遭わ
せ、裁判所へ引っ張って行くではありませんか。7 また彼らこそ、あなたがたに与えられたあ
の尊い名を、冒瀆しているではないですか。8 もしあなたがたが、聖書に従って、「隣人を自分
のように愛しなさい」という最も尊い律法を実行しているのなら、それは結構なことです。9
しかし、人を分け隔てするなら、あなたがたは罪を犯すことになり、律法によって違犯者と断定
されます。10 律法全体を守ったとしても、一つの点でおちどがあるなら、すべての点について
有罪となるからです。11「姦淫するな」と言われた方は、「殺すな」とも言われました。そこで、
たとえ姦淫はしなくても、人殺しをすれば、あなたは律法の違犯者になるのです。12 自由をも
たらす律法によっていずれは裁かれる者として、語り、またふるまいなさい。13 人に憐れみを
かけない者には、憐れみのない裁きが下されます。憐れみは裁きに打ち勝つのです。

ヤコブの手紙　2章5－13節

お読みいただきましたヤコブの手紙には「神は世の貧しい人たちをあえて選んで」と始まって

いました。同じ箇所を口語訳で見てみますと、「神は、この世の貧しい人たちを選んで」となっていました。お気づきかと思いますが、お読みいただきました新共同訳には口語訳になかった「あえて」という語が加えられています。私にはこのことがやはり気になるのです。この「あえて」が加えられることが意味しますのは、貧しい者を選ぶことは神さまには「不本意だけれども」という、翻訳者の思いが反映しているのではないか、と思えるからです。因みに手許の小さな国語辞典には「あえて」に対して、「(副) 自分の置かれた立場や状況から見て、損失や危険が伴うことを承知の上で、成功した際の効果を期待して思い切ってそのことを実行するようす。」とあります。しかし、ヤコブさんは新共同訳のように「あえて」という語は使用していないのです。そうしますと、翻訳された方の貧しい方への思いが、何らかの形でここに反映しているように思うのです。

我々が知らされている主イエスは、貧しい者、弱い者に近づかれ、病や障がいに苦しむ方、差別の苦しみにある方にお近づきになられています。このことは、主イエスご自身がそれらの苦しみ、悲しみを味わわれ、また近くで見ておられたことから来るのではないでしょうか。例えば聖書に登場する主イエスの父ヨセフは、ルカによる福音書で主イエスが12歳で宮詣された時の登場が最後です。もしかしたら、ヨセフは若くして病気とか怪我で亡くなったのかもしれません。そうであれば経済的には大変苦労されたことが容易に推察されます。また故郷の会堂でお教えになる主イエスを見て、人々は「この人は大工の息子ではないか。母親はマリアといい、兄弟はヤコブ、ヨセフ、シモン、ユダではないか。」(マタイによる福音書13・55)と言っています。ここには大工の息子であって父ヨセフの名前は登場しませんが、ご一家が軽視される響きを感じます。主イエスご自身も幼い時から貧しく、生活のご苦労とか病の苦しみを身近に見ておられたに違いありません。だからこそ、主イエスは貧しい人の悲哀、病の人の苦しみにご自身も痛みを覚え、そのような人々に近づかれたのだと思います。

「神は世の貧しい人たちを選ん」だとありますが、貧しさ、痛みを知った人々には、主イエスの教え、御言葉が心に響いたものと思います。

ところがこの手紙の読者の教会では、貧しい人々が疎んじられ、差別的扱いを受けていたのです。このことについての具体的指摘が、お読みいただきました2章にあります。2節以下をお読みしますと、「あなたがたの集まりに、金の指輪をはめた立派な身なりの人が入って来、また、汚らしい服装の貧しい人も入って来るとします。その立派な身なりの人に特別に目を留めて、『あなたは、こちらの席にお掛けください』と言い、貧しい人には、『あなたは、そこに立っているか、わたしの足もとに座るかしていなさい』と言うなら、あなたがたは、自分たちの中で差別をし、誤った考えに基づいて判断を下したことになるのではありませんか。」とあります。

教会での状況が実際にこのように露骨な扱いだったのか、貧しい人々が体よくあしらわれたのかは分かりません。しかし何れにしましても、このようなことはキリスト教信仰と相容れないものであると、ヤコブは非難するのです。それは7節にありますように「あなたがたに与えられたあの尊い名を、冒瀆しているではないですか」というのです。尊い名、文字通りには良き名が何を指すのか、キリスト者を指すのか、いわゆるクリスチャンネームなのか意見は分かれていますが、何れにしましても、主イエスの教え、キリスト教信仰と相容れないということは言えます。

何故なら主イエスのメッセージは貧しさを知る者に向けられているからです。我々は主イエスが山上の説教で「心の貧しい人々は、幸いである、天の国はその人たちのものである。」（マタイによる福音書5・3）とお語りになっていることを知らされています。またルカによる福音書のいわゆる平地の説教でも同様のことが語られています。

ところでこのヤコブの手紙は、誤ったパウロ理解に対する批判の手紙だと言われています。それは心で信じるならば、我々はその信じることによって救われる、業で、自力で救われるのではないというところに留まり、日々の生活と信仰の繋がりが欠如したままの信仰であり、日々の姿は従前と変わることのないということへの批判ということでしょう。

信仰というのは、自分自身と周囲の世界、自然などの見え方が変えられることであり、その結果生き方も変えられることです。人の豊かさが何処にあるのか、その見え方が根っこから変えられ、したがって生活も変えられるのです。

この手紙の読者の時代から今に至るまで、我々は財産の多さが即ち豊かなことと常識的に思ってしまいがちです。その背景には、空きっ腹を抱える苦しさ、我が子を人身売買して生きながらえる辛さ、さらには家族が餓死するなどの悲しい経験が、身体に深く沁みこむという背景があるのです。ですから食に繋がる財産に豊かさを求めるのは、至極当然のことです。今日もまた飢餓状態の人々への援助が求められているのです。主の祈りの「日毎の糧を今日も与えたまえ」との祈りは、実に重いものです。主イエスも貧しさの悲しみをご存知なのです。

そのような貧しさを知らされる世界に在って、それでも聖書は語るのです。申命記8章3節です、「主はあなたを苦しめ、飢えさせ、あなたも先祖も味わったことのないマナを食べさせられた。人はパンだけで生きるのではなく、人は主の口から出るすべての言葉によって生きることをあなたに知らせるためであった。」と。主イエスご自身もこの言葉を引用して、荒れ野での悪魔の誘惑に立ち向かわれたのです。

しかし、今、この手紙の読者の教会では、貧しい人が疎んじられ、差別されているのです。信仰者の生き方が、従前と変化していないのです。隣人の貧しさと、その背後にある悲しみに思いを寄せることができなくなっているのです。自分の今日の豊かさ、今日生かされていることへの感謝の思いが失われているのです。主イエスの貧しさ、謙りへの視線が失われたのです。パウロは主イエスのご生涯について、「へりくだって、死に至るまで、それも十字架の死に至るまで従順でした。」(フィリピの信徒への手紙2・8)と告白していますが、この「へりくだり」は「貧しさ」と表裏を成すものと思われます。貧しさを知らされることは、隣人の痛みに目を遣り、心動かされることへと繋がるのです。聖書が語り、ヤコブが5節で語る「選び」とは、神さまの、貧しさを味わう悲しみへの共感、憐れみを示すものです。この憐れみ、慈愛こそが、聖書の語る豊かさの源です。パウロは語ります、「主は豊かであったのに、あなたがたのために貧しくなられた。それは、主の貧しさによって、あなたがたが豊かになるためだったのです。」（コリントの信徒への手紙二8・9）と。我々もまた自分の貧しさを知らされ、主イエスの豊かさ、温かさを知らされたいものと思います。世からは敗北、失敗と思われていた十字架の主イエスは、ご復活され、今我々を豊かさへと招いてくださっています。我々は、主イエスによって示されている豊かさを知る者とされ、またその豊かさを分かつ者とされたいと願います。

《お祈り》

主なる神さま、今日も我々をこの礼拝の場にお集めくださり、恵みの御言葉に接することを許され感謝します。主よ、我々があなたに選ばれたものであることを知ることが出来ますように。主イエスの豊かさを知らされ、御名を讃美する者として下さい。預言者アモスが「見よ、わたしがききんをこの国に送る日が来る、それはパンのききんではない、水にかわくのでもない、主の言葉を聞くことのききんである」（アモス書8・11）と語った言葉を思い起こします。私たちは自らの飢饉、病に気づかない者です。御言葉の豊かさを知る者として下さい。

今日の礼拝を覚えつつも集い得ない方々を思います。夫々の事情を顧みて下さい。病や事故のために入院されている方、病とご高齢のため自宅から外出が儘ならない方がおられます。あなたの慈愛をお示し下さいますように。

この後もたれますシャロンの会秋の集いを祝して下さいますように。

気温の変化が大きな頃です、体調が支えられますように。

先の台風一八号による鬼怒川堤防決壊など水害からの復旧がはかどっていないことを知らされています。行政の働き、ボランティア活動を祝し、用いて下さいますように。

今日からの一週間、御言葉を求めつつ過ごす者としてください。主イエス・キリストの御名によって祈ります。アーメン

（九月二七日）

人を見る

8 それで、わたしは、あなたのなすべきことを、キリストの名によって遠慮なく命じてもよい
のですが、9 むしろ愛に訴えてお願いします、年老いて、今はまた、キリスト・イエスの囚人
となっている、このパウロが。10 監禁中にもうけたわたしの子オネシモのことで、頼みがある
のです。11 彼は、以前はあなたにとって役に立たない者でしたが、今は、あなたにもわたしに
も役立つ者となっています。12 わたしの心であるオネシモを、あなたのもとに送り帰します。
13 本当は、わたしのもとに引き止めて、福音のゆえに監禁されている間、あなたの代わりに仕
えてもらってもよいと思ったのですが、14 あなたの承諾なしには何もしたくありません。それ
は、あなたのせっかくの善い行いが、強いられたかたちでなく、自発的になされるようにと思う
からです。15 恐らく彼がしばらくあなたのもとから引き離されていたのは、あなたが彼をいつ
までも自分のもとに置くためであったかもしれません。16 その場合、もはや奴隷としてではな
く、奴隷以上の者、つまり愛する兄弟としてです。オネシモは特にわたしにとってそうですが、
あなたにとってはなおさらのこと、一人の人間としても、主を信じる者としても、愛する兄弟で
あるはずです。

フィレモンへの手紙　1章8−16節

ただいま、フィレモンへの手紙をお読みいただきました。新約聖書の中で最も短い手紙の一つです。第何章という章立てはなく、節表示のみで終わっている手紙が新約聖書には四つありますが、その一つです。手紙の用件もはっきりしています。この手紙の受取人、フィレモンの家にいた奴隷のオネシモを送り返すので、彼を咎めることなく受け入れて欲しい、ということです。

社会的に見れば取るに足らない一人の逃亡奴隷の処遇についての依頼であり、信仰の教えを、少なくとも直接的には語っていません。見方によっては取るに足らない個人的手紙であるということができるかもしれません。こんな小さな手紙が何故新約聖書に収められているのか、と思われるかもしれません。しかし、教会はこの手紙を聖書の一つとしているのです。それは奴隷であったオネシモが後日エフェソの監督となった、早い時期からそのように見られていたので、彼に対する神さまの導きが注目されたからかもしれません。さらにはオネシモの個人的な事柄を超えて、パウロのフィレモンへの働きかけの背後に、神の恵み、信仰の姿を、教会が見ていたからではないかと思われます。

奴隷のいない時代の我々には、この奴隷というものが如何なるものであったのかよく分かりません。我が国の歴史での奴婢といわれる存在は一種の奴隷制度だったのでしょう。また身売りされた女性たちもまた奴隷状態だったといえましょう。さらには現在でも巧みに隠蔽された形での人身売買が報道されることがあります。旧約聖書にも奴隷とか身売りは登場しています。地域とか時代によって随分と状況は異なるものかと思いますので一概に扱うことはできないでしょう。この手紙が書かれた当時、ローマ帝国の法律では、逃亡奴隷が捕まれば例外なく額に焼き印を当てられたり、また見せしめとして猛獣の餌食となったり、十字架につけられたりもしたといわれています。

このような状況の下、これは17節ですがパウロはオネシモを自分同様に迎えるようにとフィレモンに頼むのです。フィレモンはパウロによって福音を告げられ、キリスト者としての生活を送っていたのです。それはどこかの礼拝堂に行って、只礼拝に参加するというのではなく、自分の家を教会としていました。このことは、この手紙の冒頭の挨拶で「わたしたちの愛する協力者フィレモン、姉妹アフィア、わたしたちの戦友アルキポ、ならびにあなたの家にある教会へ。」と語っていることから知ることができます。さらにパウロとフィレモンとの係わりも強いものがあったようです。ですからパウロはフィレモンのことを「わたしたちの愛する協力者」と呼ぶのです。文字通りには協力者というよりは、口語訳聖書にありますように、「同労者」です。福音宣教の仲間、そのように呼ぶことのできる間柄だったのです。

そのように信仰を共にする間柄であるが故に、8節では「あなたのなすべきことを、キリストの名によって遠慮なく命じてもよい」というのです。文字通りには「キリストの名」ではなく「キリストに在って」命じることができるのだがというのです。しかしこれは人を見下したような表現にも思えます。パウロの思いとすれば、キリスト教信仰を与えられた者が当然為すべき事柄なので、それをお願いするという思いの表現でしょう。しかし、同時にキリスト教信仰の故に、命じるのではなく、お願いするというのです。何故なら、信仰の業は決して周囲から強制されるものではないからです。聖書の語る信仰の業は、神の愛とか憐れみを知らされた者の、恩寵への応答だからです。換言すれば、信仰の業は世にある全てのもの、見えるものも見えないものも全て、神ならざるものの全てを相対化した結果として出てくるものです。囚われから解放された者の感謝の応答なのです。

例えば聖書の十戒にもそれを見ることができます。十戒の前文ともいうべき出エジプト記20章2節に「わたしは主、あなたの神、あなたをエジプトの国、奴隷の家から導き出した神である。」とありますのは、奴隷としての苦しみを味わったエジプトから解放された出来事から神の力、揺るぎない慈愛を覚え、これに応えなさい、そのような意味が籠められているように思うのです。

ところでオネシモという名は当時の奴隷の名としてごくありふれたものだったといわれていま す。優秀な奴隷に付けられていたのではないかと思います。というのはオネシモというのは、役に立つとか有益なということを意味するからです。只そうしますと、11節の「彼は、以前はあなたにとって役に立たない者でしたが、今は、あなたにもわたしにも役立つ者となっています。」というパウロの言葉と相容れないと思われるかもしれません。これはオネシモが以前はキリストと関係ない者であったけれど、今では信仰を与えられキリスト者となっている、そのことをパウロは言外に訴えているものと思われます。というのはこの手紙のギリシア語では役立つという語と、キリストという語とのスペルが一字違いであり、かつ発音も大変良く似ているからです。

掛詞《かけことば》的に訴えているものと思われます。あなたの許から逃亡してきて信仰を与えられたオネシモ、12節では「わたしの心」、文字通りには「わたしの腸《はらわた》」とまでいうまでに思いが通じる間柄となったオネシモを、その信仰の故に、当時の社会規範に反する行動をとった男として報復の思いではなく、独りの人、自分たちと同じ信仰を与えられた者として見て欲しいというのです。

このパウロの願いをフィレモンがどう受け止めたか、我々は聖書からは知ることはできません。しかし、先ほど申し上げましたようにオネシモがエフェソの監督となったと早い時期から思われていたということは、根も葉もないことではないでしょう。ですからフィレモンはオネシモを快く受け入れたものと思われます。

奴隷は社会的には無視され得る小さな存在でしたが、パウロは与えられた信仰の故に、オネシモの人としての不安、悲しみ、苦しみを見ることができたのです。社会的な小ささ、弱さと、人としての重みは無関係なことを、パウロはその信仰から見ていたのです。パウロにはオネシモの痛みも苦しみも見えたのです。またオネシモはパウロから、主イエスの十字架とご復活の信仰を与えられたのです。これは「その日、わたしは 奴隷となっている男女にもわが霊を注ぐ」(ヨエル書3・2)との預言者ヨエルの言葉の成就を思わせるものです。

しかし、これは何も二千年前の出来事で終わるものではない筈です。我々もまた何不自由なく生きているつもりでも、ふと足許を見れば、神ならざるものの奴隷、僕とされていることに気づかされます。あるいは自分の思い込み、願望・欲望、周囲の人々の評価の虜となって、神の家から逃亡しているのです。結果、平安なく、不安と苛立ちの日々を過ごします。ご復活の主イエスは我々の痛みを知り、慰めてくださるのです。ご復活の主イエスは、我が家たる神の家、教会に帰るようにと今日も招いてくださっているのです。我々は幾多の縄目から解放され、神の慈愛を知らされ、御名を讃美し、感謝する者とされたいと願います。主イエスは今日も待っていてくださっているからです。

《お祈り》

主なる神さま、今日も我々をこの礼拝の場にお集めくださり感謝します。今日我々はフィレモンの家から逃げ出したオネシモの名を知らされました。何故逃亡したのか我々は知らされていません。顧みれば我々もまた主なる神のみもとから逃亡し、そこに自由があるかのように錯覚していました。しかし我々の内に真理があるのではなく、父なる神に真理があることを知らされています。主よ、我々に信仰をお与えください、あなたの慈愛を見る目をお与えください。過つことなくあなたの慈愛を見、自分自身を知らされ、隣人の痛みを知る者としてください。

今日の礼拝を覚えつつも集うことのできていない方々を顧みてくださいますように。殊に体調を崩されている方、入院リハビリされている方、病の故に不安にある方を顧み、慰めと希望をお与えくださいますように。主なる神が「愛する者たち、つまり、御計画に従って召された者たちには、万事が益となるように共に働」(ローマの信徒への手紙8・28)かれる方であることを知る者としてください。介護される方、ご自身のこと、家族のことで心配を抱える者を顧みてくださいますように。

シリア空爆が伝えられています。人の命が故なく他者によって奪われています。誰にもそのような権限は与えられていません。一人の人の死にどれ程の痛み、悲しみがあることかと思わされます。主よ、平和を求めます。

この後もたれます懇親のときをお守りください。良き交わりの時となりますように。

今日からの一週間、あなたの慈愛に包まれていることを覚えて過ごすことができますように。どんなことにも感謝する信仰でありますように。主イエス・キリストの御名によって祈ります。アーメン

（十月四日）

愛の深化

3 わたしは、あなたがたのことを思い起こす度に、わたしの神に感謝し、4 あなたがた一同の
ために祈る度に、いつも喜びをもって祈っています。5 それは、あなたがたが最初の日から今
日まで、福音にあずかっているからです。6 あなたがたの中で善い業を始められた方が、キリ
スト・イエスの日までに、その業を成し遂げてくださると、わたしは確信しています。7 わた
しがあなたがた一同についてこのように考えるのは、当然です。というのは、監禁されていると
きも、福音を弁明し立証するときも、あなたがた一同のことを、共に恵みにあずかる者と思っ
て、心に留めているからです。8 わたしが、キリスト・イエスの愛の心で、あなたがた一同の
ことをどれほど思っているかは、神が証ししてくださいます。9 わたしは、こう祈ります。知
る力と見抜く力とを身に着けて、あなたがたの愛がますます豊かになり、10 本当に重要なこと
を見分けられるように。そして、キリストの日に備えて、清い者、とがめられるところのない者
となり、11 イエス・キリストによって与えられる義の実をあふれるほどに受けて、神の栄光と
誉れとをたたえることができるように。

フィリピの信徒への手紙　1章3－11節

お読みいただきましたフィリピの信徒への手紙は、1章1節を見るならば、パウロとパウロの

弟子であるテモテが差出人になっています。しかし、中味を見てみますと、実際はパウロ一人の文章のように思えます。

そのパウロは異邦人伝道、つまり非ユダヤ教徒への伝道を使命としていた方であり、異邦人地域に向かって三回の大きな伝道旅行をしています。使徒言行録にはその伝道旅行の様子が描かれています。その使徒言行録の16章には「わたしたちはトロアスから船出してサモトラケ島に直航し、翌日ネアポリスの港に着き、そこから、マケドニア州第一区の都市で、ローマの植民都市であるフィリピに行った。そして、この町に数日間滞在した。」(11－12)とあります。つまりアジアからヨーロッパに足を踏み入れた最初の地がフィリピであったということです。この町には数は多くはないけれどユダヤ人がいたようです。会堂をもつには至っていなかったようで、川岸で礼拝を守っていました。その川岸でパウロは話をし、紫布を扱う商人のリディアという女性を最初の信徒として与えられています。この町でパウロは投獄されました。しかし、そのことが結果的には幸いして、この町の教会の礎ができていきました。つまりヨーロッパ最初の教会ができたのです。

その後、フィリピ教会はパウロの伝道活動を物心両面で支えていきました。エパフロディトという人を送り、何かとパウロを支え、協力をさせています。また4章15節以下に「フィリピの人たち、あなたがたも知っているとおり、わたしが福音の宣教の初めにマケドニア州を出たとき、もののやり取りでわたしの働きに参加した教会はあなたがたのほかに一つもありませんでした。

また、テサロニケにいたときにも、あなたがたはわたしの窮乏を救おうとして、何度も物を送ってくれました。」とあることからも、十分に両者の関係を窺うことができます。

今日お読みいただきましたのは、使徒パウロがその関係の深いフィリピの教会に宛てた手紙です。パウロは何処の場所かは特定できませんが、囚われの身という状況でこの手紙を書いています。そのことは1章17節に「自分の利益を求めて、獄中のわたしをいっそう苦しめようという不純な動機からキリストを告げ知らせているのです。」とあることからも知ることができますし、お読みいただきました7節に「監禁されているときも、福音を弁明し立証するときも」とあることもそのことを窺わせます。

今日お読みいただきましたのは、その囚われの身のパウロの感謝と祈りです。フィリピの教会の人々のことを思い起こす度に感謝しているというのは、今申し上げましたような背景を知るならば、もっともなことと納得できますし、思いの籠った言葉であろうと思います。同時にその祈りは、喜びの祈りでもあります。

ところでフィリピの信徒への手紙は、ときに喜びの書簡とも言われますが、実際に囚われの身のパウロは喜んでいるのです。建前でそのように書いているのではないのです。パウロの本音、本心であり、彼の信仰から来ることとです。苦しい時、悲しい時、また思いがけない出来事に遭遇した時、その人の思いとか力、真実が現れてくるように思います。パウロの場合も、捕らわれの状況下で彼の信仰の一面が現われたものと思います。パウロの喜び、感謝を別の視点から見るならば、信仰は苦しみ、悲しみを乗り越えて、喜び、希望を与える力を備えているといえます。

では今捕らわれの身のパウロは何を喜んでいるのでしょうか。それはもちろん、フィリピの教会の人々がパウロに思いを寄せ、人と資金で彼を支えているということがあるでしょう。5節の「あなたがたが最初の日から今日まで、福音にあずかっている」というのは、別の言い方をすれば福音を共に分かち合っているということです。先ほどお読みしました4章15節に「もののやり取りでわたしの働きに参加した教会は」とありました。その「参加した」という語と、「福音にあずかっている」の「あずかる」は同じ語です（名詞、動詞の違いはあります）。それは交わり、分かち合うこと、援助などの意味がある語です。フィリピの教会の献金などによる福音伝道を分かち合い、参加ということを指しているのでしょう。そのことは7節にあるように共に恵みに与っているということでもあります。

別の側面から申し上げれば、パウロ自身は囚われているけれども、しかし神の働き、御言葉は決して囚われていないということをパウロは見ているということです。だから平和を知らされ、喜び、感謝できるのです。自分にとって思わしくない状況は、神の働きが無くなったとか、神が自分を見捨てた、見放したということを意味するものではないことをパウロは心底知っているのです。パウロは十字架とご復活の主イエスによってそのことを知らされているのです。十字架とご復活はパウロの信仰の核心なのです。パウロは、神は我々を決して見捨てることはないことを、囚われの現場で見ているのです。だからこそパウロは「いつも喜んでいなさい。絶えず祈りなさい。どんなことにも感謝しなさい。」(テサロニケの信徒への手紙一5・16以下)と言い得たのです。

そのパウロがフィリピの信徒のために、9節以下で「知る力と見抜く力とを身に着けて、あなたがたの愛がますます豊かに」なるようにと祈るのです。これは少し誤解を生む訳のように思います。つまり、知る力、見抜く力を付け、その結果愛が増すように、と受け止められかねません。そうではなくパウロが第一に願っているのは、フィリピの教会の人々の愛が増すことなのです。それは知る力、見抜く力を働かせる際においてということです。別の言い方をするならば、愛がなければ知ることも見抜く力も本物ではない、そのように言い換えても大きな間違いはないと思います。このことは、有名ないわゆる愛の讃歌とも通じるものです。パウロは「たとえ、人々の異言、天使たちの異言を語ろうとも、愛がなければ、わたしは騒がしいどら、やかましいシンバル。」(コリントの信徒への手紙一13・1)というのです。パウロはこの言葉を「聖霊の賜物」という文脈で語っていましたが、続けて「信仰と、希望と、愛、この三つは、いつまでも残る。その中で最も大いなるものは、愛である。」(13・13)とも言っていたのです。聖霊の賜物として与えられた愛が、己を知り、神を知ることになるのです。

我々はともすれば、目先のもの、自分の願うもの、憧れるものに目を奪われ、より大事なもの、為すべきことを見失いがちです。主のご復活に示される神の愛は、我々が見るべきもの、神の信実を見るという恵みを与えてくれるのです。我々の人生に感謝と喜びを与え、豊かさを教えてくれるのです。我々もまた愛が更にさらに増すように、謙って主イエスの十字架とご復活の恵みを見る者とされたいと願います。

《お祈り》

「主において常に喜びなさい。重ねて言います。喜びなさい。あなたがたの広い心がすべての人に知られるようになさい。主はすぐ近くにおられます。」(フィリピの信徒への手紙4・4－)、使徒パウロはフィリピの教会の人々にこのように勧めていますが、今日我々はパウロ自身が囚われの身に在って喜びを語っていることを知らされました。どうぞ主よ、我々が備えられ、示されている揺るぐことのない慈愛を知る者としてください。信仰をお与えくださいますように。

今日の礼拝を覚えつつも集うことのできていない兄姉を顧みてくださいますように。夫々の場に在ってあなたの御恩寵に思いを寄せ、御名を讃美する者としてくださいますように。殊に体調に不安を覚え、現に治療を受け、療養されている方々、リハビリに励んでおられる方々を顧みてくださいますように。家族の介護をされている方々を祝し、慰めと希望をお示しくださいますように。礼拝に集い得ない状況をあなたが取り除いてくださいますように。

肌寒さを感じる頃となりました。健康が支えられますように。

この後もたれます役員会があなたによって導かれ、祝されますように。

台風一八号に伴う被災地にはなおも四百名を超える方々が避難生活をされているとのことで

す。疲労、ストレスのあることを思います。復旧作業が速やかなものとなりますように。今日から始まります一週間、「あなたがたの愛が更にさらに豊かになりますように」との祈りに、我々もまた耳を傾けて過ごす者としてください。主イエス・キリストの御名によって祈ります。アーメン

（一〇月一一日）

慈愛は招く

1 イエスはエリコに入り、町を通っておられた。2 そこにザアカイという人がいた。この人は徴税人の頭で、金持ちであった。3 イエスがどんな人か見ようとしたが、背が低かったので、群衆に遮られて見ることができなかった。4 それで、イエスを見るために、走って先回りし、いちじく桑の木に登った。そこを通り過ぎようとしておられたからである。5 イエスはその場所に来ると、上を見上げて言われた。「ザアカイ、急いで降りて来なさい。今日は、ぜひあなたの家に泊まりたい。」6 ザアカイは急いで降りて来て、喜んでイエスを迎えた。7 これを見た人たちは皆つぶやいた。「あの人は罪深い男のところに行って宿をとった。」8 しかし、ザアカイは立ち上がって、主に言った。「主よ、わたしは財産の半分を貧しい人々に施します。また、だれかから何かだまし取っていたら、それを四倍にして返します。」9 イエスは言われた。「今日、救いがこの家を訪れた。この人もアブラハムの子なのだから。10 人の子は、失われたものを捜して救うために来たのである。」

ルカによる福音書　19章1―10節

お読みいただきましたルカによる福音書19章は、主イエスがガリラヤでの伝道活動の後に、エルサレムに向かう旅の途上での出来事が語られています。直前の18章で主イエスはエリコに近づき、一人の盲人を癒されました。続く19章はエリコに入られたところから話が始まっています。

このエリコという町には良質の泉、オアシスがあるからでしょう、紀元前八〇〇〇年とか九〇〇〇年から採集・狩猟経済が営まれていたようでして、大変古い町です。旧約聖書にもヨシュアに率いられるイスラエルの民が、エリコの町を占領した出来事が記されています。主イエスがお働きになられた当時のエリコは、ローマ帝国の直轄地であり、多くのバルサム、ナツメヤシ等を生産、輸出して経済的に繁栄していたようです。この町は国境に近く、今日的に言えば税関があり、輸出品から関税を徴収していました。聖書にはその業務に携わる人が徴税人として登場します。この19章に登場しますザアカイは徴税人の頭、関税徴収者の長であったということです。いわば税関所長ということになるのでしょうか。ただ今日の税関と異なりまして、関税徴収は民間委託となっていました。請け負った税金額をローマ帝国に納めれば、それ以上に徴収したものは自分の所得となったというのです。そうしますと、ローマ帝国の権威を振りかざして、不当に徴収する徴税人も当然出てくるのです。8節に「だれかから何かだまし取っていたら、それを四倍にして返します。」とザアカイが言いますのは、そのような事情を反映するものです。

処がこの徴税人、口語訳では取税人とされていた人々は同胞であるユダヤ人から大変に嫌われ、軽蔑されていた存在でした。自国の独立を奪っているローマ帝国のために、同胞である自分たちから、税を徴収する、しかもしばしば帝国の権力を笠に着て脅し取る者もいるのです。いわば売国奴的な存在であったようです。さらに、ユダヤ人にとって罪というものは黴菌のように、接触したり近づいたりすると感染すると思われていましたので、異教徒のローマ人は当然穢れた存在とされ、彼らと接触する徴税人は、罪人と同様に見做され、売春婦などと同様穢れた者とされ、軽蔑の対象となっていたのです。

徴税人の頭ザアカイを取り囲む社会的状況は今申し上げたとおりです。彼にはお金が沢山あり、明日の生活に困ることはなかったと思われます。しかし、その生活は満たされることはなかったのです。そこで彼は主イエスの噂を聞いて、満たされない日々の解決の手掛りはないか、そのような思いで主イエスに近づこうとしたと思われます。3節にはザアカイが「イエスがどんな人か見ようとした」とありますが、その「どんな人か」というその奥底には、今のモヤモヤ、満たされないものを満たしてくれる何かをもっているのではないか、そのような期待が多少なりともあったものと思います。否、自分の今の満たされない生活を何とかしたい、そのような強い思い、あるいは呻きのようなものがあったのだろうと思います。ですから、ザアカイが群衆に遮られて主イエスを見ることができなかったとき、先回りしていちじく桑の枝に立って見ようとしたのは、彼の救われたいという思いが、自ずと行動になったものと思われます。ザアカイが何歳であったかは分かりませんが、それなりの年齢であったでしょう。その彼が、また恐らくは一定の人々に知られていた彼が、いちじく桑の木の上から人を見るという姿を見られることは、余り格好の良いものではなかった筈です。しかし、傍目を気にしておれないような彼の呻きを見るように思います。

因みにこのいちじく桑は、葉っぱは桑に似ており、果実はいちじくに似ているそうです。ただし本物のいちじくよりは水っぽくて余りおいしいものではないそうです。大きなものは高さ一五～二〇メートル、幹の周囲も七メートルかそれ以上になり、樹冠、枝や葉っぱの広がりの直径は四〇メートルにもなるというのです。そして枝は幹の低いところからも生えるそうですので、背の低いザアカイでも比較的容易に木に登り、その枝に立つことができたのだろうと思います。

その彼の呻き、叫びを主イエスはご覧になったのです。たとえ周囲の人々のザアカイへの視線が冷ややかで差別的なものでしかなかったとしても、主イエスはそのような予断に流されることなく、ザアカイの心の叫びお聞きになったのです。

ですから彼に目を留め、いちじく桑に近づかれました。そしてザアカイに声をかけました、「今日は、ぜひあなたの家に泊まりたい。」と。口語訳では「きょう、あなたの家に泊まることにしているから」とあり、文語譯では「今日われ汝の家に宿るべし」となっています。同じ文章がこのように訳されるのです。この箇所を文語譯に沿って申しますと、「べし」と訳されている語の元々の意味は、縛る、結びつけるということです。直訳調に申しますと、主語は明示されていませんが、「(誰かが) 今日あなたの家に留まるように私を縛っている」というのです。その「誰か」が誰を指すかというと、神様であるということになりましょう。ですから、神の御心、神の慈愛によって私は今日ザアカイの家に泊まる他はない、そのようなニュアンスがこの表現に籠められているのです。

この主イエスのお言葉を聞いて、ザアカイは神の慈愛を感じ取ったに違いありません。だからこそ喜んで主イエスを迎えたのです。救いを求める者の思いが、御言葉、慈愛への感度を高めたのです。11章9節以下で主イエスが「求めなさい。そうすれば、与えられる。探しなさい。そうすれば、見つかる。門をたたきなさい。そうすれば、開かれる。」とお教えになっているとおり、今、呻き求めていたザアカイの家に、人生の喜び、命への門が開かれたのです。周囲の者は罪人扱いし、軽蔑の眼差でしか見ないけれど、慈愛は彼と家族を、人生の喜び、命の門へと招いたのです。

結果、彼の生き方は変えられました。それが信仰です。ザアカイは今まで人生の支えとしていた財産の半分を貧しい人々に施すというのです。彼は神ならざる神から解放されたのです。彼の家は神の家となり、教会となったのです。

さて、お金はあるけれど満たされない生活ということでは、直前の18章にあります「金持ちの議員」との小見出しの付けられた段落に登場します人物を思い起こすことができます。主イエスに「善い先生、何をすれば永遠の命を受け継ぐことができるでしょうか」と質問をした人物です。彼は非常に悲しんで主イエスの許を去ったのです。議員は「何をすれば永遠の命を受け継ぐことができるでしょうか」と問いましたが、「何をすれば」との問いに人の傲慢という罪と鈍感さが隠されています。そうではなく、人は既に恩寵の内に生かさているのです。アブラハムの子とはそのような慈愛を知らされることを意味するものです。慈愛の方から我々に近づいてくださるのであって、このザアカイの物語はそのことを示しています。主イエスがザアカイに示されますように、慈愛自らが近づき、慈愛へと招いてくださっているのです。我々もまた距離を置いて木の上から主イエスを眺めるのではなく、喜んで主イエスに近づき、迎え入れる者でありたいと願います。それが御心であり、主イエスが我々に求め給うことです。今日「汝の家に宿るべし」、との御声を聞く者とされたい。

《お祈り》

慈愛と憐れみの御神、今日も我々にこの礼拝の場に集う健康と、思いと環境をお与えくださいましたことを感謝します。あなたが招いてくださったので、今日集うことができました。主イエスは「医者を必要とするのは、丈夫な人ではなく病人である。わたしが来たのは、正しい人を招くためではなく、罪人を招くためである。」と仰いました。主よ、我々もまた自分の傲慢という愚かさ、病を知らされていますから、憐れんで癒してくださいますように。

今日の礼拝を覚えつつも集うことのできていない方々を覚えます。殊にご高齢や怪我、病気のために集い得ない方々を顧みてくださいますように。また仕事やご家庭の事情で集い得ない方もいます。それらの方々を顧みてくださり、共にこの場で御名を讃美できますように、導いてくださいますように。

次週からは降誕前節に入ります。クリスマスに備え、準備される聖歌隊の方々を祝し用いてくださいますように。また次週は臨時教会総会がもたれます。牧師招聘という大きな議題について協議します。あなたの導きがありますように。

今日から、先の台風一八号による鬼怒川堤防決壊に伴う水海道教会をはじめとする被災された方々の支援募金を始めます。被災された方々を顧み、あなたの慰めと希望をお示しくださいますように。

今日から始まります一週間、あなたの招きを覚えつつ過ごす者としてください。主イエスの御名によって祈ります。アーメン

（一〇月一八日）

神の受容

1 主なる神が造られた野の生き物のうちで、最も賢いのは蛇であった。蛇は女に言った。「園の
どの木からも食べてはいけない、などと神は言われたのか。」2 女は蛇に答えた。「わたしたち
は園の木の果実を食べてもよいのです。3 でも、園の中央に生えている木の果実だけは、食べ
てはいけない、触れてもいけない、死んではいけないから、と神様はおっしゃいました。」4 蛇
は女に言った。「決して死ぬことはない。5 それを食べると、目が開け、神のように善悪を知る
ものとなることを神はご存じなのだ。」6 女が見ると、その木はいかにもおいしそうで、目を引
き付け、賢くなるように唆していた。女は実を取って食べ、一緒にいた男にも渡したので、彼も
食べた。7 二人の目は開け、自分たちが裸であることを知り、二人はいちじくの葉をつづり合
わせ、腰を覆うものとした。8 その日、風の吹くころ、主なる神が園の中を歩く音が聞こえて
きた。アダムと女が、主なる神の顔を避けて、園の木の間に隠れると、9 主なる神はアダムを
呼ばれた。「どこにいるのか。」10 彼は答えた。「あなたの足音が園の中に聞こえたので、恐ろし
くなり、隠れております。わたしは裸ですから。」11 神は言われた。「お前が裸であることを誰
が告げたのか。取って食べるなと命じた木から食べたのか。」12 アダムは答えた。「あなたがわ
たしと共にいるようにしてくださった女が、木から取って与えたので、食べました。」13 主なる
神は女に向かって言われた。「何ということをしたのか。」女は答えた。「蛇がだましたので、食

べてしまいました。」14 主なる神は、蛇に向かって言われた。「このようなことをしたお前は／あらゆる家畜、あらゆる野の獣の中で／呪われるものとなった。お前は、生涯這いまわり、塵を食らう。15 お前と女、お前の子孫と女の子孫の間に／わたしは敵意を置く。彼はお前の頭を砕き／お前は彼のかかとを砕く。」

創世記　3章1－15節

只今創世記の3章1節以下をお読みいただきました。創世記では1－2章で天地が創造され、最初の人アダムとエバが創造されたことが語られています。2章の最後には「人と妻は二人とも裸であったが、恥ずかしがりはしなかった。」とありました。これはもちろん、昔の人、最初の人は羞恥心がなかったということを語っているのではなく、神の創造された最初の夫婦の姿が語られているのです。お互いが何の隠し事もなく、自らを恥じることもなく、責めることも、自惚《うぬぼれ》れることもなく見下げることもないのです。ありの儘の姿でお互いが認め合う、聖書の示す夫婦本来の姿、さらには人間関係の基本が此処に描かれていると思われます。ところが3章になりますと、状況は一変します。神から食べてはいけないと言われていた園の中央に生えている木の実、2章では善悪の知識の木と呼ばれていたものですが、それを食べ、二人の関係は深刻なものとなってきます。無垢の世界から現実社会の状況が象徴的に描かれるのです。遂に二人は喜びの園を意味しますエデンの園から追放されてしまうのです。

この出来事は、神話、あるいは物語という形で聖書の民の人間理解、またそれと表裏を成す神理解を示しているものと思われます。しかし、物語という性質に加え、現在とは文化も社会状況も大きくかけ離れている状況が背景にありますので、その理解は容易なものではありません。また物語に矛盾とか、不明な点、疑問もその気にさえなれば多く見出すことができるように思います。

例えば2章16節以下で神から「食べると必ず死んでしまう」と言われていた木の実をアダムはエバに続いて食べてしまいましたが、アダムは死んでいないではないか、神さまは嘘をついたのですか、神さまは人を脅される方なのですかなどと仰る方もいるかもしれません。それ以前に、そもそも天地創造の神は何故蛇などを創造されたのか、何故人が善悪を知ることがいけないのか、何故誘惑に乗ってしまうように、人を創造されたのかなどと問うこともできるように思います。

聖書の民はこのような疑問などが生じないほどに素直に聖書を読んだのでもなければ、単純だったということではないと思います。寧ろそのようなことを意に介することなく、我々の日々の生活で、自分たちが経験している生き辛さとか苦しさ、葛藤、軋轢が何処から来るのか、そのような苦しみを生み出す人間とはどのようなものなのか、そのような問いが根底にあり、その答えを此処に示そうとしているように思われます。

では、あの善悪を知る木、園の中央に生えている木とは何だったのか。思い起こしますのは神さまが天地創造の業を終えられたときの言葉です。1章には「神はお造りになったすべてのものを御覧になった。見よ、それは極めて良かった」(31節)とあります。すべては良かったという「良い」という言葉と、善悪を知るという「善」とは同じ言葉が使用されています。つまり神さまが、すべてが良かったと仰っているにも拘わらず、悪いものを見出そうというのです。「善悪を知る木」とは、人が神のようになり御心を蔑ろにするもの、無視することです。人の傲慢、罪です。その善悪の視点は、自分にとって都合の良いもの、役に立もの、利益をもたらすものという視点です。あの人は私の役に立つのか、私に利益をもたらすのか、私の好み合うのか、そのような視点で周囲の者をランク付けし、また軽視、無視、差別の対象を作っていくのです。因みに先ほど申し上げた「死ななかった」というその「死」は単に肉体的なそれのみを指すものではありません。或る旧約学者の言葉を引用すれば、「旧約聖書において死は何よりも関係性の喪失、生の交わり（Lebensgemeinschaft）の断絶を意味したのである。」ということです。アダムとエバは「何ということをしたのか」との神さまの問いに、共に責任を他者に押しつけ、自らの責任を回避するのです。これが善悪を知る果実のもたらすものであり、人間関係の破綻です。これは聖書の語る死です。結果、人は在りのままでいることができなくなったのです。そこで腰に覆うもの着けたというのです（7節）。覆うものとは下着ではなく腰帯です。兵士が戦場において着用し、祭司が儀礼において身に着け、女性が飾りとして身に着ける誇りある衣装を指します。人は自分を飾らなければ生きていけなくなったのです。

またアダムがエデンの園に住むようになったとき、神さは「人がそこを耕し、守るようにされた。」（2・15）とあります。耕すと訳された言葉は、僕とか奴隷という語の仲間の語です。ですから寧ろ「大地に仕え、守るようにされた」ということになります。しかし、善悪を知った人は、自然に仕えることを放棄し、自分の善悪、利益の視点で自然を自分の自由になるかの如く取り扱うのです。「開発」という名目で山を削り、海を埋め立てる環境破壊を思い起こします。そもそも4節にあります神のようになれるという言葉自体が、幻想であり、傲慢という錯覚、罪なのです。その傲慢を誡めるのが神の「食べてはいけない」とのお言葉です。人が御言葉に聴くことなく神のようになり、世界の中心に立とうとする、そこに我々の罪があり、社会の悲惨さが生じるのです。別の側面から申し上げるならば、人に与えられている自由というものは、限度、限界があるのです。

ところで先ほど、神は「何故誘惑に乗ってしまうように人を創造されたのか」と申し上げました。もちろん、人は誘惑に乗らないこともできたのです。しかし、選択肢のないところには愛も信仰もないのです。人に優しくし、愛することもできるし、しないまま通り過ぎることもできるからこそ愛とか優しさは有り難く、感謝となるのです。人と人との係り、神さまとの係わりもまた同様です。人が自由であってこそ、愛があり信仰があるのです。

同時に自由には、裏面があります。エバとアダムが陥った罪です。御言葉に聴くことなく、祈ることないとき、自由は我々に罪という重荷をもたらします。我々はこの罪の故に、苦しみ踠《もが》いているのです。これが我々の現実です。

振り返ってみれば、我々は自らの自由の重荷を周囲に撒き散らして生きているのです。我儘をとおし、力任せに理不尽な仕打ちをし、自らの非を認めず人を非難するのです。それでも今日、このようにして我々が生かされているのは、その重荷を負ってくれる人がいたからです。我々の重荷という罪が赦され、我々自身が受け容れられているから生かされているのです。そうでなければ、我々には死があるのみです。

私は此処で使徒パウロの言葉を思い起こします。パウロはガラテヤの信徒への手紙の6章で「互いに重荷を担いなさい」(6・2)と言っています。けれども、自由は自分の利益のためと思っている人の傲慢な振る舞いと、隣人を見下す視線の中で、また自己嫌悪・卑下の中で、どうして我々は隣人の重荷を負うことができるでしょうか。

パウロが「互いに重荷を担いなさい」と言い得るのは、イエス・キリストの十字架の故です。主イエス・キリストはゲツセマネの園で祈り、拒絶する自由をおもちになり乍らも、人の自由の重荷、罪を背負って下さり、十字架への道を歩んで下さったのです。そのことによって主イエスは自由が如何なるものかをお示し下さり、愛というものをお示し下さっているのです。我々は、主イエスの愛を知らされるからこそ隣人の重荷を負わんとする思い、信仰を与えられるのです。感謝して主イエスの愛に応える信仰を与えられたいものと願います。

《お祈り》

主イエス・キリストの父なる御神さま、今日、主イエスの甦りの日曜日、我々をこの祈りと讃美の場に集わせて下さいましたから感謝します。あなたは我々に、「あなたは何処にいるのか」と、あなたの許に帰るように、今日も招いて下さいます。主よ、主イエスの十字架の故に、あなたの御許に感謝して安らい、主にある自由な者として下さい。「だれでもキリストにあるならば、その人は新しく造られた者である。古いものは過ぎ去った、見よ、すべてが新しくなったのである。」(コリントの信徒への手紙二5・17)と使徒パウロは語っていますが、主よ、我々を十字架の愛の故に日々新たにし、御許に近づく者として下さい。

今日の礼拝を覚えつつも集うことのできていない方々を思います。病気で入院加療されている方、リハビリ中の方、自宅療養の方、体調を崩され不安の中にある方、家族のことで労を取り、重荷を負う方々もいます。夫々の場であなたが親しくお臨み下さり、慰めと希望をお示し下さい。

先週開催されました臨時教会総会で、次期主任担任教師として貴田寛仁牧師を招聘することが議決されました。これからの備えの時が、あなたに導かれたものとなりますように、祝して下さい。

この後もたれます懇親のときが祝され、主にある幸福を知ることができますように。

報道では難民となった方々が長い行列を作ったり、海に投げ出されている姿が映し出されます。想像を超える不安、怒り、苦しさがあることを思わされます。あなたからの平和が示され、戦火が収まりますように。

今日からの一週間、主イエスの十字架の赦しを覚えつつ、感謝しつつ過ごす者として下さい。私たちの主イエス・キリストの御名によって祈ります。アーメン

（一一月一日）

旅路の信仰

1 主はアブラムに言われた。「あなたは生まれ故郷／父の家を離れて／わたしが示す地に行き
なさい。2 わたしはあなたを大いなる国民にし／あなたを祝福し、あなたの名を高める／祝福
の源となるように。3 あなたを祝福する人をわたしは祝福し／あなたを呪う者をわたしは呪う。
地上の氏族はすべて／あなたによって祝福に入る。」4 アブラムは、主の言葉に従って旅立っ
た。ロトも共に行った。アブラムは、ハランを出発したとき七十五歳であった。5 アブラムは
妻のサライ、甥のロトを連れ、蓄えた財産をすべて携え、ハランで加わった人々と共にカナン地
方へ向かって出発し、カナン地方に入った。6 アブラムはその地を通り、シケムの聖所、モレ
の樫の木まで来た。当時、その地方にはカナン人が住んでいた。7 主はアブラムに現れて、言
われた。「あなたの子孫にこの土地を与える。」アブラムは、彼に現れた主のために、そこに祭壇
を築いた。8 アブラムは、そこからベテルの東の山へ移り、西にベテル、東にアイを望む所に
天幕を張って、そこにも主のために祭壇を築き、主の御名を呼んだ。9 アブラムは更に旅を続
け、ネゲブ地方へ移った。

創世記　12章1－9節

お読みいただきました創世記12章は、当然ながら11章に続くものです。今日のアブラムの旅立

ちの物語が、この11章に続くものであるということは、それなりの意味が籠められているものと思われます。

11章には「バベルの塔」との小見出しが付されています。バベルというのは他の箇所ではバビロンと訳されている町ですが、その塔を建てたシンアルの人々は次のように言いました、「さあ、町と塔とを建てて、その頂を天に届かせよう。そしてわれわれは名を上げて、全地のおもてに散るのを免れよう」と。「全地に散るのを免れよう」とは一つの大きな国となって、より大きな力、権力を手に入れる道を歩もう、周囲の弱小の部族を力で抑えて繁栄しようとする思いの表れと思われます。つまりバベルの塔建設は、自分の自由になる力と富、名声の獲得を目指すものです。

その11章の最後にはアブラムの家系が記されています。小見出しには「テラの系図」とあります。テラという人は、アブラムの父です。その系図を見てみますと、アブラムの父テラはカルデアのウルの人であったというのです。カルデアというのはユーフラテス川河口の町であり、後にバビロニア帝国全体を指す名称ともなったものです。ウルは、当時その地域で最大の都市で、商業、軍事の中心地でした。

しかし、この繁栄の町からアブラム一家は約九百キロ離れたハランという町に移動するのです。一家はここで暫く生活していましたが、テラはそのハランで亡くなりました。

今日のアブラム物語に入る前に、アブラム一家は何故繁栄の町ウルを出なければならなかったのだろうか、そのようなことに触れたいと思います。彼らがウルという繁栄の町で安泰に生活していたならば、わざわざウルを出ることはなかった筈です。ですからアブラム一家はウルという町で安穏に生活しているということではなかったということでしょう。寧ろアブラムの一家は、繁栄の町で、あのバビロンの塔を建てようとするような力ある者たちによって、ウルという町から弾き出されたのではないでしょうか。アブラムは自らの力無さ、生活の不安定さ、力をもつ人々の非情さを感じさせられながらハランに移ったに違いありません。さらにアブラムには不安がありました。アブラム夫妻には子どもがいなかったということです。当時、子どもは土地と並び、生存に係る存在でした。今日的に言えば土地は工場に相当し、子どもは貴重な労働力ということになるのかもしれません。土地無く、子どももいないアブラムは、希望のもてる日々ではなかったように思います。そのように弱さ、小ささを知らされるアブラムに12章1節にありますように、主のお声が掛かったのです。このことは、申命記7章7節の「主が心引かれてあなたたちを選ばれたのは、あなたたちが他のどの民よりも数が多かったからではない。あなたたちは他のどの民よりも貧弱であった。」との言葉を思い起こさせます。

主は仰いました「あなたは生まれ故郷 父の家を離れてわたしが示す地に行きなさい。」と。「生まれ故郷」というのは口語訳にない言葉でした。直訳調に申しますと「あなたはあなたの地から離れて行け」というのです。そして「私が示す地に行け」と命じるのです。

「自分の地から離れて行け」と言われましても、ほとんどの者は困惑を覚えるのではないでしょうか。一体自分の生活はどうなるのだろうか、そのような不安を覚える筈です。生活の厳しさを、身を以て知らされている者であればこそ、その不安は切実なものがあったろうと思います。

この生活の不安を伴うような神さまの命令は、どうも土地を放棄するという業自体を求めるのが主眼ではなく、アブラムに生き方そのものの変化を伴う新天新地とでもいうべきものを求めるものと思います。力を振りかざす者に追われ、不安、苦しみの中に暮らし、希望のもてない状況、生き方から、恵みを知らされる生活へと招かれたのです。神に依り頼む生活、神に信頼する生活、御言葉の確かさに生きる生活へと招かれたのです。その先にあるのはアブラムが大いなる国民となること、祝福、名が高められるということです。

我々がここで注目したいのは、あのバベル、バビロンの塔の建設を始めた人々との対比です。シンアルの人々は言いました、「われわれは名を上げて、全地のおもてに散るのを免れよう」と。彼らの言葉の主語は「我々」です。これは換言すれば自分の願望、欲求が主語の世界です。その結果、神さまは彼らに混乱をお与えになったと11章で語られています。しかし、アブラムの場合はそうではありませんでした。主語は神さまです。神さまがアブラムを大いなる国民にする、神さまがアブラムを祝福し、神さまがアブラムの名を高めるのです。そして神さまは仰いました、アブラハムは祝福の源になる、と。直訳すれば「あなたは祝福となれ」という命令です。アブラムが祝福となる、それはアブラムが神のお言葉、つまり神の約束、神の命令、神の保証、神の信実、まことを見出すことであり、神の選びです。

七五歳のアブラムは、信仰の旅立ちをしたのです。アブラムの父テラは二〇五歳の生涯だったとありますが、七五歳が実際にどれ程ものであったのか、我々は知ることはできません。しかし決して若くはなかった筈です。御言葉に信実を見出して旅立たんとするとき、年齢は決定的な障壁とならないことを語っているように思います。

次に5節になりますと、1節で主が言われた「わたしが示す地」がカナンであったことが分かります。神さまはアブラムに言われました「あなたの子孫にこの土地を与える。」と。けれど、考えてみれば当時アブラムには子どもはいなかったのです。その約束がいつ、どのような形で実行されるのか、そのことについて、何の言及もないのです。更にカナンという異国の生活は依然厳しかった筈です。そのような状況下、アブラムは祝福の言葉を聞くのです。

祝福という言葉は跪くとか讃美するという言葉と親戚関係にありますが、アブラムが祭壇を築くのは、祝福に感謝して、跪き讃美をするためだったのです。只々神の言葉を感謝して祭壇が築かれたのです。見ずして信じる信仰が此処にあります。

そうです、我々はご復活の主イエスが、弟子のトマスに語られた言葉を思い起こすのです。他の弟子たちが主イエスのご復活を告げる中、トマスは言いました。「あの方の手に釘の跡を見、この指を釘跡に入れてみなければ、また、この手をそのわき腹に入れてみなければ、わたしは決して信じない。」（ヨハネによる福音書20・25）と。これに対して主イエスは仰いました、「わたしを見たから信じたのか。見ないのに信じる人は、幸いである。」と。主イエスがお求めになっておられるものを、アブラムは既にイスラエルの民に示していたのです。十字架での死という弱さ、失敗、残酷さの極みの道を歩まれた主イエスは、復活という形で我々に新天新地を示してくださっているのです。我々は多くの不安、困難、厳しさの中、今も生きて働き給う主イエスのご復活の確かさに励まされて、信仰の旅路を感謝と讃美と共に歩み続けたいと願います。

《お祈り》

我々の主なる神さま、今日も我々をこの礼拝の場に集う者としてくださり感謝します。我々を御前に跪き、御名を讃美する者としてください。御言葉の確かさを、日々の生活で知る者としてくださいますように。生活の困難や不安の前でひるむ者ではなく、主よ、あなたの慈愛に依り頼む者としてください。我々を憐れみ、そのような信仰をお与えください。

今日が日曜日であり、主イエスのご復活を覚える日であることを知りつつも集うことができていない方々を思います。様々な事情がございますが、主よ、ご高齢や病気のために来ることのできない方、リハビリ中の方、自宅での療養の方、家族が病の方を思います。どうぞ主よ、あなたがその痛み、不安を顧み、慰めと希望をお示しくださいますように。

アドベントの時が近づいています。今年のクリスマスを、新たな恵みを知る時としてくださいますように。備えのために祈り、労してくださっている方々を顧みてくださいますように。

主よ、報道ではなおテロリズムが横行しています。力に依る混乱と恐怖、狂気、悲惨さを見せられています。主よ、平和をお示しください。与えてください。

今日からの一週間、御言葉の確かさを知らされて平安の内に歩むことができますようにお守りください。私たちの主イエス・キリストの御名によって祈ります。アーメン

（一一月八日）

喜びのパン

26 イエスは答えて言われた。「はっきり言っておく。あなたがたがわたしを捜しているのは、し
るしを見たからではなく、パンを食べて満腹したからだ。27 朽ちる食べ物のためではなく、い
つまでもなくならないで、永遠の命に至る食べ物のために働きなさい。これこそ、人の子があな
たがたに与える食べ物である。父である神が、人の子を認証されたからである。」28 そこで彼ら
が、「神の業を行うためには、何をしたらよいでしょうか」と言うと、29 イエスは答えて言われ
た。「神がお遣わしになった者を信じること、それが神の業である。」30 そこで、彼らは言った。
「それでは、わたしたちが見てあなたを信じることができるように、どんなしるしを行ってくだ
さいますか。どのようなことをしてくださいますか。31 わたしたちの先祖は、荒れ野でマンナ
を食べました。『天からのパンを彼らに与えて食べさせた』と書いてあるとおりです。」32 する
と、イエスは言われた。「はっきり言っておく。モーセが天からのパンをあなたがたに与えたの
ではなく、わたしの父が天からのまことのパンをお与えになる。33 神のパンは、天から降って
来て、世に命を与えるものである。」

ヨハネによる福音書　6章26－33節

お読みいただきました6章26節以下は、直接的には6章1節以下の「五千人に食べ物を与え

る」との小見出しが付けられた段落の話しを受けるものです。それは大麦パン五つと二ひきの魚で五千人の男達が食べて満足した、という出来事でした。その日の夕方、主イエスと弟子たちは、その出来事のあった山から下りて、ガリラヤ湖を渡ってカファルナウムに帰られたのです。只、主イエスはガリラヤ湖を歩いて帰られたとヨハネ福音書は伝えています。

26節で主イエスが「あなたがたがわたしを捜しているのは、しるしを見たからではなく、パンを食べて満腹したからだ。」と仰っている「あなたがたはパンを食べて満腹した」とは、今申し上げた山上で主イエスからパンと魚を与えられ、満腹したことを指しているということになります。彼らが何故主イエスを探し求めてやって来たのか。主イエスは「しるしを見たからではなく、パンを食べて満腹したからだ」と仰ったのです。

ここで主イエスが仰っている「しるしを見る」というのはどういうことなのか、実は今日のテキストとほぼ同じ箇所を以前に取り上げたことがあります。二〇一二年の七月のことでした。その際わたしは次のように申し上げました、「それは見た目には他の人と何ら変わることのない主イエスのお言葉、業に神を見る、神の独り子を見るということです。」と。今回改めて読み返すとき、それはその通りではあっても、やや文脈に即さないことを申し上げていたのではなかったか、そのような思いを与えられています。

実はこの「しるし」という言葉は、6章14節に既に登場していました。「人々はイエスのなさったしるしを見て、『まさにこの人こそ、世に来られる預言者である』と言った。」とあります。つまり、この世の力で、自分たちを解放してくれるメシアだと期待し、主イエスを王にしようとしたというのです。主イエスを王として担ぎ出そうとした人々が、今触れました「主イエスのお言葉、業に神を見る、神の独り子を見」たということではないことは明らかです。そうしますと、今日、主イエスが仰っているのは、主イエスを追っかけてカファルナウムにやって来た人々は、そのような宗教的、政治的動機の視点から「しるし」を見たのではない、ということになります。そうしますと、追っかけの人々が求めていたのは、政治的、宗教的なものを求めていたのではなく、パンそのものであったということだろうと思います。

マタイ福音書の言葉を引用しますと、主イエスはサタンから誘惑を受けた際「人はパンだけで生きるものではない。神の口から出る一つ一つの言葉で生きる」と仰いましたが、パンでこそ人は生きていると思っている人々が、主イエスを探してやって来たということになるかと思います。

パンは大事です。主イエスもそのことを決して軽んじておられません。今日、主イエスを追いかけてきた人々も、その生活は日々の糧にどれほど窮していたことだろうかと思うのです。そのことは主イエスも十分ご存知だった筈です。ご存知の上でなお、人はパンだけで生かされているのではない、と仰るのです。確かにに主イエスを追いかけてきた人々は生活に窮していたと思われます。しかし窮状が人に謙りを与えるのではありません。傲慢を免れさすものでもありません。人は窮しても、弱っても、悲しんでも、なお神を思うことなく生きていけるとの思いから解放されるのではないのです。また表面的な謙遜とか敬虔という言葉の裏で、傲慢に生きることもできるのです。人は夫々の状況の中で、傲慢、思い込み、予断を負って生きているのです。そのことは主イエスの、「永遠の命に至る食べ物のために働きなさい」(27節)とのお言葉を受けて答えた彼らの言葉にも現れています。彼らは主イエスに問いました「神の業を行うためには、何をしたらよいのでしょうか」と。

この問いに彼らの、そして我々の傲慢、錯覚が潜んでいるのです。主イエスは「神がお遣わしになった者を信じること、それが神の業である」(29節)とお教えになりました。主イエスのお働き、主イエスのお言葉が既に神の恵みとして示されているのです。この主イエスの教えに対して、主イエスを追い掛けた人々は反論します、「それでは、わたしたちが見てあなたを信じることができるように、どんなしるしを行ってくださいますか」と。ここにも彼らの錯覚、予断があるのです。メシアの業、神の業には何かしら華々しく力あるものがある、皆が驚き、成程これなら間違いない不思議な出来事を生み出す力がある、そのようなものがあるに違いないとの思い込みです。彼らもまた主イエスを王として担ぎ出そうとした人々とは異なる類のしるしを求めているのです。一方、華々しさ、力ある業、目で見て確かめることのできる「しるし」を求めるという点においては共通するものがあるのです。

このような「しるし」を求めることは聖書の信仰と相容れないのです。しるしを求める心の背後にあるのは、力、富、名声への幻想であり、力で世界を捻じ伏せよう、捻じ伏せることができるとする思いです。主イエスを王として担ぎ出そうとした人たちは、主イエスに政治的腕力を求めたのです。今日主イエスに諭されている人たちは、モーセの名を口にするにも拘らず、マモンという富の神を慕っているように思えます。そこからは争い、憎しみ、恨み、絶望が生じるのみです。我々から命とか、喜び、生き甲斐を奪うのです。

ですから主イエスはカファルナウムまでご自分を捜し求めてきた人々に諭されるのです、「神のパンは、天から降って来て、世に命を与えるものである」と。これは主イエスが十字架での死と御復活を念頭に置いたものでしょう。けれども人々は主イエスの十字架に弱さと敗北しか見ることができませんでした。主イエスの御復活を見ることができなかったのです。しかし教会は、主イエスの十字架という弱さを通して復活の命を見てきているのです。

さて此処で「世に命を与えるものである」との主イエスのお言葉を今一度見てみたいと思います。この「与える」は今も世に命を与えているのだ、そのようなニュアンスを含む言い回しになっています。主イエスご自身が天から降ってきたパンであり、これからもそのようにあり続けるというのです。十字架はそのことを我々に示しています。それは、目に見える「しるし」とは真逆のものです。華やかさ、力強さではなく、惨めさとか敗北としか思えないものでした。けれども我々は主イエス・キリストがご復活され、そのような貧しさ、弱さの中に神がお働きになっておられるということを知らされています。何という強さでしょうか。この復活は愛と同様に証拠を求める類のものではありません。我々はご復活を受け入れることのできないトマスを諭された主イエスのお言葉を思い起こします。「見ないのに信じる人（々）は、幸いである」と（20・29）。「見ないのに」とは、しるしとか華々しさ、証拠などを求めないということでしょう。そのようなものから解放されるということです。豊かでなくても、勝利でなくても大丈夫。ご復活の主イエスが、十字架の主イエスが今日も我々に命のパンを与えて下さっているのです。ここに信仰の何ものにも屈しない強さがあるのです。我々は喜びの内に「神のパン」に与る者とされたいと願います。

《お祈り》

主イエス・キリストの父なる御神、我々は御言葉により世の華やかさに惑わされないように、また世と同じ物差しで惑わされることがないようにと示されつつも、気づくとそうではない自分がいます。主よ、そのような我々を憐れんで下さい、主イエスにこそ我々の命があり、喜び、慰めのあることを身を以て知る者として下さい。あなたの復活の命を嗣ぐ者としてください。

今日の礼拝を覚えつつも集うことのできていない方々を思います。どうぞ、それぞれの場であなたのご臨在が示され、恩寵を知る者としてください。病の者、自宅療養の者、病の家族を抱える者、それらの方々の痛みと不安を顧みてください。また様々な事情を抱えつつ、今日御前に集った者を祝し、御名を讃美する幸いをお与えください。

アドベントの時が近づいています。クリスマスの恵みを新たにすることができますように。準備のために祈り、労す者を祝して下さい。聖歌隊の働きを用いて下さいますように。

主よ、パリで同時多発テロと報道されています。暗澹たる思いを与えられます。憎しみ、報復の連鎖は何時まで続くのでしょうか。十字架の主イエスのお言葉聞く者として下さい。

今日からの一週間、十字架の言葉に生かされる者としてください。主イエス・キリストの御名によって祈ります。アーメン

（一一月一五日）

ペトロとその師

26 大祭司の僕の一人で、ペトロに片方の耳を切り落とされた人の身内の者が言った。「園であの
男と一緒にいるのを、わたしに見られたではないか。」27 ペトロは、再び打ち消した。するとす
ぐ、鶏が鳴いた。……33 そこで、ピラトはもう一度官邸に入り、イエスを呼び出して、「お前が
ユダヤ人の王なのか」と言った。34 イエスはお答えになった。「あなたは自分の考えで、そう言
うのですか。それとも、ほかの者がわたしについて、あなたにそう言ったのですか。」35 ピラト
は言い返した。「わたしはユダヤ人なのか。お前の同胞や祭司長たちが、お前をわたしに引き渡
したのだ。いったい何をしたのか。」36 イエスはお答えになった。「わたしの国は、この世には
属していない。もし、わたしの国がこの世に属していれば、わたしがユダヤ人に引き渡されない
ように、部下が戦ったことだろう。しかし、実際、わたしの国はこの世には属していない。」37
そこでピラトが、「それでは、やはり王なのか」と言うと、イエスはお答えになった。「わたしが
王だとは、あなたが言っていることです。わたしは真理について証しをするために生まれ、その
ためにこの世に来た。真理に属する人は皆、わたしの声を聞く。」38 ピラトは言った。「真理と
は何か。」38 ピラトは、こう言ってからもう一度、ユダヤ人たちの前に出て来て言った。「わた
しはあの男に何の罪も見いだせない。39 ところで、過越祭にはだれか一人をあなたたちに釈放
するのが慣例になっている。あのユダヤ人の王を釈放してほしいか。」40 すると、彼らは、「そ

の男ではない。バラバを」と大声で言い返した。バラバは強盗であった。

ヨハネによる福音書　18章26－27節、33－40節

ただいま、ヨハネによる福音書18章26節からお読みいただきました。もしかしたら、おや？このテキストは受難節に読むなら分かるが、待降節を次週に控えたこの時に何故？と思われた方もいらっしゃるのではないでしょうか。確かに、受難節にお読みしても何の不思議もありません。しかし、教団の教会暦に従う聖書の箇所として、ヨハネ福音書18章が挙げられているのです。これは教団の教会暦に、その名前は表れていないのですが、カトリック教会の教会暦で、アドベント前の三回の主日を終末主日と呼んでいることと関係しています。これは世が終わってしまう、無くなってしまうということではなく、神さまの御計画の仕上げ、完成とでもいうべき世の救いに目を向けることが趣旨のようです。その救いの完成は主イエスの十字架とご復活による、そのような思いがあるようです。また第三の終末主日を特に「王であるキリストの主日」と呼んでいます。それはキリストこそが世の王、さらには被造物を支配する方であることに思いを寄せる主日という意味付けがされています。

教団の教会暦も、このような伝統を受けて今日の聖書箇所を選んでいるものと思われます。33節でローマ帝国総督のピラトが、主イエスに「お前がユダヤ人の王なのか」と問うていますが、我々の王となるべき方は誰なのか、そのようなことを我々は問われているように思います。

さて、お読みいただきました18章26節以下で主イエスは逮捕され、大祭司の屋敷に連行されました。弟子のペトロは大祭司の屋敷の中庭に入り、火に当たっています。一方主イエスは大祭司から尋問を受けているのです。その後大祭司はローマ総督の屋敷、官邸に主イエスを連行します。主イエスに総督の裁判を受けさせるためです。大祭司がどういう罪状で主イエスを訴えたのか、ヨハネによる福音書は明らかにしていませんが、33節のピラトの主イエスへの尋問の言葉から、そのことは推測できます。ピラトは尋問しました、「お前がユダヤ人の王なのか」と。

当時ユダヤはヘロデ大王の息子のアルケラオが追放され、王（正確には民族統治者）は不在となりローマ帝国の直轄地とされていました。その属国の管理をし、治安を図るのが総督の役目でした。そこでユダヤ人の王と名乗ることは、ローマ帝国への反逆という罪を負うことになります。実際に、大祭司たちはそのような罪を主イエスに負わそうとする目論見があったのです。

ヨハネによる福音書11章45節以下には「イエスを殺す計画」との小見出しが付けられた箇所があります。そこで大祭司カイアファが言っています。「あなたがたは何も分かっていない。一人の人間が民の代わりに死に、国民全体が滅びないで済む方が、あなたがたに好都合だとは考えないのか。」と。つまり、主イエスをローマ帝国反逆者として仕立て上げ、十字架へ送ろうではないかということです。

ピラトはそのような罪状で訴えられている主イエスを尋問します。ピラトは37節で「それでは、やはり王なのか」と問うています。ところが主イエスは36節で「実際、わたしの国はこの世には属していない」と仰っていますので、話の繋がりが良くありません。寧ろ「それでも王なのか」とか「それでは王ではないのだな」と訳した方が良いと思います。これに対する主イエスのお答えは、口語訳と新共同訳聖書では随分と違います。口語訳では「あなたの言うとおり、わたしは王である」となっていました。しかし新共同訳聖書では「わたしが王だとは、あなたが言っていることです」と、口語訳より直訳調になっており、より原意に近い訳となっています。つまり、主イエスはピラトの尋問に対して、それはあなたが言っていることであって、私はユダヤ人の王になることを求めていないし、自分の関心事、思いからは懸け離れている、そのような趣旨になっているように思います。つまり主イエスは、この世の王となり、力づくで人々を支配する国の王になることを求めているのではない、というのです。そうではなく、真理について証しをするための働きである、と主イエスは証言されるのです。

この主イエスのお言葉を、ピラトには受け止めることが出来ず、話しは噛み合いませんでした。只分かったことは、主イエスがローマ帝国への反逆を企てているのではないということです。そうでなければ、38節で「わたしはあの男に何の罪も見いだせない」等とは言えない筈です。もし帝国への反逆者を放置していたとなれば、総督は職務怠慢の責を負うことになるからです。

ところで主イエスがピラトの尋問に対して、「わたしは真理について証しをするために生まれ、そのためにこの世に来た。真理に属する人は皆、わたしの声を聞く」とお答えになりました。もちろん、生まれたというのは受動態であって、生まれさせられた、神が私を遣わしたということです。話を真理に戻しますと、我々もまたピラトと同様に「真理とは何か」ということは関心事です。この真理について主イエスは既に何度か言及されています。例えば14章6節では「わたしは道であり、真理であり、命である。わたしを通らなければ、だれも父のもとに行くことができない。」と語られています。ここでは真理が命と係るものであり、道という語が示しますのは、日々の生活に係ることのように思います。さらに申し上げるならば、真理は我々に喜びと感謝、生き甲斐を与えるものということも出来ます。また旧約聖書で真理を表す言葉（エメス）からはアーメンという言葉が出来ていますが、根っこにあるのは揺るぐことのない確かさです。「決してあなたを見捨てない」と仰る神の恵み、慈愛の確かさといえるかと思います。ですから我々はアーメンと唱えるのです。

主イエスが「わたしは真理について証しをするために生まれ、そのためにこの世に来た」と仰るのは、神の愛の確かさ、揺るぎなさを証しするためにこの世に来たということです。証しするというのは生活で示す、身を以て示すことです。十字架の道をも厭うことのない神の慈愛、人への愛の確かさ、真理をお示しになっているのです。それは自らの小ささ、貧しさ、弱さを知らされる者に示されるのです。

この真理を土台としなければ、人は命とか生きがいを奪われ、人の尊厳は破壊されるのです。富と力は傲慢を生み、小さい者から希望を奪い、闇が我々を覆うのです。ヨハネ福音書ではそのような闇に覆われた社会を「世」と呼んでいるようです。ですから主イエスはこの世に属しておられませんし、もちろん世の王となることなど求めることもないのです。

ところで先ほど第三の終末主日を「王であるキリストの主日」と呼ぶと申し上げましたが、この日がカトリック教会で設けられたのは二〇世紀になってからのことです。一九二五年に、教皇ピオ一一世が定めたものです。それはヒトラーが一九二三年にミュンヘン一揆を起こした二年後のことです。一九二二年にはムッソリーニが政権の座についています。カトリック教会がこのような時代状況の中で抱いた危機感と、「王であるキリストの主日」設定とは関係があるに違いありません。その後の時代の展開は、確かに我々がキリストの真理の土台に立たなければ、国も個人も悲劇しかないことを教えています。我々は主イエスの真理に属する者とされ、キリストを王とし、主イエスの声に聴き、御国に近づく者とされたいと思います。

《お祈り》

主なる神様、今日も我々をこの礼拝の場に集めてくださり感謝します。我々は神と富に兼ね仕えることが出来ないことを知らされていますが、主よ、気づくと兼ね仕えようとする自分がいることに気づかされます。気がつくと使徒ペトロよりも一層多く何度も主イエスを否むのです。主イエスよ、どうか我々があなたの貧しさ、低さを知るものとしてください。主よ、憐れみをもって我々に信仰をお与え下さい。飼い葉桶の主に、あなたの御心を知るものとして下さい。

主よ、この礼拝に集う思いをもちつつも集い得ない方々を顧みて下さい。病の方、自宅療養の方を顧みて下さいますように。

来週からアドベントに入ります。クリスマスを感謝して迎えることが出来ますように、共に祈り、奉仕をし、共に讃美するクリスマスとなりますように守り導いて下さい。

パリでのテロでは一三〇人を超える人々が死亡したと報道されています。世界の人が恐怖、不安を覚える時代になったのでしょうか。主よ、テロによっても、空爆によっても事は解決しないように思われます。あなたの真理の御言葉が聞かれますように。小さく、弱い方の尊厳が守られますように。

今日からの一週間、御言葉に聞きつつ、あなたを王とし、主とする道を歩むことが出来ますように、導いて下さい。アーメン

（一一月二二日）

遣わされた者

25 さて、エルサレムの人々の中には次のように言う者たちがいた。「これは、人々が殺そうとね
らっている者ではないか。26 あんなに公然と話しているのに、何も言われない。議員たちは、
この人がメシアだということを、本当に認めたのではなかろうか。27 しかし、わたしたちは、
この人がどこの出身かを知っている。メシアが来られるときは、どこから来られるのか、だれ
も知らないはずだ。」28 すると、神殿の境内で教えていたイエスは、大声で言われた。「あなた
たちはわたしのことを知っており、また、どこの出身かも知っている。わたしは自分勝手に来た
のではない。わたしをお遣わしになった方は真実であるが、あなたたちはその方を知らない。29
わたしはその方を知っている。わたしはその方のもとから来た者であり、その方がわたしをお遣
わしになったのである。」30 人々はイエスを捕らえようとしたが、手をかける者はいなかった。
イエスの時はまだ来ていなかったからである。31 しかし、群衆の中にはイエスを信じる者が大
勢いて、「メシアが来られても、この人よりも多くのしるしをなさるだろうか」と言った。

ヨハネによる福音書　7章25－31節

只今ヨハネによる福音書7章25節以下をお読みいただきました。主イエスのエルサレムでの出来事です。時はユダヤ教の三つの大きな祭りの一つである仮庵祭です。仮庵祭とは普段聞きなれ

ない言葉ですが、新共同訳聖書付録の「用語解説」を要約しますと、「イスラエルの民が荒れ野で天幕に住んだことを記念し、仮庵を作る祭りであり、その間仮庵に仮住まいをしたことに由来する名称。秋の果実の収穫祭でもあった」ということになるかと思います。主イエスもこの祭りに参加するために、故郷のガリラヤからエルサレムへ行かれたのです。けれどもその道は身の危険を感じながらのものでした。何故なら既にユダヤ人たちが、主イエスへの殺意を抱くに至っていたからです。

5章に話しを遡らせますが、主イエスは「わたしの父は今もなお働いておられる。だから、わたしも働くのだ」とお語りになっています。この主イエスのお言葉を聞いてユダヤ人たちが、ますます主イエスへの殺意を抱くようになったというのです。何故なら、主イエスが安息日の律法を破ったことに加え、神を「わたしの父」と呼んでご自身を神と等しい者としたからだというのです。ですから主イエスのエルサレム行きは7・10に「人目を避け、隠れるようにして上って行かれた」とあるとおりの状況でした。お読みいただいた25節に「これは、人々が殺そうとねらっている者ではないか」とあるのは、今申し上げたような事情に言及するものです。

ところが、その殺されようとしている筈の主イエスは今ユダヤ教の総本山、エルサレム神殿で公然と教えておられるではないか、一体これはどういうことか、主イエスがメシアではないか、もしかしたら議員たち（文字通りには支配者たち、口語訳では「役人たち」）は主イエスをメシアと認めたのではないか、そのようにエルサレムの人々は訝《いぶか》るのです。それほど主イエスは、身の安全が脅かされる中でお語りになり、お教えになるのです。メシアが如何なる方なのか、そのことについて主イエスは、エルサレムの人々が抱いている錯覚、予断を正されるのです。

ところで主イエスはこのように話される直前、24節でユダヤ人と称される人々に向かって、「うわべだけで裁くのをやめ、正しい裁きをしなさい」と仰いました。主イエスのお言葉は裁判の場で為されたものではなく、エルサレム神殿で語られたものですので「裁くな」というよりは、上辺だけで判断するな、評価するな等とする方が良いかと思います。つまり、上辺で物事を見る、判断することがないようにと諭しておられるのです。今日お読みいただきました25節以下もこの「上辺でものを見るな」という教えがベースにあるように思われます。

上辺で物事を判断するということは、27節ではメシアというものは何処から来るか誰も知らない筈だ、しかし自分たちは主イエスの出身地を知っているではないか、だから主イエスはメシアではあり得ないという判断に表されています。彼らの判断、理解は根拠のないことではない、少なくとも彼らにはそのように主張する根拠があるのです。恐らく、例えばマラキ書3章1節の言葉もその一つでしょう。そこには「あなたたちが待望している主は／突如、その聖所に来られる。あなたたちが喜びとしている契約の使者／見よ、彼が来る、と万軍の主は言われる。」とあります。

これに対して主イエスは仰るのです、確かにあなたがたは私の出自を知っている。だけれども、それであなたがたは私を知っていると言えるのか。何処の出身かということを知っているということで、人を知っていることにはならないのではないのか、そのように仰るのです。主イエスのお言葉、振舞いから、主イエスが神から遣わされているということを悟ることができていないということが、主イエスを知っていないということを物語っているのだ、と仰っているように思われます。

自分が遣わされたものである、そのように仰るのは、いわゆる神憑り的になっているということではなく、神の恩寵、慈愛を知らされているものである、神の慈愛によって今、ここに自分がある、そのようなことを意味するのです。そのことを示すのが28節です。主イエスは仰いました「わたしをお遣わしになった方は真実である」と。この「真実」が意味しますのは、お遣わしになった方、つまり神の御恩寵、慈愛は揺るぎないということです。別の表現をすれば、神はその真実の故に、人の痛み、悲しみを知り、人に喜びと感謝、慰めをお与えになる方である、そのように言うこともできましょう。そのことを主イエスのお言葉と業が示しているのです。

ですから主イエスが29節で「わたしはその方を知っている」というお言葉が意味しますのは、換言すれば神の真実、慈愛、恩寵を知っているということです。「あなたたちはその方を知らない」というのは、「あなたたちは神の真実を、慈愛を知らない」ということです。

エルサレムの人々は、主イエスがどこの出身であるかということで、主イエスの指し示す神の真実を判断するのは根拠がないのです。つまり上辺でものごとを判断してしまっている、と仰るのです。遡りますと、先ほどユダヤ人たちが主イエスへの殺意を抱くようになったと申し上げましたが、それはベトザタの池で三八年間病気で苦しんでいる人を主イエスがお癒しになった際、その日が安息日であったから、ということが大きな理由の一つでした。主イエスは彼を憐れまれたのですが、ユダヤ人には彼の三八年間の苦しみはどこかに吹き飛んでしまっているのです。そんなことよりも、自分たちの宗教的な自負心が傷つけられたことに衝き動かされたのです。

一方、主イエスの業を高く評価する人々も大勢いたのです。31節です。彼らは言いました「メシアが来られても、この人よりも多くのしるしをなさるだろうか」と。彼らが主イエスを評価する根拠の一つもやはり、ベトザタの池の傍らで三八年間の病で苦しんでいた人が癒されたことです。彼らは素朴に主イエスの業に驚嘆するのです。しかし、ヨハネ福音書はそのようなしるしに、心捉われることも上辺で物事を判断している表れだとするのです。そのことは本福音書2章23節以下からも窺うことができます。ヨハネは伝えます、「イエスは過越祭の間エルサレムにおられたが、そのなさったしるしを見て、多くの人がイエスの名を信じた。しかし、イエス御自身は彼らを信用されなかった。」と。多くの人もまた上辺で判断していたのです。加えて申しあげれば、主イエスのご復活を受け入れることのできなかった弟子のトマスへの、主イエスの言葉も思い起こされます。「幸いなるかな、見ないで信じる者たち」(20・29)と。そうです、驚嘆するような業を根拠とすること、自分の納得できる業、理屈に拘ることも、やはり上辺で物事を判断しているのです。そのことは隣人だけでなく、自分自身をも上辺で判断していることになるのです。それをヨハネは罪と呼んでいます。ファリサイ派の人々向かって主イエスは仰います、

「見えなかったのであれば、罪はなかったであろう。しかし、今、『見える』とあなたたちは言っている。だから、あなたたちの罪は残る」（ヨハネによる福音書9・41）と。

我々が見るのは、嘆き悲しむ自分でしょうか、劣等感に押しつぶされそうな自分でしょうか。主イエスはそんな自分と思えたとしても、あなたは慈愛に囲まれている、そのことを告げるために世に遣わされたのです。高みに立ち、得意になって自分がいるのでしょうか。ヨハネ福音書は洗礼者ヨハネの口をとおして告げます「天から与えられなければ、人は何も受けることができない」（3・27）と。与えられたものですから、人は高ぶるのではなく、神に栄光を帰し、感謝と讃美を献げるべきなのです。

アドベントを迎えました。我々は世の煌《きら》びやかさ、イルミネーションに惑わされることなく「人間を照らす光」（1・4）となられた主イエスによって、与えられている今日に幸いを見出し、感謝と讃美する者とされたいと願います。

《お祈り》

慈愛と恩寵の神さま、この年も我々はあなたに許されてアドベントの時を迎えることができました。感謝します。「光は暗闇の中で輝いている」（ヨハネによる福音書1・5）との御言葉をいただいています。今も光が見えないと思えるような状況にある人々、国々を思います。さらに一人独りがいます。主よ、たとえ闇と思えるときにも、光となってくださった方の真実の故に希望と慰めを見出すことができますように。

今日の礼拝を覚えつつも集うことのできなかった方々を覚えます。夫々が事情を抱えておられます。年齢や病の重荷を負う方を顧みてください、あなたの慰めをお示しください。また家族が課題を抱える方もおられます、顧みてくださいますように。

教会暦では今日から新しい年を迎えています。主よ、我々の信仰生活があなたによって、新たな恵みを知る者としてください。感謝と讃美の豊かさを味わうものとしてください。

主よ、政治に係る方々が弱い立場に置かれている方々をより顧みる政策を志すことができますように、導いてください。

今日からの一週間、今日からの一年、我々が上辺で物事を判断することなく、あなたの恩寵に目を留める者としてください。主イエス・キリストの御名によって祈ります。アーメン
（一一月二九日）

我が床を担ぐ

1 その後、ユダヤ人の祭りがあったので、イエスはエルサレムに上られた。2 エルサレムには
羊の門の傍らに、ヘブライ語で「ベトザタ」と呼ばれる池があり、そこには五つの回廊があっ
た。3 この回廊には、病気の人、目の見えない人、足の不自由な人、体の麻痺した人などが、
大勢横たわっていた。5 さて、そこに三十八年も病気で苦しんでいる人がいた。6 イエスは、
その人が横たわっているのを見、また、もう長い間病気であるのを知って、「良くなりたいか」
と言われた。7 病人は答えた。「主よ、水が動くとき、わたしを池の中に入れてくれる人がい
ないのです。わたしが行くうちに、ほかの人が先に降りて行くのです。」8 イエスは言われた。
「起き上がりなさい。床を担いで歩きなさい。」9 すると、その人はすぐに良くなって、床を担
いで歩きだした。その日は安息日であった。

ヨハネによる福音書　5章1－9節

お読みいただきましたヨハネによる福音書5章1節以下に登場します男性は、三八年間病に冒されていたといいます。三八年間、それは人生の大半といっても過言ではないでしょう。どんなにか辛い日々であったことでしょう。彼だけはありません。エルサレム神殿の北側にありますべトザタの池を囲むようにしてあった回廊に集まっていた大勢の人々もまた同様でしょう。それは

どのような人々であったのか、ヨハネによる福音書は、病気の人、目の見えない人、足の不自由な人、体の麻痺した人たちが集まっていたといいます。

しかしこれらの人々の病状がどの程度のものであったのか、福音書は関心を示していません。只、この三八年間病であった人に関心が集中しています。映画に例えれば、三八年間病に苦しむ人の背景として他の病気、障がいを負う人々は置かれているようです。

病気の人とは文字どおりには弱い人、弱さを抱える人です。目が見えない人、それは真実、真理を見失い、信仰を失って彷徨う人なのでしょうか、身体の麻痺した人とは、文字どおりには乾燥した人です。日々の生活に潤いを失い、刺々《とげとげ》しい生活を思わせます。そのような人々を背景として、ベトサダの池を前景として、三八年間病床に伏していた男性にスポットが当てられるのです。

その男性に主イエスは「良くなりたいか」、文字どおりには「健康に、健やかになりたいのか」とお尋ねになりました。病を負う人に健康になりたいのかと尋ねるならば、「誰が好き好んで病気になるものですか、馬鹿にしないでください」、そんな返事も予想されそうな質問です。しかし主イエスはそのようにお尋ねになるのです。

もしかしたら人の感情を害するとも思えるような問いを、主イエスは男性に向けるのですが、これは主イエスの優しさ、憐れみを示しているように思えます。恐らくは、多くの人はこの男性を見ても、特に話しかける事もなく、気にすることなく通り過ごしていったのではないでしょうか。また周囲の病気の人、障がいをもつ人に、彼の方から話しかけることもなかったように思います。何故なら、病を負うと云うことでは共通していても、ライバルでもあるからです。

ライバルということについては、少し説明が必要かと思います。今日は5章1節以下お読みいただきましたが、お気づきになったと思いますが、3節の次に5節が来ています。何故このようなことになっているのかということは触れませんが、ヨハネによる福音書の最後、21章の終わりに、3－4節として次のような文が載せられています。「彼らは、水が動くのを待っていた。それは、主の使いがときどき池に降りて来て、水が動くことがあり、水が動いたとき、真っ先に水に入る者は、どんな病気にかかっていても、いやされたからである。」とあるのです。ですからベトザトの池に集う人々は病を負うという点では同じであっても、お互いが疑心暗鬼ということではなかったでしょうか。このようにベトザタの池の周囲には失意と孤独、先を争う人々が沢山いたのです。

主イエスからの問い掛けで、彼は久しぶりに人と話したのではないでしょうか。主イエスの質問が何であったのか、ということを意に介さないかの如く、如何に自分が希望のない生活をしているのか、そのような愚痴を口にするのです。話したところで、どうにかなるということではないと思うのですが、愚痴を聞いてくれる人がいるということに、彼は少しは気が休らうのです。

しかし、さらなる安らぎ、平和があるのです。主イエスが語り掛けてくださる、そのことが安らぎであり希望なのです。主イエスは嘆き、愚痴る者に近づいてきてくださるのです。主イエスは語り掛けてくださるのです。主イエスは憐れみお示しくださるのです。三八年間病を負っていた彼が、何かをしたからでもないし、何か能力があったからでもないのです。只々主イエスの慈愛の故に近づいてくださるのです。彼が自らの境遇を嘆く前から、主イエスの慈愛は備えられているのです。我々を見捨て給うことのない慈愛です。それに気づかされ、感謝と讃美で応えること、それが我々の信仰です。

主イエスは、病を負い歎く彼に仰いました、「起き上がりなさい。床を担いで歩きなさい。」と。より正確に申し上げますと、「起き上がりなさい。あなたの（自分の）床を担いで歩きなさい。」と。「床」、ベッドという語はいくつか聖書に出てきますが、ここで使用されている「床」という語を辞書で調べてみました。説明の一つに「貧しい者のベッド」(a (poor man's) bed) というものがありました。それは我々の感覚からすればベッドと云うよりは戸板に近いものだったのではないでしょうか。その床を取り上げて歩め、生活しなさいと主イエスは仰るのです。

この病人は床に横たわっていたのですが、一面彼はこの床に縛られていたのです。病が彼を床に捕えている、誰も自分を助けてくれないから彼は床に横たわっている、親が悪いから、能力がないから、社会が悪いから、神の顧みがないからこうなっている。みーんな人の所為《せい》にして、彼は床に横たわるのです。病人は自分の重荷に押さえつけられ、縛られているのです。

その彼に主イエスは起きよ、自らの床を担げとお命じになりました。しかし、床を担いで歩めと仰る前に、主イエスは「起きよ」と命じられています。それは単に立ち上がると云うことより、目を覚ます、ということが元来の意味であり、時には主イエスの御復活を示す言葉として使用されるものです。私にはこの主イエスのお言葉、「起きよ、己が床を担げ」とのお言葉は「目覚めよ、己が床を担げ」と仰っているように思えるのです。

何に目覚めるのか、主イエスが指し示す神の慈愛に目覚める、主イエスの慰め、励ましに気づかされるのです。そのことによってこそ、人は自分の床、つまり病とか力なさ、差別、忘れたい過去、自己嫌悪、それらの現実を背負って立ち上がって歩むことが出来るのです。そのために主イエスが三八年の苦しみにあった人に近づき、御言葉をくださったと同様に我々にも近づき、御言葉をくださるのです。

神の慈愛に依り頼んだ主イエスご自身が、十字架を負うて、現実を受け止めるということを我々にお示しくださいました。そして、今も十字架を負って示してくださっているのです。自らの現実を受け容れるということは、嘆きやボヤキの床から解放され、神の慈愛という大地に立つことのように思われます。ご復活の主イエスは、今日も我々に「立てよ、己が床を担いで歩め」との御言葉を語り掛けてくださっています。三八年間、歎きの人生を送っていた彼が、自分の床を担ぎ歩みだしたように、我々も起き上がり、現実を負い、感謝と讃美のあゆみを続けたいと願います。

《お祈り》

主なる神様、アドベント第二の主日の礼拝に集うことを許され感謝します。主よ、我々はあなたのお言葉をいただかなければ、様々な理由を作り出して、彷徨う者です。嘆きや嫉妬、恨みの理由を見つけ出す者ではなく、慈愛に気づく者としてください。主よ、使徒パウロは「神の恵みによって今日のわたしがあるのです。」（コリントの信徒への手紙一15・10）と告白しました。我々もまた同様の告白をする者としてください。主よ、我々に信仰をお与えください。与えられ、示されている慈愛に今日気づく者としてください。あなたの御言葉の故に、自分の床を担いで歩む者としてください。

主よ、集わんとする思いを抱きながらも集い得ない兄姉を思います。殊に病やご高齢の重荷の故に集い得ない者を顧み、慰めと希望を示しくださいますように。不安を覚える者に、主よ、あなたに委ねる平安をお示しください。入院中の者、自宅での療養に励む者を顧みてくださいますように。

久しく教会に集うことが出来ていない方々を覚えます。その事情を顧み、御言葉の導きをお示しください。

クリスマスの準備を進めています。新たな恵みを発見するクリスマスでありますように。ご奉仕くださる兄姉を祝してください。聖歌隊を祝し、恩寵をお示しくださいますように。

報道ではパリでのテロ事件に絡み、ヨーロッパ諸国が報復の空爆をしています。子どもや高齢者が巻き添えに遭っているのではないでしょうか。彼、彼女の人生、その命は何だったのか、そのような思いを抱きます。主よ、力に依り頼むことでは状況は改善しないものと思います。解決の困難さを思わされますが、主よ、平和を求める思いをお与えください。

今日からの一週間、我々に近づき給う主のお言葉に励まされて歩む者としてください。主イエス・キリストの御名によって祈ります。アーメン

（一二月六日）

ヨハネの証言

19 さて、ヨハネの証しはこうである。エルサレムのユダヤ人たちが、祭司やレビ人たちをヨハ
ネのもとへ遣わして、「あなたは、どなたですか」と質問させたとき、20 彼は公言して隠さず、
「わたしはメシアではない」と言い表した。21 彼らがまた、「では何ですか。あなたはエリヤで
すか」と尋ねると、ヨハネは、「違う」と言った。更に、「あなたは、あの預言者なのですか」と
尋ねると、「そうではない」と答えた。22 そこで、彼らは言った。「それではいったい、だれな
のです。わたしたちを遣わした人々に返事をしなければなりません。あなたは自分を何だと言う
のですか。」23 ヨハネは、預言者イザヤの言葉を用いて言った。「わたしは荒れ野で叫ぶ声であ
る。『主の道をまっすぐにせよ』と。」24 遣わされた人たちはファリサイ派に属していた。25 彼
らがヨハネに尋ねて、「あなたはメシアでも、エリヤでも、またあの預言者でもないのに、なぜ、
洗礼を授けるのですか」と言うと、26 ヨハネは答えた。「わたしは水で洗礼を授けるが、あなた
がたの中には、あなたがたの知らない方がおられる。27 その人はわたしの後から来られる方で、
わたしはその履物のひもを解く資格もない。」28 これは、ヨハネが洗礼を授けていたヨルダン川
の向こう側、ベタニアでの出来事であった。

ヨハネによる福音書　1章19－28節

ヨハネのところにエルサレムから、祭司やレビ人たちがやってきました。ヨハネというのはこのヨハネによる福音書を書いたヨハネではなく、洗礼者ヨハネといわれている人物です。主イエスと同時代に活動した方ですが、当時のユダヤでは大変大きな影響力をもっていた人物のようです。ローマの歴史家の文書では主イエスについてよりも、洗礼者ヨハネについての記述の方が多いとのことですが、そのことからもヨハネの影響力が窺われるのです。洗礼者ヨハネの影響は成立して間もない教会にも及んでいました。ヨハネによる福音書には言及がありませんが、他の三つの福音書には主イエスがヨハネから洗礼を受けたとの報告があります。そこで主イエスに洗礼を授けるヨハネは一体どういう方なのか、教会でどのような位置にあるのか、そのことを明確にしなければならないほどに影響力をもっていたのです。

さて、お読みいただきました1章19節以下で、何故祭司やレビ人たちがヨハネのもとに来たのかといえば、ヨハネの洗礼活動が、単なるユダヤ教のきよめという理解を超えて、ヨハネをメシアとする人たちが現われていたからではないかと思われます。メシアの到来は、ユダヤをローマ帝国から解放するという政治的運動と結びついていましたので、当局は当然関心を持ちます。ですから、19節で、ユダヤ人たちが祭司たちやレビ人を遣わしたとありますが、そのユダヤ人はユダヤ人一般を指すものではなく、ユダヤの支配的立場にあるユダヤ人であったと思われます。

ですから、使者たちの「あなたは、どなたですか」との問いはもちろん氏名を聞くものではなく、寧ろ尋問であり、ヨハネが何を目指して活動しているのか、メシアとしての活動をしているのか、そのような意味で「お前は何者か」といったニュアンスでしょう。当局者の不安、警戒心を窺うことができます。ヨハネはメシアであるということを明確に否定しましたが、では彼が取り組んでいる洗礼は如何なる意味をもつものなのか、そのことが問題となったのです。

ヨハネがメシアではないということは、当局者への回答であると同時に、教会へのメッセージでもありました。つまり、明言はされていませんが、主イエスこそがメシアであるというメッセージとなったです。更に加えて、「主の道をまっすぐにせよ」との預言者イザヤの言葉を引用して、ヨハネがメシアへの道を備える者であることを告白するのです。

「主の道をまっすぐにせよ」との言葉は、イザヤ書40章からの引用です。新共同訳聖書でイザヤ書40章を見てみますと「帰還の約束」との小見出しが付けられています。帰還とは、南王国ユダの民が久しく捕囚の民とされていたバビロンからの帰還を指すものです。ユダ王国は前五八六年、ネブカドネツァル王のバビロニア軍によって崩壊させられ、五三八年にペルシャ王キュロスに解放されるまで、多くの有力な民が捕囚の民とされたのです。祖国を失ったユダ王国の民は、経済的にはもちろん大きな損失を被りましたが、しかしそれにもまして宗教、文化の一切を抹殺されたのです。それはイスラエルの民の大いなる苦痛でした。祖国を失っただけでなく、神殿を失ったことを捕囚の民は歎きました。否、単に歎きという言葉では表現できないものでした。混乱、混沌、闇の中に投げ込まれたのです。最も大切にしていたものを一切失ったならば我々はどうなるのか、想像を超えたものです。少なくとも混乱とかパニック状態となったことは推察できるように思います。しかし、イザヤは気づかされるのです。王国が存在する前から、神殿が建立される前から神の恵みと導きはあったのだと。神殿が破壊されようと、それは神の不在を意味するものではなく、なお厳然として御手の内に全てがあり、御心が為されているのだと。そのことはイザヤ書45章6－7節の「日の昇るところから日の沈むところまで／人々は知るようになる／わたしのほかは、むなしいものだ、と。わたしが主、ほかにはいない。光を造り、闇を創造し／平和をもたらし、災いを創造する者。わたしが主、これらのことをするものである。」との言葉にも示されています。イザヤは主の変わることのない導き、摂理、力を見たのです。その主なる神への信仰、信頼こそが人に確かさを与えるものであることをイザヤは告げるのです。因みに「あなたはわたしの僕／わたしはあなたを選び、決して見捨てない。恐れることはない、わたしはあなたと共にいる神。」（イザヤ書41・9－10）との年度主題聖句も、このイザヤが語った言葉であり、思いは通じるものがあります。

そのイザヤが語った「主の道をまっすぐにせよ」とは、信仰を支えた神殿のあったエルサレムに通じる道であります。しかし、その神殿はもう形として見える神殿である必要はなくなっていたのです。洗礼者ヨハネは、主イエスという神殿を指しているように思われます。ヨハネによる福音書2章19節には徴を求めるユダヤ人に対して、「この神殿を壊してみよ。三日で建て直してみせる。」との主イエスのお言葉があります。この言葉について福音書記者は「イエスの言われる神殿とは、御自分の体のことだったのである。」と説明を加え、「この神殿が」ご復活の主イエスを指し示していることを告げています。

洗礼者ヨハネは自らを、荒れ野で「主の道をまっすぐにせよ」と叫ぶ声である、といいます。荒れ野、それは人に恐れを抱かせる荒廃と窮乏を表し、野獣の住む場であります。ローマ帝国の支配下にあって、あのイザヤと同様ユダヤの人々も不満や混乱があり、再建された神殿はあったものの、平和を知ることはありませんでした。洗礼者ヨハネが言うように、荒れ野だったのです。

ヨハネの働きは、主の道を、主イエスに至る道をまっすぐにするものであると表明し、主に仕えるものであることを告白し、証言するのです。さらに27節、「わたしはその履物のひもを解く資格もない」と謙るのです。当時、人の足を洗うとか履き物の紐を解くというのは奴隷の仕事でした。洗礼者ヨハネはその奴隷の仕事を引き合いに出して、自分はキリストに対してそのようなことすらできないものであると謙るのです。

アドベントの時、我々は主イエスの歩まれた道が如何なるものであったのかを覚えたいと思います。洗礼者ヨハネは「わたしはその履物のひもを解く資格もない」と言いますが、主イエスは弟子の足を洗われるのです。これもまた奴隷の姿であり、仕える者、謙る者の姿です。主イエスは弟子の足を洗われた後、十字架への道を歩まれました。そこに我々の思いを超えた神の愛が示され、御言葉の確かさ、神の真実、信実が示されているのです。捕囚の民であったイザヤが置かれた、どん底状態から見たのもこの確かさでした。我々は主イエスの御復活によって更に明確に、その確かさを示されています。荒れ野とも、どん底とも思われる日々にあっても、御言葉の確かさに委ねて歩む者とされたい。

《お祈り》

主なる神様、我々は苦しい時、また不可解な出来事、事件に遭遇する時、すぐに狼狽《うろたえ》えます。苦しくなります。けれども主よ、あなたの慈愛の故に、あなたにより頼む者としてください。我々を守り導いて下さったあなたの愛が、我々を見捨て給うことのないことを、身を以て知る者としてください。イザヤは「草は枯れ、花はしぼむが／わたしたちの神の言葉はとこしえに立つ」と語ります。主よ移ろい行く世に在って、我々はあなたの御言葉、慈愛の確かさを告げ知らされています。その確かさを知るものとしてください。独り子の御姿からその確かさを見る者としてください。

神様、今日の礼拝を覚えつつも止むを得ず集い得ない方々がおられます。主よ、夫々の事情を顧み、痛みや不安を覚える者には、慰め平安をお示しください。健康に不安を覚える方もおられます。あなたに頼むことをお示し下さいますように。なかなか礼拝に集い得ない方々もおられます。次週のクリスマス礼拝に集う道を備えてくださいますように。またクリスマスの諸行事のためにご奉仕下さる兄姉を顧み祝してください。

個人の力を超えた大きな力で、国内も国外もどんどんと事が運ばれ、弱い立場にある者が押し流されていくよう思われ、無力感とか悲哀、不安が増します。けれども主よ、あなたにより頼む者としてください。万事を益としてくださるあなたへの希望をもつ者としてください。

今日からの一週間、御前に恩寵を数えつつ歩む者としてください。来週のクリスマス礼拝を祝してくださいますように。主イエス・キリストの御名によって祈ります。アーメン

（一二月一三日）

喜びのクリスマス

14 言は肉となって、わたしたちの間に宿られた。わたしたちはその栄光を見た。それは父の独
り子としての栄光であって、恵みと真理とに満ちていた。15 ヨハネは、この方について証しを
し、声を張り上げて言った。「『わたしの後から来られる方は、わたしより優れている。わたしよ
りも先におられたからである』とわたしが言ったのは、この方のことである。」16 わたしたちは
皆、この方の満ちあふれる豊かさの中から、恵みの上に、更に恵みを受けた。17 律法はモーセ
を通して与えられたが、恵みと真理はイエス・キリストを通して現れたからである。18 いまだ
かつて、神を見た者はいない。父のふところにいる独り子である神、この方が神を示されたので
ある。

ヨハネによる福音書　1章14－18節

聖書には人の苦しみが様々な形で描かれています。聖書は苦しみ、葛藤に満ちているともいえるでしょう。苦難の人にヨブがいます。彼は筆舌し難い災難と病を得た人です。彼の受けた苦難は「ヨブ記」という名で詩編の前に置かれています。ヨブは家庭生活でも経済生活でも大変恵まれ、祝されていました。その順風満帆の生活が急転直下しました。七人の息子と三人の娘を一日で失い、さらに財産を失い、自分自身の健康も損ないました。酷い皮膚病でした。加えて妻から

は、「どこまでも無垢でいるのですか。神を呪って、死ぬ方がましでしょう」（ヨブ記2・9）とまで言われるのです。配偶者から「死ぬ方がましでしょう」などと言われると、我々はどのような思いになるのでしょうか。ヨブは妻に答えました「お前まで愚かなことを言うのか。わたしたちは、神から幸福をいただいたのだから、不幸もいただこうではないか」と。

三人の友人が同情してヨブを見舞いにやってきました。夫々善意から彼を慰めるのですが、彼らはヨブを慰めることはできませんでした。友人たちはヨブの不幸は因果応報であるから、神の前で悔い改めることを勧めたからです。それはヨブの痛み、訴えに共感するに勝って、因果応報という自分たちの人生観を説くものだったのです。只、因果応報という一点でヨブを責め、悔い改めを迫るのですが、彼らの理屈は、ヨブには全く説得力のないものでした。分かったようなことを言う三人にヨブは反論するのです、「どうか黙ってくれ　黙ることがあなたたちの知恵を示す。」（ヨブ記13・5）と。人の悲しみ、痛み、嘆きから目を逸らして、神の愛とか義を語ることは、当事者にとっては腹立たしさでしかありません。ヨブの反論は真に厳しくも的を射た指摘のように思われます。実に人の痛み、悲しみ、口惜しさに思いを寄せることは難しいことです。

三人の友を見て我々が神について考え、人に神を語るとき、どこまで真実に語り得るのかを思わされます。如何に我々が自分の錯覚と予断の中に神を閉じ込め、我々の身勝手さや、願望、欲望という基準で神を品定めしていることでしょうか。

今日お読みいただきましたヨハネ福音書とは関係のないヨブを持ち出しましたのは、18節の言葉「いまだかつて、神を見た者はいない。父のふところにいる独り子である神、この方が神を示されたのである」あるいは、「この方が神を説き明かした」との言葉からヨブ記の出来事を思い起こしたからです。

我々がこの方、つまり主イエスによって示されている神は、苦しむ者に「もう死んでしまえ」と言ったり、少なくとも直接的に「因果応報」を語ることはありませんでした。そうではなく、人の痛み、苦しみ、嘆きを受け止め、我々に近づいてくださり、声を掛けてくださる神です。例えば11章にはマリアとマルタの兄弟、愛するラザロの死に直面したとき、主イエスは涙を流されました。5章ではベトザトの池の傍らで三八年間の病の床にあった者には、労働を禁じられた安息日ではありましたが、「自分の床を担いで歩きなさい」と、自分の過去、現在を引き受けて歩むようにと力づけられました。「この方が神を説き明かした」とは、そのような主イエスの振い、御言葉による説き明かしです。

また1章14節には「言は肉となって、わたしたちの間に宿られた。」とありますが、その意味するところは、今申し上げた悲しみとか苦しみを抱える我々の中に主イエスが来てくださった、生活されたということでしょう。

その1章14節、またこの福音書1章1節の有名な「初めに言があった。言は神と共にあった。言は神であった。」という箇所に出てきますコトバには、「言」という一字が当てられています。これは常用漢字の音訓表にない読みでありますが、文語訳、口語訳も同様に「言」としていました。他の日本語訳を見てみますと平仮名のもの、普通の「言葉」、「御言葉」、「言葉」としてルビのようにギリシア語の音の「ロゴス」を添えるなど多様です。何故このような多様な表記をするのかというと、この「言」という語が普通のコミュニケーションのための言葉、一般名詞ではありませんよ、人となられた主イエスを指すものですよ、ということを何とかして表したいという思いを反映するものかと思います。因みにヨハネの黙示録の「白馬の騎手」との小見出しのついた箇所では「彼は血染めの衣をまとい、その名は『神の言』と呼ばれた。」(ヨハネの黙示録19・13、口語訳)と主イエスを「神の言」としています。

その言が肉となったと宣言するのです。それはヨハネとヨハネ教会の信仰告白という響きがあります。「肉となった」とは現実のものとなった、出来事となった、そのようなことを指すものと思われます。

旧約聖書の原語で「言葉」に相当する語「ダーバール」は、内に力を含んでいるということを示唆する言葉のように思います。ですから言が言葉である以上、それが聞かれるところでは何かが起こり、出来事となり、歴史となるのです。多様な意味をもつ語であり、約束とか原因、そのような意味もあります。「言が肉となった」というのは、神の言葉が如何にダイナミックなものであるかを示しています。「言」という語は使用されていませんが、創世記1章3節の「神は言われた。「光あれ。」こうして、光があった。」を思い起こさせるものがあります。「言」には創造の力があるのです。

その言が「わたしたちの間に宿られた」のです。つまり主イエスに示される神が、我々の現実、つまり苦しみ、痛み、儚さ、罪のもたらす悲惨さの只中に入って来てくださったのです。使徒パウロの言葉を借りて申し上げれば「喜ぶ人と共に喜び、泣く人と共に泣」（ローマの信徒への手紙12・15）く方として我々のところに来てくださったのです。愛とか慈愛が如何なるものであるかを、独り子主イエスはご自分の生涯を「言」としてお示しくださっているのです。預言者イザヤが「わたしの口から出るわたしの言葉も むなしくは、わたしのもとに戻らない。」（55・11）と語ったように、御言葉は虚しくないことを告げているのです。

さらに独り子は恵みと真理とに満ちていたともヨハネは言います。恵みと真理とは異なることを指しているものではない筈です。慈愛と恵みの言、そのように言い換えることもできるように思います。真理、慈愛によって我々は喜びと感謝をもって過ごすことができるようになるのです。真理、慈愛は我々を励まし、明日への力を与えてくれます。我々を新しい者へと造り変えてくださる力があるのです。ですから我々は希望を失うことなく過ごすことができるのです。

もちろんこのことは、私の思い、願いによるものでもなければ、自力によるものでもありません。キリストの憐れみの「言」に拠るものです。我々はラザロの死や、三八年間の病の者、姦淫の罪で晒し者にされている女性、さらには十字架に、神の恵み、希望を見ることができませんでした。忌み嫌っていました。しかし、思いがけないことに、そのような場にも、慈愛が備えられていることを主イエスの振舞いとご復活は証ししてくれているのです。我々は知らされます、その慈愛はクリスマスの出来事に既に備えられていたのであり、今日ここにも備えられていることを。ですから、我々はここで「クリスマスおめでとうございます」告白するのです。今日、ここに備えられている恵みと慈愛の言を覚え、クリスマスに感謝と讃美を捧げたいと思います。

《お祈り》

恵みの神さま、主の年二〇一五年のクリスマス礼拝に集うことを許され、感謝します。主よ、クリスマスのとき、あなたの御言葉、慈愛は虚しいものではなく、必ず成るという幸いを知る者としてください。我々は自分が願い、思うようにならないならば、不平と不安を覚える誘惑に容易く陥ります。しかし、預言者イザヤが「わが思いは、あなたがたの思いとは異なり、わが道は、あなたがたの道とは異なっている」(イザヤ書55・8)と語っていることを知らされています。あなたの御言葉の確かさを知る者としてください。

今日の礼拝を覚えつつも集い得ない兄姉を覚えます。夫々の場で御名を讃美する幸いをお与えください。殊に体調を崩されている兄姉、入院されている兄姉を顧みてください。ご家族の故に集えない方もいます、憐れみをお示しください、その祈りをお聞き届けください。また体力の衰えを覚える方も多ございます。あなたの守りをお示しください。

年の瀬を迎えながらも、寒さを覚え、貧しさ、孤独の中におられる方がいます。あなたの顧みをお与えくださいますように。大きな震災から五年が経とうとしています。家族を失い、生活の変化を余儀なくされた方々を顧みてくださいますように。戦火の故に命の不安を覚える方、平穏と思われていた地にも不安が広がっています。主よ、静かに、しかし力強くあなたからの平和を待ち望むことができますように。

いまからもたれますクリスマス祝会を導いてください。

今日からの一週間、御言葉の確かさを覚えつつ、クリスマスを感謝して過ごすことができますように。クリスマスのキャンドルライトサービスが祝されますように。主イエス・キリストの御名によって祈ります。アーメン

（一二月二〇日）

伸べられる御手

12 わたしは、語りかける声の主を見ようとして振り向いた。振り向くと、七つの金の燭台が見
え、13 燭台の中央には、人の子のような方がおり、足まで届く衣を着て、胸には金の帯を締め
ておられた。14 その頭、その髪の毛は、白い羊毛に似て、雪のように白く、目はまるで燃え盛
る炎、15 足は炉で精錬されたしんちゅうのように輝き、声は大水のとどろきのようであった。
16 右の手に七つの星を持ち、口からは鋭い両刃の剣が出て、顔は強く照り輝く太陽のようで
あった。17 わたしは、その方を見ると、その足もとに倒れて、死んだようになった。すると、
その方は右手をわたしの上に置いて言われた。「恐れるな。わたしは最初の者にして最後の者、
18 また生きている者である。一度は死んだが、見よ、世々限りなく生きて、死と陰府の鍵を
持っている。19 さあ、見たことを、今あることを、今後起ころうとしていることを書き留めよ。
20 あなたは、わたしの右の手に七つの星と、七つの金の燭台とを見たが、それらの秘められた
意味はこうだ。七つの星は七つの教会の天使たち、七つの燭台は七つの教会である。

ヨハネの黙示録　1章12－20節

今日は二〇一五年最後の主日、日曜日です。来週の礼拝は二〇一六年、時の流れの速さを感じます。殊に今年は暖冬のせいもあり、本格的な冬が来ない間に年の瀬を迎えてしまった、そのよ

うに感じています。時の流れの速さと同時に、たった一年のことではあっても、国の内外で多くの変化がありました。パリの同時多発テロは世界に衝撃をもたらし、安全と思われていた日々が、いとも簡単に壊されてしまうことを知らされました。一方、皆さん一人一人にも変化があったことでしょう。教会に連なる人々の中でも、長年連れ添って来られた方、愛する家族を御許に送られた方がいます、大きな怪我をされ、今も痛みの中で入院加療されている方、リハビリ後も自宅療養されている方、病院での検査結果が思わしくなかった方、原因不明の痛みに襲われた方、海外転勤になった方、実に様々なことが一人一人に起こりました。手術が成功し長年の痛みから解放された方、新しい学校生活が始まった方もいます。

体調万全ではないあるご高齢の方は仰いました、「生きるって、しんどいことですね」と。その通りかと思います。しかし、その言葉は必ずしもご高齢だから、体調が良くないからというだけではなかろうと思います。体調は良くても、仕事がうまくいっていても、家族が元気でも、質的には異なっても様々なしんどい思いをするのではないでしょうか。大人だけではありません。幼稚園・保育園の子どもであっても、それなりにしんどい思いをしているのです。親に十分に構ってもらえず、罵られたり、夫婦げんかを見せつけられる毎日とするならば、それは子どもへの虐待です。たとえ虐待されても、子どもは親の悪口を言いません、言えないのです。これもしんどいことです。このようなことを思うとき、我々の人生は喜びの籠と、しんどさ、辛さという二つの籠を神さまに与えられているのではないかと想わされます。

さて、お読みいただきましたヨハネの黙示録は、しんどさ苦しみの籠が、喜びの籠を覆うほどに大きくなっている信徒に向かって語り掛けている手紙ということが言えるように思います。ヨハネ自身も苦しんでいるのです。1章9節で「共にイエスと結ばれて、その苦難、支配、忍耐にあずかっているヨハネである。わたしは、神の言葉とイエスの証しのゆえに、パトモスと呼ばれる島にいた」語るとおりです。その苦難は、死をも覚悟しなければならないほどに危険なものでした。そのヨハネに神からの黙示、啓示が与えられたのです。

ご存知の通り、ヨハネの黙示録の背後にはローマ帝国からキリスト教会への圧力、迫害があるのです。ローマの圧倒的な力の故に、正面からは何の抵抗の声も上げることができないほど厳しい状況でした。それ故、ヨハネの黙示録は、旧約聖書の記述、殊にダニエル書からの言葉を多用して、信徒を励ますのです。何故ダニエル書からの引用が多いのか、それはダニエル書がやはりセレウコス朝シリアの圧倒的な力の前で、為す術もなくエルサレム神殿を蹂躙された前二世紀の事件が背景にあるからです。この手紙の読者はヨハネの語ることから、ダニエル書を容易に思い浮かべたに違いありません。

この手紙を書くに至った経緯について、ヨハネは主イエスの甦られた主の日、つまり日曜日にラッパのように響く大声を聞いたと語っています。ヨハネは声の主《ぬし》を見ようと振り向くと、七つの金の燭台に囲まれて主イエスがおられたというのです。その姿が13節以降に語られています。そこにある描写は、まるで旧約聖書を引用しながら、その言葉を絵具にしながら絵を描いているようです。この一つ一つの材料はダニエル書、出エジプト記、旧約聖書続編のマカバイ記、詩編、イザヤ書等多岐に亘っています。例を短く、幾つかに触れますと、足まで届く長い衣は、高い位の役人が着るものとされますが、大祭司も着用していました。金の帯をしていたというのですが、帯ですと普通腰にするものと思いますが、此処では胸にしています。これも大祭司の姿であろうと思われます。このように旧約の背景を用いながら、主の言葉と振る舞いで示される励ましを語るのです。その荘厳さにヨハネは気を失い倒れて死人のようになりました。これも旧約に似た表現がありますが、神を見た者は自らの穢れを知らされ、生きてはおれないということの表現です。そのヨハネに、キリストが手を差し伸べて語られた、「恐れるな。わたしは最初の者にして最後の者」もまた神ご自身を表現するものです。イザヤは言いました「イスラエルの王である主 イスラエルを贖う万軍の主は、こう言われる。わたしは初めであり、終わりである。わたしをおいて神はない。」(イザヤ書44・6)と。

ところで、このヨハネは既に1章5節でこの手紙の読者に「忠実な証人、死人の中から最初に生れた者、地上の諸王の支配者であるイエス・キリストから、恵みと平安とが、あなたがたにあるように。」と挨拶を送っています。そうしますとヨハネに触れた手は、復活者のそれであることが分かります。十字架で死を味わわれた方の手です。

聖書で手を触れることは、触れる者の力が伝わることを意味します。聖書の神さまはどうも右利きのようですので、ここでも主イエスは右の御手が差し伸べられました。他の箇所でも重い皮膚病の人が癒されました。主イエスが触れると死んだと思われていた指導者の娘は起き上がったのです。まさに神さまの手当なのです。ヨハネもまた復活の神、ご復活のキリストの手当てを受けて立ち上がったのです。周囲の危険な状況の中で、それにも拘らず、神の恵みは揺るぐことがないことを身を以て知らされたのです。伸べられた御手は、罪の赦し、復活の命への招きです。その喜びで七つの教会に励ましを与えるのです。

ご復活の主イエスは、危機的状況にあるヨハネたちにおっしゃいました「恐れるな」(17節)と。聖書はやみくもに人に命令することはありません。それなりに根拠を示すのです。ここでの根拠は、神は初めのもの、つまり世界の創造者であり終わりのものだから、ということでした。終わりとは、もう締め切って終わりましたということではありません。例えば受験勉強が本当の終わるのは合格の時です。ですから聖書が語る終わりは、世界の創造の目的が叶う時です。つまり我々が喜び、感謝をもって生きることです。戦争ではなく平和の時です。その終わりを我々にもたらせてくださるのは、ご復活の主イエスなのです。死を超える命に与らせてくださるのです。御手が差し伸べられるとは、その復活の力に与ることです。

我々はこの一年様々な変化を経験してきました。悲しみも不安も、また喜びもありました。時に不安や自らの重荷に押しつぶされそうにもなったかもしれません。しかし、人生必ず喜びと感謝の籠も備えられているのです。そこには、ご復活の主イエスの命、揺るぐことない慈愛が籠められているのです。その喜び籠から、励ましを受けつつ新しい年も歩みたいと願います。

《お祈り》

主なる神さま、主の年二〇一五年もあなたの恩寵の内を歩んでくることができましたことを感謝します。けれども主よ、我々はなおも目の前の不安に戦《おのの》き、悲しみに御手を疑う愚かなものです。主よ、苦しみの籠の傍に、あなたからの喜びと命の籠のあることを知る者としてください。

今日の礼拝を覚えつつも、集うことのできない方々を覚えます。夫々の場であなたの御名が讃えられますように。主よ、たとえ苦しみに在っても、そこにもあなたの慈愛の御手のあることを知る者としてください。また愛する者を失った者がございます。顧みてください。あなたの御手が差し伸べられ、触れてくださいますように。

神さま、聖書には数多くの戦争が記されています。それでも歴史の中の戦争のごく一部でしかありません。これほど長い戦争の歴史を経ても、人はなおも戦争では平和を得られないことを悟ることができていません。主よ、あなたの御心のように平和の時、終わりの時を待ち望む者としてください。

主よ、あなたの約束と慈愛の故に、新しい年も喜びと讃美、感謝の年を過ごすことができますように導いてください。主イエスの御名によって祈ります。アーメン

（一二月二七日）

御手に委ね

26 同様に、〝霊〟も弱いわたしたちを助けてくださいます。わたしたちはどう祈るべきかを知りませんが、〝霊〟自らが、言葉に表せないうめきをもって執り成してくださるからです。27 人の心を見抜く方は、〝霊〟の思いが何であるかを知っておられます。〝霊〟は、神の御心に従って、聖なる者たちのために執り成してくださるからです。28 神を愛する者たち、つまり、御計画に従って召された者たちには、万事が益となるように共に働くということを、わたしたちは知っています。29 神は前もって知っておられた者たちを、御子の姿に似たものにしようとあらかじめ定められました。それは、御子が多くの兄弟の中で長子となられるためです。30 神はあらかじめ定められた者たちを召し出し、召し出した者たちを義とし、義とされた者たちに栄光をお与えになったのです。

ローマの信徒への手紙　8章26－30節

主の年二〇一六年を迎えました。この年、進学、就職などで新たに人生の節目をお迎えになる方もおられます。私たちの教会もまた牧師交代という点では節目の年となるかと思います。また、病気などで思いがけない事態に遭遇することもあるかもしれません。先週申し上げたことですが、我々は苦しみとかしんどさの籠と喜びの籠を抱えて歩んでいますので、喜ばしい時だけでなく、俯《うつむ》くような時もあるかもしれません。そのような事態に在っても、主の導き、慈愛、執り成しの故に、希望と慰めの内に歩みたいものと願います。

お読みいただきましたローマの信徒への手紙は、「将来の栄光」との小見出しが付けられた段落の一部です。この小見出しに続いて、パウロは「現在の苦しみは、将来わたしたちに現されるはずの栄光に比べると、取るに足りない」と言います。その言葉には苦しみが前提とされているように思われます。パウロはさらに「被造物は虚無に服していますというのです。

パウロが言う「虚無に服しています」とは如何なる意味なのか、どうも良く分かりませんでした。註解書も調べましたが、スッキリしません。「虚無」に相当するギリシア語の辞書も調べましたが、翻訳としては間違ってはいないのだろうと思います。それでも釈然としない表現です。私の理解力が足りないのか。否、もしかしたら註解書を書いている人も本当は分かっていないのではないか、そのようにも思ったりしていました。ところがある講解書を見ています時に、ここで「虚無」という訳語は良くない、ここは日本人が古来言ってきたように「無常」とか「無常性」と訳す方が良い、とありました。確かにその訳語で我々は胸のつかえが下りるように思います。つまり、我々の生活のみならず、被造物全ては限りある存在であり、滅び行くものであって、そこで我々は希望を与えられつつも、呻きつつこの無常性からの解放、つまり永遠の命を待ち望んでいる、というのことになります。

お読みいただきました26節も当然この流れを受けています。最初に「同様に」とありますが、何が同様なのかというと、今申し上げました「呻き」という点においてです。そこでパウロは我々が呻くのみならず、呻きを共にしてくださる方がいる、と訴えるのです。聖霊、つまりご復活の主イエスが、聖霊として我々と共に呻き、執り成してくださっているというのです。

我々は此処で知らされますのは、呻きの裏面にあるのは、希望であり、愛、信頼・信仰です。ですから呻きは単なる苦しみ、悲しみの声に終わらないのです。希望があるから呻き、忍耐しても、待つことができるのです。我々の呻きの裏面には、永遠の命への希望があるのです。そのことをパウロは8章27節で「産みの苦しみ」と呼んでいます。ですから、虚無、つまり無常は歎きとか、いわゆる諦めに終わるのではなく、希望でもあるのです。しかもそれは、私が懸命に努力して、頑張って手に入れるという類いのものではなく、我々に初めから備えられているものなのです。28節に「ご計画に従って」とあるのは、そのことを表しているでしょう。

ところで主イエスの執り成しについて、26節には「言葉に表せないうめきをもって執り成してくださるからです。」とあります。主イエスの「言葉にならない呻き」というのはどのようなものでしょうか。これはいわゆる異言を指すものだと言う方もおられます。しかし、それではどうもスッキリしないのです。我々はここで主イエスのゲツセマネの園での祈りとか、十字架での主イエスの叫びを思い浮かべることができるのではないかと思うのです。それらは言葉として我々に伝えられていますので、「言葉にならない」言葉という表現には当てはまりませんが、いわば断末魔での主イエスの苦しみであり、奥底からの呻きではなかったかと思います。その祈り、呻きは言葉にならない、といってよいのではないかと思うのです。

ご存知のように十字架を前にして主イエスはゲッセマネの園で祈られました。「父よ、できることなら、この杯をわたしから過ぎ去らせてください。しかし、わたしの願いどおりではなく、御心のままに。」(マタイによる福音書26・39)と。また十字架の上での出来事については「『エリ、エリ、レマ、サバクタニ』。これは、『わが神、わが神、なぜわたしをお見捨てになったのですか』という意味である。」(マタイによる福音書27・46)とあります。闇、屈辱、絶望しかないと思える状況で、なお神に祈り求めるのです。なおも主に聞き、従うのです。私の思い、願望、理想、意地、面子、そのようなものに囚われることなく歩み続けるのです。「わたしの願いどおりではなく、御心のままに」という主イエスの従順、あるいは神への信頼は、十字架の上でも失われることはなかったのです。そこに神の力が働き、ご復活が与えられるのです。我々もまたその主イエスのご復活の姿に似る者とされる幸いがあると29節でパウロは語ります。主イエスの聖なる者たちのための執り成しの祈りは、そのような呻きではないのかと思います。

「聖なる者」とは、以前申し上げたことがありますが、換言すればキリスト者を指します。キリスト者は聖なる者なのです。キリスト者が聖なるゆえんは、主イエスの呻き、執り成し、慈愛を知るからです。つまり、聖霊が我々を住まいとしてくださっているからです。パウロは言います、「あなたがたは知らないのか。自分のからだは、神から受けて自分の内に宿っている聖霊の宮であって、あなたがたは、もはや自分自身のものではないのである。」(コリント人への第一の手紙6・9口語訳）と語るとおりです。またガラテヤの信徒への手紙で「生きているのは、もはやわたしではありません。キリストがわたしの内に生きておられるのです。わたしが今、肉において生きているのは、わたしを愛し、わたしのために身を献げられた神の子に対する信仰によるものです。」（2・20）と語ることとも通じるものです。主イエスが住まわってくださるから、キリスト者は聖なる者、聖徒なのです。このことの前方に、世の無常からの解放、永遠の命があるのです。

ここでパウロの伝道生活を振り返ってみますと、彼は何度も危険な目に遭っています。また個人的にも苦しみを抱えていました。かれは具体的には何かは不明ですが、彼自身が棘《とげ》と称する病気ないし障がいをもっていたようです。彼はそれを取り除いてくださるように何度も祈ったのです。その祈りは叶えられませんでした。しかしその事を通して彼は啓示を受けました。彼は言います、「わたしは弱さ、侮辱、窮乏、迫害、そして行き詰まりの状態にあっても、キリストのために満足しています。なぜなら、わたしは弱いときにこそ強いからです」（コリントの信徒への手紙二12・10）と。彼は自分の願望、理想から解放され、ありのままの自分、真実の自分を受け止めたのです。そこに力が与えられたのです。

28節で「御計画に従って召された者たちには、万事が益となるように共に働くということを、わたしたちは知っています」、文語訳「凡てのこと相働きて益となるを我らは知る。」というとき、「万事」は、パウロがそうであったように、「好ましいとは思われないことをも」と換言しても何の支障もないように思います。

歩み始めた二〇一六年、我々は苦しいこと、悲しいことに遭遇するかもしれません。しかし我々は、万事を益としてくださるお方に委ねて、永遠の命への希望の内に歩みたいと願います。神は我々を決して見捨て給わないのですから。

《お祈り》

主の年二〇一六年を迎えました。主よこの年、私の思いに囚われて、思い悩みの内に過ごすのではなく、御心を求めて過ごすことができますように、憐れんで信仰をお与えください。今日の日も、病の床にあるもの、礼拝に集うことができない方がおられます。主よ、慰めと希望をお与えください。主にある喜びをお示しください。

主よ、教会の歩みをお守りください。子どもたちの成長にあなたが係わってくださいますように。年を重ね、弱さを覚える者に、あなたにある幸いと平安をお示しください。

東北大震災から五年が経とうとしています。あのとき、混乱の中に十字架が立てられていたことを思い起こします。そこにも主がおられることを示すものであったことを思います。なおも復興のためにあなたが共にいてくださることを知ることができますように。

この年もあなたの御心を求めることを学ぶ年としてください。アーメン

（一月三日）

神に栄光

1 人々からでもなく、人を通してでもなく、イエス・キリストと、キリストを死者の中から復
活させた父である神とによって使徒とされたパウロ、2 ならびに、わたしと一緒にいる兄弟一
同から、ガラテヤ地方の諸教会へ。3 わたしたちの父である神と、主イエス・キリストの恵み
と平和が、あなたがたにあるように。4 キリストは、わたしたちの神であり父である方の御心
に従い、この悪の世からわたしたちを救い出そうとして、御自身をわたしたちの罪のために献げ
てくださったのです。5 わたしたちの神であり父である方に世々限りなく栄光がありますよう
に、アーメン。

ガラテヤの信徒への手紙　1章1－5節

お読みいただきましたガラテヤの信徒への手紙は、使徒パウロが、現在のトルコのアンカラ近辺であったと思われますガラテヤ教会の人々に宛てた手紙です。手紙を書いた使徒パウロは新約聖書の中で、主イエスを除くと我々には最も馴染み深い人物の一人です。彼は使徒言行録21章39節で「わたしは確かにユダヤ人です。キリキア州のれっきとした町、タルソスの市民です。」と自己紹介しています。彼のユダヤ教への思い、熱心さはフィリピの信徒への手紙によく表れています。3章5節以下で彼は「わたしは生まれて八日目に割礼を受け、イスラエルの民に属し、べ

ニヤミン族の出身で、ヘブライ人の中のヘブライ人です。律法に関してはファリサイ派の一員、熱心さの点では教会の迫害者、律法の義については非のうちどころのない者でした。」と語っています。ユダヤ教徒として模範的且つ熱心な生活を送っていたのです。そんな彼には、律法を蔑ろにしていると思える主イエスの弟子たちの存在は我慢ならないものに思えたのです。

その彼が今ガラテヤ教会の人々に手紙を書き、福音を宣べ伝え、また自分が伝えた福音に留まるようにと訴えるのです。迫害していた者が宣べ伝える者となるという、大きな転換はどのようにして生じたのでしょうか。このことについて彼はこの手紙の1章13節以下で触れています。その他にもパウロがダマスコ途上で主イエスと出会った事件が、使徒言行録に記録されています。この事件はパウロがダマスコに近づいたとき、突然天からの強い光を受け、地に倒れたことから始まっています。そしてパウロは自分のユダヤ名サウルで呼びかけられる声を聞いたのです。「サウル、サウル、なぜ、わたしを迫害するのか」（9・4）と呼びかける主イエスの声を聞いたのです。起き上がったパウロは視力を失っていました。が、目から鱗のようなものが落ちて、パウロは視力を回復し、回心したという出来事です。

しかし、この出来事はある日突然何の理由もなく、一方的に主イエスがパウロに言葉掛けをしたのではない筈です。彼の律法への熱心さとか、教会への迫害というのは、彼の満たされない心、不安などの裏返しでしかなかったのではないか、そのように思えるのです。熱心さの裏で、底知れない闇を彼は感じ取っていたのです。光を求めていたに違いないのです。その求めに対して、今申し上げた光があったのではないかと思います。

その闇というのは、教会の伝統の言葉で申し上げれば罪ということになります。そのことは例えばローマの信徒への手紙7章の「内在する罪の問題」との小見出しで、分かりづらい文章ではありますが、そこから我々は彼の抱えていた闇を推察できます。パウロの嘆きを、中《あた》らずと雖《いえど》も遠からずということを願って私なりに申し上げれば、次のようになるかと思います。

パウロの律法への熱心さの根底には、神さまから「お前は義である」と認められたい、つまり救われたい、永遠の命を得たいとの願いがあったと思われます。そのために彼は、数々の掟を文字通り命懸けで守るのです。その積み重ねの中で彼はふと気づいたのです。律法とか掟とかというものは自分が救われるための道具となってしまっているのではないのか、神さまへの従順を装いながらも、結局は自分の欲、宗教的欲望充足の道具でしかないのではないか、ローマの信徒への手紙を引用すれば、貪りでしかないのではないかと気づかされるのです。律法、掟、それら自身が指し示す内容が悪いのではないのです。例えば「盗む勿《なか》れ」という掟が悪いのではないのです。しかしそれを道具にして欲望を満たそうとする自分に悪を見たのです。それが罪なのです。そこで、罪から逃れようと努力するのですが、努力すればするほど、そこに宗教的欲望を追い求める貪りの自分に気づくのです。罪が纏《まと》わりついてくるのです。彼自身の言葉で申し上げればローマの信徒への手紙7章24節で「わたしはなんと惨めな人間なのでしょう。死に定められたこの体から、だれがわたしを救ってくれるでしょうか。」と嘆くのです。ところが25節になりますと、突然調子が変わるのです。新共同訳はそうなっていませんが、パウロの言葉では「感謝」という言葉が最初に出てくるのです。ご復活の主イエスによって、もがき苦しむ自分が既に慈愛の御手に包まれていたことを知らされたのです。不思議な、思い掛けない仕方で神さまとの出会いがあったのです。それが「感謝」という喜びの言葉になったのです。

お読みいただきましたガラテヤの信徒への手紙1章1節以下は、今申し上げましたような苦悶の過去に立って書き始めているのです。「人々からでもなく、人を通してでもなく」とパウロが語ります。この1節最初の「人々」と次に登場する単数形の「人」の違いがどのようなものか、よく分かりません。只ここで人に言及されていますのは、人の貪りの心、人の何かの魂胆、欲望からではなく、律法遵守でもがき苦しんでいた自分に、御手を差し伸べて救ってくださった神さまによって自分は使徒とされたのだ、と訴えたかったということでしょう。その自分が知らされた救い、幸い、福音を、使徒として隣人にも宣べ伝えるように遣わされているのだ、というのです。また2節の「わたしと一緒にいる兄弟一同から」という言葉が示しますのは、この福音の喜びは自分一人のものではなく、多くの人と分かち合っているということを示す意図があったと思われます。

実はパウロがこのガラテヤの信徒への手紙を書いた理由は、ガラテヤ教会の中に、パウロが苦しんできた掟、律法をなお遵守することを求める指導的な立場の人がいたからです。ガラテヤ教会に、いわば反パウロ主義者がいたのです。ガラテヤ教会の人々が彼等に聞き従うことは、自分が散々苦しんできたのと同じ道を歩むことになるのです。パウロはそのようなことを看過できないのです。自分と同じ苦しみに遭わせたくなかったのです。

この1章1節以下は、手紙としての形を踏んだ挨拶となっていますが、それはただ形を整えたものではなく、言葉の端々に、パウロの福音への思い、ガラテヤ教会の人々への強い思いを窺うことができるように思います。

そのパウロがガラテヤ教会の人々のために祈ります。それはキリストの救い、福音にガラテヤ教会の人々が惑わされることなく留まるようにということです。

4節ではキリストが「悪の世からわたしたちを救い出そうと」されたことに言及しています。悪の世とは、先ほど申し上げたように、律法を自分の欲望、貪りのための道具とする世であります。もちろん道具となるのは律法という宗教的なものだけではありません。目に見える形で、見栄と欲望を満たしてくれるものもが律法となる時、その律法は悪の世、平安のない生活をもたらすものとなるのです。しかし、質《たち》が最も悪いのは、宗教的な貪りであります。命と引き替えにしてでもお金を手に入れたいという人はいないでしょうが、自爆して人を殺傷してでも天国に行くという人はいるのです。怖いことです。

パウロは貪りと対極にある、主イエスの十字架という貧しさ、弱さを通して、復活の命、救いを示されたのです。我々の救い、命がここにある、そのことをお示してくださっているのです。我々は弱さの意味を受け止めたいものと願います。

パウロは主イエスの十字架によって罪の世界から解放され、引き揚げられたのです。ですから、パウロに何か誇る所があるのではありません。命は神さまからのいただきものなのですから。神に栄光がありますようにとの祈りには、そのような思いが反映しているのです。我々もまた「何とかしなくては、何とかなる、あれをしなければ」という自力の世界から解放され、「わたしたちの神であり父である方に世々限りなく栄光がありますように」と、御名を讃美する恵みを与えられたいと思います。

《お祈り》

父なる神さま、今日も我々を、御名を讃美するこの礼拝の場に集わしめてくださり感謝します。我々は愚かにも自分の資質や努力で、見える形で喜びの世界を手に入れることができるかのような錯覚に陥ります。経済生活、社会生活のみならず、宗教の世界でも同様です。我々は聖書をとおし、信仰の先達をとおして、我々の思い煩いの前に、御恩寵が既に備えられていることを知らされています。それにも拘らず、我々はその御言葉を自分のものとすることができていません。主よ、我々を憐れみ、我々に信仰をお与えください。御名を讃美する者としてください。

今日の礼拝に集い得なかった兄姉がいます。夫々の場であなたのご慈愛をお示しくださいますように。ご高齢と病の故に弱さを負う者、入院加療中の者、自宅療養中の者、不安を覚える者がいますから顧みてくださいますように。あなたの御恩寵の故に、平和をお与えください。家族に病の者、課題を抱える者がいますから導きをお与えください。
ペルシャ湾を挟んだ国々で緊張が高まっています。また朝鮮半島での核実験が報道されています。主よ、あなたの示される平和を訴えることができますように、
この後もたれます役員会を顧みてくださいますように。
今日からの一週間、ご復活の主イエスの御名を覚えつつ過ごすことができますように。次週礼拝説教くださいます藤原一二三牧師を顧みてください。次週もまたこの場に集い、共に御名を讃美する者としてください。主イエス・キリストの御名によって祈ります。アーメン

（一月一〇日）

福音に立つ

6 キリストの恵みへ招いてくださった方から、あなたがたがこんなにも早く離れて、ほかの福
音に乗り換えようとしていることに、わたしはあきれ果てています。7 ほかの福音といっても、
もう一つ別の福音があるわけではなく、ある人々があなたがたを惑わし、キリストの福音を覆
そうとしているにすぎないのです。8 しかし、たとえわたしたち自身であれ、天使であれ、わ
たしたちがあなたがたに告げ知らせたものに反する福音を告げ知らせようとするならば、呪われ
るがよい。9 わたしたちが前にも言っておいたように、今また、わたしは繰り返して言います。
あなたがたが受けたものに反する福音を告げ知らせる者がいれば、呪われるがよい。10 こんな
ことを言って、今わたしは人に取り入ろうとしているのでしょうか。それとも、神に取り入ろう
としているのでしょうか。あるいは、何とかして人の気に入ろうとあくせくしているのでしょう
か。もし、今なお人の気に入ろうとしているなら、わたしはキリストの僕ではありません。

ガラテヤの信徒への手紙　1章6節ー10節

お読みいただきましたガラテヤの信徒への手紙1章6節で、パウロは「ほかの福音」ということに触れ、7節では「別の福音」、8節では「宣べ伝えた福音に反する福音」と語ります。それらは、表現は異なっても指し示すものは同じです。別の福音、つまり偽の福音とはパウロがもが

き苦しんだ福音、人を苦しめる福音です。つまり律法遵守によって人は救われる、ということを内容としています。パウロがこの手紙をガラテヤ教会の人々に書いたのは、本物の福音と偽の福音を何としても見分けて欲しい、との思いからです。そのためにパウロは手を替え、品を替え、懸命にガラテヤ教会の人々に訴えるのです。一例を挙げれば、「人は律法の実行ではなく、ただイエス・キリストへの信仰によって義とされると知って、わたしたちもキリスト・イエスを信じました。これは、律法の実行ではなく、キリストへの信仰によって義としていただくためでした。」との2章12節の言葉にそのことが示されています。義とされるというのは、救われるということです。ここに明確にパウロの思いが出ているのです。別の見方をすれば、ガラテヤ教会ではパウロの宣べ伝える福音に反して、律法遵守による救いを宣べる人々がいたということです。

律法遵守による救い、それは信仰による神の救いを説く形を取り乍ら、実際は自分の努力、頑張りによって律法を厳格に守り、神から救いを勝ち取ることができるということです。換言すれば自力で救いを得ることができるという考えです。これは人の救いに条件を付けるということです。例えばユダヤ人以外の異邦人と呼ばれている人々は律法を知らないから守れない、律法を守らない者は穢れている、だから救われないとなるのです。穢れているからユダヤ人は彼らと接触することを避けるのです。同じユダヤ人でも、ある人々は律法に抵触しているから救われない、というのです。つまり人の救いは、条件をクリアした人のみが与ることができるというのです。

それはかつてのパウロが陥っていた傲慢という罪の世界の話です。神からの救いを得ようと律法遵守に頑張れば頑張るほど、自力で救済を求めている自分にパウロは気づいたのです。救いは恵みではなくなっていたのです。

救いに律法遵守という条件を付ける信仰、それは敬虔を装いながらも、強い立場にいる者、自分を強いと思い込んでいる人の宗教のように思えます。安息日に働かなくても生活できる経済力のある人、意志堅固にして律法遵守という基準を満たすことができる人のみが救いに与ることができるのであって、基準に満たない人は救われなくても当然のことだからです。

そうであれば経済的な理由で安息日でも働かなければならない人はどうなるのでしょうか。また、ついうっかり律法に抵触した人、誘惑に一度でも負けた人は、もうどうにもならないのでしょうか。もちろん、汚れを浄める規定も律法にはありますが、死刑もあるのです。そもそも律法とか掟という形が整えば救われるというのであれば、神様は見た目で人を裁かれるのでしょうか。それで人は本当に平安、平和を与えられるのでしょうか。人はいつも神の目にビクビクとしなければならないのでしょうか。やはり別の福音、偽の福音は強い立場にいる人、強いと思い込んでいる人の宗教のように思えます。

人はそんなに強い存在なのでしょうか。我々は生まれながらに弱さを負っているのです。律法遵守を訴える人だって、律法遵守を掲げて救いを求めること自体が、自らが抱える不安とか弱さの裏返しではないかと思うのです。それは彼、彼女が抱えている弱さ、不安の表れです。我々は学校・職場の人間関係、仕事、家族、健康などで、いとも簡単に心乱れるのです。けれども我々が抱える弱さを正面から受け止めるところに人の強さの原点があるように思います。真実の基礎の上にしか人は立ち得ないのです。パウロがコリントの信徒への手紙二12章9節で啓示を受けて語った言葉、「わたしの恵みはあなたに十分である。力は弱さの中でこそ十分に発揮される」がそのことをいっています。けれども人の弱さ、脆さを正直に受け止めることは、実に困難なことです。

主イエスはどうだったのかと思う時、主イエスの十字架は実に意味深いものであることに気づかされます。十字架は自分の弱さを受け止めることの象徴のように思うのです。主イエスの十字架は避けよう、逃げようとすればそれが可能だったのです。通行人、祭司長、律法学者たち、さらには一緒に十字架に付けられた者たちからも「他人は救ったのに、自分は救えない。メシア、イスラエルの王、今すぐ十字架から降りるがいい。それを見たら、信じてやろう。」（マルコによる福音書15・31－）などと罵られながら、また十字架ではご自身が「わが神、わが神、なぜわたしをお見捨てになったのですか」と呻くまでの苦しみに遭いながらも、人の負うべき弱さに抗うことなく、弱さ、無力さを舐め尽くして死んでいったのです。

最も身近にいた弟子たちさえも、この惨めな敗北としか思えない主イエスの最期を受止めることができませんでした。けれども三日目に、その主イエスが今も生きておられることに、弟子たちは気づかされたのです。主イエスの御復活です。弟子たちは命が見えたのです。希望を与えられ力を与えられたのです。ここに教会が誕生したのです。

主イエスの恵みは自らの弱さを知る者、弱さを受け止めざるを得ない者に向かって開かれているのです。何かをしたからではなく、自らの弱さを受け止める者に、神のほか寄辺《よるべ》ない者に、神の恵みが示されるのです。人の優しさの原点というのはこんなところにあるように思われます。

随分昔のことになりますが、私が教会幼稚園に係わっていた頃読んだ「キリスト教保育」という、月刊の小冊子の記事を思い起こします。随分時間が経過していますので記憶が曖昧になっていますが、概略次のようなものです。

幼稚園や保育園では健康診断などのために嘱託医を置くことが義務付けられていますが、その嘱託医の書いた記事でした。

幼稚園で怪我をした子どもが嘱託医のところに運ばれて治療しようとするのですが、子どもが泣いて治療がしづらい。そこで何とか泣くのを止めようとするのです。嘱託医は子どもに向かって「痛くない、痛くない」と言い続けたそうです。もちろんそんな言葉に何の効果もなかったのです。ところが、あるとき泣き叫ぶ子に「痛いね、痛いね、頑張ってるね」と言葉掛けをすると、子どもは泣き止んだ、そんな記事でした。たとえ小さい者、弱い者、力ない者であったとしても、その痛みは受け止められ共感されるところで、彼、彼女は力を与えられるのです。

パウロが伝えるのは、主イエスご自身が人の弱さを知る方であり、我々に近づいて下さり、語り掛けてくださる方であるということです。パウロがガラテヤ教会の人々に告げ知らせた福音というのは、今申し上げた人の痛み、弱さ、小ささが顧みられるということです。これができたら、これを我慢したら、つまり律法を遵守したら痛みを取ってあげよう、救ってあげようなどという条件はないのです。

もし私が悲しみに涙する時、今も生きて働き給うご復活の主イエスは、わたしに近づき「辛いね、悲しいね」と言葉を掛けてくださるのです。病に不安を覚えるなら主イエスがその不安を受け止めてくださるのです。人の弱さをご存知の主イエスは、決して人の痛みを無視して、「痛くない、痛くない」などと仰ることはないのです。神は決して我々を見捨て給うことなく、我々に共感してくださる、憐れんでくださるのです。我々はここに慰めと希望を得ることができるのです。力を与えられるのです。

この手紙の2章19節には「わたしは神に対して生きるために、律法に対しては律法によって死んだのです。わたしは、キリストと共に十字架につけられています。」との有名な言葉がありますが、「律法と十字架」が対極に置かれているのです。それは「律法と福音」と換言できるものです。キリストと共に十字架に付けられるとは、自力に依り頼むのではなく、自らの弱さを知らされ、受け止め、慈愛に依り頼むことのように思われます。そこで復活の命を垣間見ることを許されるのです。ですから、福音というのは自らの弱さとか脆さの上に立つことのように思われます。

《お祈り》

わたしたちの主イエス・キリストの父なる神さま、寒さが厳しく感じられる今日も、我々をこの感謝と讃美の場にお集めくださり感謝します。この寒さのせいで集い得ない方がおられますならば、主よ、顧みをお与えください。また、身体に弱さを覚える方々に顧みをお与えください。主にある豊かな慰めをお示しくださいますように。入院加療中の方、自宅療養の方に慈愛を示し、力をお与えください。

主よ、わたしたちは弟子たちと同様に、十字架の前で逃げ出したくなる思いをもつ者です。けれども主よ、たとえ遠くからでも十字架を見る者としてください。目を逸らすことがありませんように、我々もまたご復活の主イエスにお会いできますように、信仰をお与えください。パウロと同様に「わたしの恵みはあなたに十分である。力は弱さの中でこそ十分に発揮される」との御言葉を聴く者としてください。そして主よ、主イエスがそうであられたように、我々もまた弱い立場に置かれた者、病に苦しむ者、主を求める者に目を注ぎ、近づくことができますように、信仰の内実をお与えください。

政治も経済も、強い者がなお強さを求め、豊かな者がさらなる富を求め、弱い者、貧しい者が顧みられることがありません。主よ、我々が与えられた信仰の故に、苦しみ、貧しさにある方々への視線を失うことがないようにしてください。

この後もたれます聖歌隊練習、シャロンの会を顧みてください。今日からの一週間も福音に

立って歩む者としてください。主イエス・キリストの御名によって祈ります。アーメン

（一月二四日）

復活のイエス

11 兄弟たち、あなたがたにはっきり言います。わたしが告げ知らせた福音は、人によるもので
はありません。12 わたしはこの福音を人から受けたのでも教えられたのでもなく、イエス・キ
リストの啓示によって知らされたのです。13 あなたがたは、わたしがかつてユダヤ教徒として
どのようにふるまっていたかを聞いています。わたしは、徹底的に神の教会を迫害し、滅ぼそう
としていました。14 また、先祖からの伝承を守るのに人一倍熱心で、同胞の間では同じ年ごろ
の多くの者よりもユダヤ教に徹しようとしていました。15 しかし、わたしを母の胎内にあると
きから選び分け、恵みによって召し出してくださった神が、御心のままに、16 御子をわたしに
示して、その福音を異邦人に告げ知らせるようにされたとき、わたしは、すぐ血肉に相談するよ
うなことはせず、17 また、エルサレムに上って、わたしより先に使徒として召された人たちの
もとに行くこともせず、アラビアに退いて、そこから再びダマスコに戻ったのでした。

ガラテヤの信徒への手紙　1章11－17節

パウロがガラテヤ教会の人々に手紙を書きましたのは、既に申し上げていますように、自分の宣べ伝えた福音、喜びの知らせの内実が、ガラテヤ教会の一部の勢力によって歪められようとしていたからです。つまり福音が福音でなくなるという惧れを感じていたからです。背景にはガラ

テヤ教会の一部の勢力、つまりにユダヤ教的色彩の強い指導者グループがいて、律法遵守が救いの条件であると訴えていたことがあると思われます。このような人々に対してパウロは1章9節で「あなたがたが受けたものに反する福音を告げ知らせる者がいれば、呪われるがよい。」と強く非難しています。

このように非難したパウロは、非難された人々、つまり律法遵守を訴える人々からの反論を予想しました。その反論というのは、パウロはガラテヤ教会の中で自分の影響力、指導力を維持したいから、自分の説、主張に固執しているのだ、そのような類のものであったと思われます。「こんなことを言って、今わたしは人に取り入ろうとしているのでしょうか。それとも、神に取り入ろうとしているのでしょうか。」と始まります1章10節は、そのように想定された非難に対するパウロの弁明です。「取り入る」あるいは「説得する」というのは、今日的に申し上げれば、多数派工作をするということでしょう。世の常としての多数の力に依り頼むようなことはしていない、そのようなことをするのであれば、自分はキリストの僕ではないということになる、とパウロは反論していたのです。

お読みいただきました11節以下はこの反論の展開部分です。文脈を明確にするためには、新共同訳聖書では訳されていませんが、原文にあります「何故ならば」という言葉があった方が良いと思われます。つまり、自分は多数派工作のために自分の福音を説いているのではないのだ、何故ならば、とパウロは語るのです。パウロが告げ知らせている福音は人に拠るものではないのだから、という繋がりになります。

「人に拠るものではない」と言われますと我々には何かしら神憑り的な響きをもちますが、パウロが言いたかったのは、人が訓練を積み重ねることによってとか、修行、研鑽、研究などの結果、成果としての福音を手に入れたのではないということです。そのような自力の世界を越えたところから、生、命の喜びの光が彼の心深くに射し込んできたのだということです。その喜びがパウロを衝き動かして、伝道者としての道を歩ませているのです。ですから、福音の喜びに衝き動されてのものであって、多数派工作などとは次元の違う話なのだということです。

話しが少し前後しますが、12節で「この福音を人から受けたのでも教えられたのでもない」と語っています。それはユダヤ教の教えの伝達方式、方法が想起されているかもしれません。ユダヤ教では先生から弟子へと教えとか聖書解釈が引き継がれていくようですが、福音はそのようなものではないとパウロは言うのです。そのような連続性、積み重ねは、福音においては断たれているというのです。そのことは自分の経歴を知ってもらえば分かる筈だとパウロは言うのです。またかつてパウロは神の教会、キリストの教会を徹底的に迫害し、荒らしまわっていたのです。また使徒言行録22章3節には「わたしは、キリキア州のタルソスで生まれたユダヤ人です。そして、この都で育ち、ガマリエルのもとで先祖の律法について厳しい教育を受け、今日の皆さんと同じように、熱心に神に仕えていました。」とのパウロの過去が紹介されています。パウロの師、ガマリエルについては同じく使徒言行録で「民衆全体から尊敬されている律法の教師で、ファリサイ派に属するガマリエルという人」（使徒言行録5・34）と紹介されています。つまりパウロはユダヤ教のど真ん中で若い日を過ごし、同年配の人々の中でも熱心さでは人後に落ちない生活を送っていたのです。

しかし、福音を知るということは、今申し上げたように我々の生き方の連続性、継続性を断つことです。パウロがコリントの信徒への手紙二5章17節で「だれでもキリストにあるならば、その人は新しく造られた者である。古いものは過ぎ去った、見よ、すべてが新しくなったのである。」と指摘しているように、生活が一新するのです。そのような福音を知ったパウロにしてみれば、多数派工作などという発想は、福音を知る以前の闇に逆戻りすることでしかないのです。

パウロは生き方が変えられたのです。フィリピの信徒への手紙3章8節で「わたしの主キリスト・イエスを知る知識の絶大さのゆえに、わたしはすべてを失ったが、それらのものを、いっさいのものを損と思っている。キリストのゆえに、わたしはすべてを失ったが、それらのものを、ふん土のように思っている。」と語るとおりです。世の中の見え方がすっかり変えられた証言です。どのような経過でそのような思いに至ったかが16節に語られています。パウロは言います、「御子をわたしに示して」と。

ところでパウロはさりげなく「御子をわたしに示して」くださったと語りますが、実は此処で語られている「御子」はご復活の主イエスです。ここで一言申し上げますと、16節は口語訳では「御子をわたしの内に啓示して下さった」となっていました。口語訳の方が原文に忠実な訳であり、新共同訳聖書も同様にすべきだったと思います。つまりご復活の主イエスとパウロが相対し、パウロが御復活の主イエスを見ることができたということではなく、パウロの内に、ご復活の主イエスが生きて働いてくださったのです。

パウロはコリントの信徒への手紙一9章1節で「わたしは自由な者ではないか。使徒ではないか。わたしたちの主イエスを見たではないか。」と語っていますが、それは使徒たちがその肉の目で、視覚的に主イエスを見たということではなく、我が内に御復活の主イエスを啓示されたということを指していると思われます。そのことは次のようなパウロの言葉から頷けることです。彼は言います、「見えるものに対する希望は希望ではありません。」（ローマの信徒への手紙8・24）とか、「わたしたちは見えるものではなく、見えないものに目を注ぎます。見えるものは過ぎ去りますが、見えないものは永遠に存続するからです。」（コリントの信徒への手紙二4・18）、「目に見えるものによらず、信仰によって歩んでいるからです。」（同5・7）と。このような彼の言葉の延長線上に主イエスの御復活についての言及があるのです。我が内に復活の主イエスが生きて働いてくださっていることを、パウロは啓示されたのです。パウロが語る復活とは、このような事柄を指すものと思います。パウロがガラテヤの信徒への手紙2章20節で「生きているのは、もはやわたしではありません。キリストがわたしの内に生きておられるのです」と語っていることに通じることなのです。それは只々神の一方的な恵みでしかないのです。11節の「わたしが告げ知らせた福音は、人によるものではありません。」はこの恵みを語るものであり、15節の「わたしを母の胎内にあるときから選び分け、恵みによって召し出してくださった」のもまた神の一方的な恵みを語るものです。その恵みは預言者イザヤも「主は母の胎にあるわたしを呼び／母の腹にあるわたしの名を呼ばれた」（イザヤ書49・1）と語り、同様の恵みを預言者エレミヤも語っています（エレミヤ書1・5）。

内なる御子、御復活のキリストがパウロに永遠の命の世界を示したのです。その喜びは何もユダヤ人に限られたものではなく、全世界へ、全ての人に開かれているのです。16節の「福音を異邦人に告げ知らせるようにされた」とは、パウロの喜びの大きさ、真実性を語るものでしょう。その喜びをガラテヤ教会の人々にも何とか分かって欲しいのです。

啓示とは、覆っているもの、カバーが取り除かれるということを意味する言葉ですが、我々もまた啓示を与えられ、今も生きて働き給う復活の主イエスの命の喜びに与りたいと願います。

《お祈り》

我々の主イエス・キリストの父なる神さま、今日も我々をこの礼拝の場に招いてくださいましたから感謝します。時と場を与えられ、讃美の声を共にすることは大いなる幸であることを知る者としてください。一方、様々な事情で集い得ない方も多くなっています。主よ、そのような兄姉を顧みてください。病の故に入院加療されている方、自宅療養されている方、足腰が弱っている方、痛みを覚えている方がおられます。「母がその子を慰めるように／わたしはあなたたちを慰める。」（イザヤ書66・13）とのたまう主よ、あなたが慰めと希望をその方々にお示しくださいますように。

主よ、今日我々は啓示という言葉に接しました。我々がどれほど予断偏見から解放され、真実を見ていることであろうかと思わされます。主よ、我々を憐れみ、真実を知る信仰をお与えください。我々を支える慈愛を知る者としてください。わたしたちの教会があなたの恵みを知らされ、あなたの御名を讃美する教会となることが出来ますよう、守り導いてください。そのために主よ、御前にあって高ぶることなく、心低くし、己の限りある者であることを弁え、祈り求める者としてください。

先週は一人の国務大臣が金銭問題で辞任しました。いまなお口利き政治のあることは当然のことに違いないと思わされました。我々には金銭という大きな誘惑があります。我々は自らをそのような誘惑の埒外に置くことなく、惑わされることなく、御言葉に立って歩む者としてください。

この後もたれます聖歌隊の練習を祝し、讃美を用いてください。

今日からの一週間、あなたからの福音を覚えつつ過ごす者としてください。我々の主イエス・キリストの御名によって祈ります。アーメン

（一月三一日）

慈愛によって

15 わたしたちは生まれながらのユダヤ人であって、異邦人のような罪人ではありません。16 け
れども、人は律法の実行ではなく、ただイエス・キリストへの信仰によって義とされると知っ
て、わたしたちもキリスト・イエスを信じました。これは、律法の実行ではなく、キリストへの
信仰によって義としていただくためでした。なぜなら、律法の実行によっては、だれ一人とし
て義とされないからです。17 もしわたしたちが、キリストによって義とされるように努めなが
ら、自分自身も罪人であるなら、キリストは罪に仕える者ということになるのでしょうか。決し
てそうではない。18 もし自分で打ち壊したものを再び建てるとすれば、わたしは自分が違犯者
であると証明することになります。19 わたしは神に対して生きるために、律法に対しては律法
によって死んだのです。わたしは、キリストと共に十字架につけられています。20 生きている
のは、もはやわたしではありません。キリストがわたしの内に生きておられるのです。わたしが
今、肉において生きているのは、わたしを愛し、わたしのために身を献げられた神の子に対する
信仰によるものです。21 わたしは、神の恵みを無にはしません。もし、人が律法のお陰で義と
されるとすれば、それこそ、キリストの死は無意味になってしまいます。

ガラテヤの信徒への手紙　2章15－21節

聖書を読んでいますと、思わず「エッ?」と言ってしまいそうな箇所があります。只今お読みいただきましたガラテヤの信徒への手紙2章15節の「わたしたちは生まれながらのユダヤ人であって、異邦人のような罪人ではありません」というパウロの言葉も、その一つではないでしょうか。ユダヤ人は生まれながらに罪人ではない、一方異邦人、つまり非ユダヤ教徒は生まれながらに罪人だと言っているからです。少なくとも現代人の感覚からすれば、これは民族差別ではないかと受け止められるからです。しかし、パウロのこの文章を、もう少し文脈に沿ってみてみますと、パウロが自分の考えとして、今申し上げました15節の言葉を語っているのではないことに気づかされます。

「文脈に沿って」と申し上げましたが、この15節は「パウロ、ペトロを非難する」との小見出しが付せられた11節以下の話しが展開されている部分です。そこには異邦人と一緒に食事をしていたペトロが、律法遵守を重視する主イエスの兄弟であるヤコブのところから派遣されてきた人々の来訪を受けて、食事を共にすることを止めてしまったことが記されています。何故食事を共にしなくなったのか。それは異邦人は律法を知らない、知らない律法は守れない、律法を守らないから罪で穢れている、汚れている者と接する者はその穢れが自分にも伝染する、従って異邦人と食事をすることは自分に穢れを招き自分も穢れた者となる、だからペトロさん、あなたは穢れている、律法主義者ともいうべき人々からのこのような非難をペトロたちが恐れたからであろうと思われます。しかし教会はそのような律法主義、つまり自力救済の思いから解放されている筈ではないか、というのがパウロの非難の趣旨です。そのことについてパウロはペトロに対して「あなたはユダヤ人でありながら、ユダヤ人らしい生き方をしないで、異邦人のように生活しているのに、どうして異邦人にユダヤ人のように生活することを強要するのですか。」と抗議したのです。

元来、掟というものは、エジプトで奴隷としての苦しみを味わい、自分たちの弱さをとことん知らされたイスラエルの民が、神の導きによりエジプトから解放された恵み、慈愛を知らされた者が、その恵みに応える形だった筈です。その応答の形である律法が今、人を裁き、排除し、自らを何か偉い者、強い者とする道具と化してしまっているように思われます。これは宗教の歪みであり、人の罪というものが如何なるものかを示しているように思われます。

このような事態を受けてパウロは「わたしたちは生まれながらのユダヤ人であって、異邦人のような罪人ではありません」というのです。これは以前にも申し上げましたが、ここでもパウロは反対者の意見を想定して話を進めているのでしょう。つまり、「わたしたちは生まれながらのユダヤ人であって、異邦人のような罪人ではありません」と律法主義のあなた方は言う、「しかし」と16節に話を進めるのです。つまり律法を知っている、掟を守っているということが神に受け入れられる、救われるということにはならないのだよ、と話しを進めるのです。律法遵守ではなく、「ただイエス・キリストへの信仰によって義とされる」というのです。

しかし此処で新共同訳の訳が問題となるのです。新共同訳だけではなく、多くの翻訳が「イエス・キリストへの信仰」と16節を訳しています。しかし、素直にと言いますか、単純に訳しますとそのような訳にはならないのです。素直に訳すと「イエス・キリストの信仰によって」となります。そうしますと「イエス・キリストの信仰によってのみ救われる」ということが何を意味するか不明瞭になります。そこで意味を通すために「イエス・キリストへの信仰」と訳されたのでしょう。

ところで既に何度かご紹介しているところですが、この「信仰」という言葉の訳が問題なのです。その問題を明らかにする手掛りが、同じ言葉が信仰とは訳されていない箇所にあるように思います。ローマの信徒への手紙3章3節です。「彼らの中に不誠実な者たちがいたにせよ、その不誠実のせいで、神の誠実が無にされるとでもいうのですか。」という箇所です。この「神の誠実」の「誠実」が、今日のガラテヤの信徒への手紙で信仰と訳されている言葉と同一のものです。「信仰」と訳されている言葉の基本的な意味は誠実さとか、信実、忠実をあらわします。この語の形容詞形は、確実な、真実な、信頼すべき、忠実ななどの訳語が与えられていることからもその事情を察することが出来ます。コリントの信徒への手紙一10章13節では「あなたがたを襲った試練で、人間として耐えられないようなものはなかったはずです。神は真実な方です。あなたがたを耐えられないような試練に遭わせることはなさらず、試練と共に、それに耐えられるよう、逃れる道をも備えていてくださいます」とありますが、その「真実な」です。ですから16節は週報の〈今週の聖句〉欄に載せていますように「イエス・キリストのまことによって義とされる」とか「イエス・キリストの信実によって」とした方が元の意味をよりよく表すと思われます。

この誠実さ、まことは何に対するものなのか。それは約束された我々に対する神の愛についての誠実さです。ですから、私は今日の16節は「ただ、イエス・キリストの慈愛によって義とされる」と訳しても良いと思っています。何処までも我々を追い求めてくださる主イエスの慈愛によって、我々は救われるのです。その慈愛の誠実さ、まこと、信実が十字架という形を取ったのです。神は御子を十字架での死に渡すまでに「まこと」「信実」な方なのです。律法遵守ではなく、十字架の愛によってこそ、イエス・キリストのまこと、十字架の愛によってこそ人は救われると知って、16節の後半部で「我々もまたキリスト・イエスを信じた」とパウロは言うのです。

さて、「我々も」信じたと言いますが、「我々も」の「も」が示すもう一方の信じる者は誰でしょうか。「信じる」というのは「信仰」という言葉の動詞形です。つまり主イエスが先んじて我々にまこと、信実を示して下さった、そのまこと、慈愛に誠実に、まことをもって向き合い、応える、それが「我々も信じた」という言葉の「も」が指し示すものです。つまり我々の信仰は、神の慈愛、まことを知らされ、それに誠実に向き合い、応答していくことです。そこに我々の命、喜び、感謝があるのです。新しい生活が始まるのです。

19節でパウロが「律法に対しては律法によって死んだのです」と語りますように、今までのパウロは死んだのです。律法遵守という自力世界の闇を見て、そのような律法との係わりのない世界に光を見たのです。ですからパウロは言うのです、20節、「わたしが今、肉において生きているのは、わたしを愛し、わたしのために身を献げられた神の子のまことによるものです―と。神の慈愛、まことを知らされ、彼は救われたのです。喜びの命を与えられ、生かされているのです。

パウロに示された神のまこと、慈愛、信実は、もちろんパウロでお仕舞いになっているのではないのです。今に生きる我々にも向けられているのです。今も生きて働き給うのです。ご復活の主イエスが今日も我々に「まこと」をお示し下さっているのです。我々もまた、まこと、誠実をもって応えて生活する者でありたいと思います。

《お祈り》

主イエス・キリストの父なる神さま、今日も我々をこの礼拝の場にお集め下さり感謝します。我々へのまことをお示し下さり、慈愛をお示し下さいますから感謝です。我々は教会も個人も夫々に課題、困難を抱えて暮らしています。不安も弱さも抱えています。けれども主よ、「神は真実な方です。あなたがたを耐えられないような試練に遭わせることはなさらず、試練と共に、それに耐えられるよう、逃れる道をも備えていてくださいます」とのお約束をいただいていますから感謝します。御言葉の確かさを知る信仰、信頼を与えて下さい。

しかし主よ、今日の日を覚えつつも集い得ない方々を覚えます。様々な事情がありますから一人一人にお臨み下さり、慰めと希望をお与え下さい。殊に病で入院されている方、自宅療養されている方を顧み、主に在って明日への力をお与え下さい。

主よ、主イエスが世に在って弱い立場に立たされた者、病を負う者、いわゆる障がいをもつ者に慈愛というまことを示されたように、我々もまた自らのことにのみ心奪われることがありませんように。

今週の水曜日からレントに入ります。主よ、主イエスの御生涯から我々は、愛することは自ら苦しみを受けることでもあることを示されます。このとき、その事を知る者として下さい。

この後もたれます聖歌隊の練習を顧みて下さい、讃美の力をお示し下さい。懇親のときを顧みて下さい。

台湾で大きな地震が起きました。救助活動を導き、愛するものを失った方を顧み、復旧の道が備えられますように。

今日からの一週間、わたしたちのために身を献げられた御子のまことを思いつつ過ごす者として下さい。主イエス・キリストの御名によって祈ります。アーメン

（二月七日）

十字架のキリスト

1 ああ、物分かりの悪いガラテヤの人たち、だれがあなたがたを惑わしたのか。目の前に、イ
エス・キリストが十字架につけられた姿ではっきり示されたではないか。2 あなたがたに一つ
だけ確かめたい。あなたがたが〝霊〟を受けたのは、律法を行ったからですか。それとも、福音
を聞いて信じたからですか。あなたがたは、それほど物分かりが悪く、〝霊〟によって始めたの
に、肉によって仕上げようとするのですか。4 あれほどのことを体験したのは、無駄だったの
ですか。無駄であったはずはないでしょうに……。5 あなたがたに〝霊〟を授け、また、あな
たがたの間で奇跡を行われる方は、あなたがたが律法を行ったから、そうなさるのでしょうか。
それとも、あなたがたが福音を聞いて信じたからですか。6 それは、「アブラハムは神を信じ
た。それは彼の義と認められた」と言われているとおりです。

ガラテヤの信徒への手紙　3章1－6節

我々が現在使用しています新共同訳聖書には一四〇回以上福音、つまり良い知らせという言葉が登場しています。パウロはその福音をガラテヤ教会の人々に伝えたのですが、しかしその福音が福音でなくなってしまっているではないか、とパウロは嘆くのです。折角与えられている喜び、命の道を失って欲しくない、そのような思いがこのガラテヤの信徒への手紙になったので

す。

良い知らせ、それは喜びの知らせ、律法から解放の知らせです。つまり人は律法を守ることによって神の恵みを得ることが出来る、救いを与えられるという傲慢からの解放です。人の救いに条件を付けることからの解放です。私は自分の人生を自分の力で、努力で何とか切り開くことが出来る、切り開かなければならないという思い、重荷からの解放される喜びです。パウロはその解放、救いを主イエスから与えられたのです。自分が今生きている、生かされているのは主イエスの慈愛、まことに依るのだというのです。先週お読みいただきましたガラテヤの信徒への手紙2章20節はそのようなことを指し示しているものでした。

20節は新共同訳では「わたしが今、肉において生きているのは、わたしを愛し、わたしのために身を献げられた神の子に対する信仰によるものです。」とありますが、申し上げましたように、正確には「神の子に対する信仰」ではなく「神の子の信仰」によって生きている、ということです。私が私の信仰によって生きているのではなく、私は神の子の信仰、つまり神の子の信実、まこと、慈愛によって生かされているのです。

パウロは信仰という言葉をいろんなニュアンスで使用しています。先週は「信仰と訳されている言葉の基本的な意味は誠実さとか、信実さ、忠実をあらわします」と申し上げました。信仰という言葉は、相手が今申し上げました誠実、忠実、信実であるとき、その誠実さ、真実を表すと共に、それに応答するものとしての誠実さについても使用されるものです。このような事情から

「神の子の信仰」を「神の子のまこと」によって生きている、と訳される方もおられます。そのまこと、信実の極みが十字架です。

しかし、今ガラテヤ教会ではその十字架が蔑ろにされてきたのです。その危機感が2章の最後の節で「人が律法のお陰で義とされるとすれば、それこそ、キリストの死は無意味になってしまいます。」と記されていることに示されています。神さまの誠実さ、慈愛の象徴である十字架の意味が霞んでしまっているのです。キリストの死は無意味なものだったのかと、パウロは問うのです。

お読みいただきましたガラテヤの信徒への手紙の3章1節以下では、このことを受けて話しが進められていくのです。「ああ、物分かりの悪いガラテヤの人たち」と少し感情の高ぶりを感じさせる表現をしながら、「だれがあなたがたを惑わしたのか」と続けます。

パウロが2節以下で言及しますように、ガラテヤ教会の人々もパウロの言葉を受け容れ、福音の喜びを知らされたのです。そのガラテヤ教会の人々を、ユダヤ教的色彩の強い人々はどのような言葉で惑わしたのか、我々はそれを知ることは出来ません。そこで少しだけ想像してみたのです。ここで使用されています「惑わす」という言葉に次のような説明が辞書にあります、「妬みの目で見つめて毒する。羨みと悪意の視線で相手に災いを及ぼす」と。もしかしたら、福音を素直に受け入れることの出来ない人々、律法遵守の縄目から解放されていない人々の内に、福音の自由さ、喜びを密かに妬む人々がいたのではないか、そのように推測することもできるのではないかと思っています。この手紙の2章4節に「彼らは、わたしたちを奴隷にしようとして、わたしたちがキリスト・イエスによって得ている自由を付けねらい、こっそり入り込んで来たのでした」と語っていることと相通じるものがあるように思います。何れにしましても、福音というものは我々を自由にするということは間違いありません。

キリストの十字架での死について、その死は決して意味のないものではない、否、其処にこそ我々の救い、義があるのだとパウロは言うのです。同じ十字架でありますが、無意味に見える人がいる一方、救いを見る人がいるのです。その見え方は対極的です。一方では意味のないものということに留まらず、悲惨、敗北を見てしまうのです。もう一方には神の義、救いをみるのです。ガラテヤ教会の人々は、十字架に救い見たではないか、その時のことを今一度思い起こして欲しい、それがパウロの願いです。ですから4節で「あれほどのことを体験したのは、無駄だったのですか。」と訴えるのです。

「あれほどのこと」が何を指すのか。当事者間では当然容易に了解出来たのです。しかし、もはや我々にはそれが何かは分かりません。言えることは、ガラテヤ教会の人々が、何か苦しく、辛い目に遭ったということです。その苦しさの中で、ガラテヤ教会の人々は自分たちの弱さ、惨めさ、人生の敗北、絶望を見たに違いありません。

そのときガラテヤ教会の人々に、パウロが語る十字架のイエス・キリストが鮮やかに示されたのです。自分たち以上に惨めさを味わい、弟子たちから見捨てられ、傍らを通る人々から罵られた十字架のイエス・キリストが見えたのです。しかし、その十字架は神が御働きになる場、復活の場となったのです。闇に光が射した、そのような喜びの経験がガラテヤ教会の人々にあったに違いないのです。

ガラテヤ教会の人々は十字架からのメッセージを聞いたのです。「弱さを味わっているあなたたちは決して神から見捨てられているのではない。如何なる状況にあろうとも、なお御手の中にあり、導きと慈愛の内にいるのだ、ごらん、十字架で朽ち果てた筈の私は今もなお生きている、今なお、あなたのために祈り導いている」、そのような声を聞いたのです。そのキリストの声、姿は決してその場限りのものではない、今もあなたたちの前にあり、御声は響いているのだ、そのことを理解してほしいとパウロは説得するのです。

因みに岩波書店版では、この3章1節が次のように訳されています。「ああ、無分別なガラテヤ人たちよ。あなたがたには両目の前に、十字架につけられてしまったままのイエス・キリストが公に描き出されたのに、誰があなたがたをたぶらかしたのか。」と。この訳では「十字架につけられてしまったままのイエス・キリスト」という表現です。パウロがここで所謂完了形を使用していることを反映させているのです。つまりイエス・キリストの十字架は過去の出来事ではあるけれど、しかし、今もなお苦しみや挫折、自らの弱さを十字架で負って下さっているのです。謙る者、弱さ、悲しさ、無常、無情を知る者に、「あなたたちは決して神から見捨てられているのではない。如何なる状況にあろうとも、なお御手の中にあり、導きと慈愛の内にいるのだ、十字架で朽ち果てた筈の私は、今もなお生きている、今なお十字架で、あなたのために祈り導いている」と語り掛けてくださっているのです。ここに主イエスのまこと、信実があります。もちろん、ガラテヤ教会の人々のみならず、今に生きる我々に語り掛けて下さり、働いて下さっているのです。我々もまた自らの弱さ、限りあることを知らされ、神の慈愛、まことに感謝し、喜び、讃美の歩みをしたいと願います。

《お祈り》

恵みの神さま、今日も我々はこの場に集い、御名を讃美する礼拝に与ることが出来ました、感謝します。我々は愚かにも与えられている恵みを、恵みとして受け止めることは極めて限られたものであることを知っています。病気や怪我、事故や災害の可能性のあること、年を重ねること、誰もが知っている筈のそれらの出来事に出くわすとき、不安を覚え、混乱してしまいます。さらに主よ、我々はあなたが備えて下さっている恵みも深く受け止めることができていません。その一方、華やかなことや、見た目の良さに心奪われる者です。主よ、我々を憐れみ、あなたの信実を見る信仰をお与えください。決して我々を見放し給うことのないあなたのまことに委ねる者として下さい。

教会暦では先週の水曜日から受難節に入りました。この時、主よ、十字架の御苦しみが神のまことを示すものであることを知り、また自らの限りあることを知る者として下さい。弱さの内に自分の本当の姿を見、またあなたの恩寵を知る者として下さい。

主よ、今日の礼拝を覚えつつも集い得ない方々を覚えます。様々な事情がありますが、それらを主よ顧みて下さいますように。入院中の方、家族に病を抱える方に慰めをお示し下さい。年を重ねる者の痛み、不安を顧みて下さい。

我々は十字架と共に主イエスのご復活のあることを知らされています。十字架とご復活が表裏を成すものであることを知る者として下さい。イースターの日に洗礼を受けるため、備えの時を過ごしている兄がいますから祝して下さい。

今日から始まります一週間、そして受難節の時、主イエスのご受難と、我々に示されています恩寵とを思いつつ過ごす者として下さい。主イエス・キリストの御名によって祈ります。アーメン

（二月一四日）

7だから、信仰によって生きる人々こそ、アブラハムの子であるとわきまえなさい。8聖書は、
神が異邦人を信仰によって義となさることを見越して、「あなたのゆえに異邦人は皆祝福される」
という福音をアブラハムに予告しました。9それで、信仰によって生きる人々は、信仰の人ア
ブラハムと共に祝福されています。10律法の実行に頼る者はだれでも、呪われています。「律法
の書に書かれているすべての事を絶えず守らない者は皆、呪われている」と書いてあるからで
す。11律法によってはだれも神の御前で義とされないことは、明らかです。なぜなら、「正しい
者は信仰によって生きる」からです。12律法は、信仰をよりどころとしていません。「律法の定
めを果たす者は、その定めによって生きる」のです。13キリストは、わたしたちのために呪い
となって、わたしたちを律法の呪いから贖い出してくださいました。「木にかけられた者は皆呪
われている」と書いてあるからです。14それは、アブラハムに与えられた祝福が、キリスト・
イエスにおいて異邦人に及ぶためであり、また、わたしたちが、約束された〝霊〟を信仰によっ
て受けるためでした。

ガラテヤの信徒への手紙　3章7－14節

今我々が学んでいますガラテヤの信徒への手紙につきましては、何度も申し上げて恐縮です

だ、ガラテヤ教会の人々が福音ならざる福音、偽福音に惑わされているという危機感をもった使徒パウロが、何とか福音に留まるように、福音の喜びを取り戻して欲しい、との思いで書いたものです。福音ならざる福音とは、律法とか掟といわれているものを遵守することによって、神の恵みを我がものにしよう、また我がものにできるとする思いであり、生き方、信仰でした。非ユダヤ教の地域であるガラテヤ教会に、今申し上げた律法遵守を訴える偽福音を持ち込もうとするユダヤ教的信仰のキリスト者がいたのです。

お読みいただきました3章にアブラハムが登場しますのは、今申し上げましたユダヤ教的色彩の強い人々と共通の話題で話しができる、律法遵守を説く人々に反論できる、また福音を証しできるという思いが、パウロにあったからだと思います。そのテーマとなったのが7節に出ています「アブラハムの子」ということです。つまり律法遵守を説く人々も、またパウロたちも、共に自分たちを「アブラハムの子」としていたのです。ユダヤ教的色彩の強い人々にとって、アブラハムの子という言葉に含まれる思いは、個人の救いというものはアブラハムの子たちの共同体であるイスラエルに属するか否かによって決まるということです。その共同体は律法という絆で結ばれているのであり、割礼はその絆の見える徴だったのです。

そうしますと、割礼のない者、律法を守らない者、律法を知らない者は、イスラエル共同体に属さず、救いとか義といわれているものと係りのない者であり、穢れを負い、救いから弾き出されている存在ということになります。

ユダヤ教的色彩の強い人々が、自分たちを当然のこととしてアブラハムの子としていることに対して、パウロは疑問を呈し、反論するのです。それがお読みいただきました3章7節です。パウロは「信仰によって生きる人々こそ、アブラハムの子であるとわきまえなさい」というのです。直前の6節では「アブラハムは神を信じた。それは彼の義と認められた」と創世記15章6節の言葉を引用していましたが、7節はこの言葉を受けるものです。この創世記の言葉はローマの信徒への手紙4章でも引用されています。パウロにとっては、自分の信仰を説明し、律法遵守を救いの条件とする人々を論破するのに大事な聖書の箇所であったことが窺えます。そのローマの信徒への手紙の方が、彼の論法を理解するには分かりやすいと思われますので、そこを少し読んでみたいと思います。ローマの信徒への手紙4章9節以下では「『アブラハムの信仰が義と認められた』のです。どのようにしてそう認められたのでしょうか。割礼を受けてからですか。それとも、割礼を受ける前ですか。割礼を受けてからではなく、割礼を受ける前のことです。アブラハムは、割礼を受ける前に信仰によって義とされた証しとして、割礼の印を受けたのです。」と語っています。つまり、アブラハムはモーセ以前の人であり、律法とか掟が与えられる前にアブラハムが義と認められている、救われているのだから、律法遵守が救いの条件になることはないではないか、律法という条件がないのであればイスラエルの人々のみがアブラハムの子ということにはならない、という話しの展開です。ですから7節、「だから、信仰によって生きる人々こそ、アブラハムの子であるとわきまえなさい」とパウロは訴えるのです。

人の救い、人が義とされること、神の恵みを受けるのに律法とか掟という縛りはないということは、律法による救いを求めていたパウロ自身が啓示を受けたのです。そうするとアブラハムが義とされたのは、異邦人も神さまの祝福を受けるということに道を開くためのものであった、ということが見えてきたのです。このことを裏面からいえば、救いに律法遵守という条件を付ける者、ユダヤ教的色彩の強い者は自らが呪われているということになる、と10節で語ります。その根拠付けとしてパウロは11節で「正しい者は信仰によって生きる」とのハバクク書2章4節の言葉を引用したのです。

ところで、先ほど3章6節の「アブラハムは神を信じた。それは彼の義と認められた」との言葉は、創世記15章6節の引用と申しました。ここで引用されている「信じた」という言葉は、旧約聖書の言葉でありますヘブライ語では「アーマン」という言葉が使用されています。この言葉は我々が日常的に使用しています「アーメン」という言葉と親戚関係にあるものです。11節「正しい者は信仰によって生きる」の「信仰」もまた「アーマン」からの派生語です。さらに「真実、真理（エメス）、まこと」もまた仲間の言葉です。そして信仰、信じる、忠実、誠実、信実、真理それらの言葉は共通して、「確かさ、揺るぎなさ」という基本的な意味があるのです。どのような確かさかというと、神様の人に対する思い、つまり慈愛の確かさ、揺るぎなさです。さらに真実という言葉と、憐れみ、慈しみを表す言葉（ヘブライ語でヘセド）は詩編などでは、しばしばセットで同義語的に用いられています。つまり神の「確かさ、揺るぎなさ」と「慈愛」は同義語的なものであることを示しています。例えば詩編115編1節に「わたしたちではなく、主よ／わたしたちではなく／あなたの御名こそ、栄え輝きますように／あなたの慈しみ（ヘセド）とまこと（エメス）によって。」とある通りです。また今朝交読しました詩編40編12節の「慈しみ（ヘセド）とまこと（エメス）によって／いつもわたしをお守りください。」も同様です。

　ですから「アブラハムは神を信じた」というとき、それは神の憐れみ、慈しみを確かなものとして受けとめた、さらには感謝した、讃美した、そのようなことをも内に含んでいるように思われます。11節のハバククの言葉も同様です。少し補足して申し上げれば、正しい者、義人は、信仰、というよりは寧ろ神の慈愛の確かさ、まことによって生きる、そのように表現できるかと思います。因みに「まこと」という語は、言葉のコトと、出来事のコトに、接頭辞として、「真《ま》に受ける」のマが付いたものだそうです。神の「まこと」は、真実の言葉を語られ、信実の業を働かれた主イエスによって鮮やかに示されているのです。

　その「まこと」の極みが十字架となり、キリストは我々を贖ってくださったのです。我々を贖うとは文字どおりには買い戻すということです。買い戻しの代価は主イエスの命でした。主イエスの命をもって我々の命、永遠の命、まことの命、喜びと感謝の生活、優しさと奉仕の生活を買い戻してくださったのです。時代を超え、状況を超え、全ての者にこの神のまこと、贖いが備えられているのです。その確かさは死の縄目をも解き放つものだったのです。それがイースターの出来事、復活の出来事となったのです。今日の我々の背後には、この主イエスの命の痛み、まことがあるのです。感謝してそのことを日々に覚える信仰生活、教会生活を送りたいものと願います。

《お祈り》

主イエス・キリストの父なる御神、今日も我々をこの礼拝の場にお集めくださり、感謝します。主イエスの御苦しみが、私どもが喜びと感謝をもって生きるためのものであることを知らされます。主よ、レントの今、我々の日々が如何に多くの方々の優しさ、奉仕、犠牲の上に与えられているものであるかを知る者としてください。またそれに応える誠実さ、優しさを、奉仕を為すことができますように、我々に信仰をお与えください。

今日の礼拝を覚えつつも集うことのできていない方がいます。夫々の事情を顧みてください。病の故に集いえない方、痛みを覚えておられる方、外出が儘ならない方、不安を覚える方々を顧みてくださいますように。同時にこの我々を支えてくださる方がいらっしゃることを知ることができますように。

久しく教会に集いえない方々がいます。様々な事情がおありでしょう。しかし、主よ、あなたに在る幸いが備えられていることを知ることができますように、願わくは礼拝の場に集うことができますように。

この後南部地区の総会があります。その総会もあなたの恵みを覚えることができますように。

今日からの一週間、御手の支えを覚えつつ過ごす者としてください。我々の主イエス・キリストの御名によって祈ります。アーメン

（二月二一日）

慈しみの約束

15 兄弟たち、分かりやすく説明しましょう。人の作った遺言でさえ、法律的に有効となったら、
だれも無効にしたり、それに追加したりはできません。16 ところで、アブラハムとその子孫に
対して約束が告げられましたが、その際、多くの人を指して「子孫たちとに」とは言われず、一
人の人を指して「あなたの子孫とに」と言われています。この「子孫」とは、キリストのことで
す。17 わたしが言いたいのは、こうです。神によってあらかじめ有効なものと定められた契約
を、それから四百三十年後にできた律法が無効にして、その約束を反故にすることはないという
ことです。18 相続が律法に由来するものなら、もはや、それは約束に由来するものではありま
せん。しかし神は、約束によってアブラハムにその恵みをお与えになったのです。19 では、律
法とはいったい何か。律法は、約束を与えられたあの子孫が来られるときまで、違犯を明らかに
するために付け加えられたもので、天使たちを通し、仲介者の手を経て制定されたものです。20
仲介者というものは、一人で事を行う場合には要りません。約束の場合、神はひとりで事を運ば
れたのです。

ガラテヤの信徒への手紙　3章15－20節

お読みいただきましたガラテヤの信徒への手紙3章15節以下でパウロは「兄弟たち、分かりや

すく説明しましょう」と語り始めます。そして今日は20節までお読みいただきましたが、我々は何処が「分かりやすい」のかと思ってしまいます。もちろんパウロはわざと分かりづらく書く筈がありません。何故なら、何とかガラテヤ教会の人々に福音を分かって欲しい、福音を受け止めて欲しいとの強い思いからのこの手紙を書いているのですから。ですからパウロ当時の人々にとっては、少なくとも我々よりは理解しやすいことを語っていた筈です。文化、宗教、時代の隔たりを感じます。

さて、パウロが「分かりやすく説明しましょう」と言いますが、何についての説明なのかということを、文脈に沿って見ておきたいと思います。直前の段落、3章1節以下の段落には「律法によるか、信仰によるか」との小見出しが付けられています。この段落については先週と先々週の2週に亙って見てまいりました。そこで我々が「律法によるか、信仰によるか」との小見出しを言い換えれば「人が救われる、あるいは義とされるのは神さまのまこと、信実、誠実、慈愛によるのか、ユダヤ人としての律法の遵守によるのか」ということになりました。

パウロの答えはもちろん、神のまこと、信実に依るということです。人が律法を遵守することによって、別の言い方をすれば自分の努力、真面目さ、熱心さで救われるとするのは人の傲慢、錯覚でしかなかったのです。律法を遵守しようという人の思いに先だって、神の慈愛は我々に用意されているのです。そのことに些かの揺るぎもないのです。神の「まこと」はその事を示すものでした。主イエスの十字架とご復活は神の「まこと」の象徴です。人が信仰によって救われるという時、その信仰というのは、実はこの神のまことのことでした。ですから人の救いにとって、律法遵守という条件、枷《かせ》は取っ払われたのです。それは救いが律法を知らない異邦人にも及ぶためであった、ということです。

このように神のまこと、慈愛によって人は救われるということを、パウロは3章15節以下で喩えを用いて、分かり易く説明しましょうと言うのです。

そこで最初に遺言を比喩として取り上げるのです。ところが、この「遺言」という訳でよいのか、遺言ではなくもう一つの訳語である「契約」と訳すべきではないかという議論があります。パウロは有効とされた遺言を「だれも無効にしたり、それに追加したりはできません」と言います。しかし一方で当時のローマ法では、遺言の変更が可能であったので、実態に即していないとの指摘されることがあるからです。さらに今日お読みいただきました17節では、同じ言葉が「契約」と訳されています。そうしますと文脈上からも「遺言」ではなく「契約」ではなかろうか、と私には思えます。何れにしましても、一旦成立して有効となったものは変更できないとパウロは言いたいのです。人の世のこのような法的な制度でさえそうであれば、ましてや神さまの人に対する約束、具体的には14節の「わたしたちが、約束された〝霊〟を信仰によって受ける」という恵みの約束、契約は揺らぐことはないとパウロはいうのです。

ところでパウロは約束という言葉と契約という言葉を同義語的に使用しているようでもあり、使い分けをしているようでもあります。パウロがその相違について言及していませんが、推測しますと契約というのは契約する当事者双方の責務・責任という、所謂双務契約性がより強く出ているようです。次に約束という言葉には神様の主導性と、それに対する人間の応答性がより強調されているように思えますが、そんなに厳密なものではないと思います。

話を元に戻しますと、アブラハムへの約束というのは、土地の取得とか子孫の繁栄というこの世のこと、人の日常生活についてのものでした。しかしガラテヤの信徒への手紙3章14節に「わたしたちが、約束された〝霊〟を信仰によって受けるためでした」とありますように、実はキリスト・イエスにおける聖霊の賜、恵みを指していたのだとパウロは言うのです。それは神の国、永遠の命の世界です。ですから16節で「この『子孫』とは、キリストのことです」というのです。

一方、律法遵守を説く人々、ユダヤ教の背景を持つ人々の律法は、アブラハムに与えられ、有効となった約束から四三〇年経過後にモーセという仲介者を通して与えられたものだから、15節にあるように、「それを後から誰も無効にしたり、追加したりはでき」ないのです。つまり律法は約束を無効にしたり変更したりすることはできないというのです。約束は後日付与された律法に優先するということです。換言すれば、律法はアブラハムに示された神の慈愛、まことを揺るがすことはできないと言っているのです。

さて18節には「相続」とあります。相続というのは旧約聖書の伝統からは神がその民に授けるとする「約束の地」を指すものでした。それが次第に霊的、信仰的な受け止め方がされるようになり、神の恵みを受けることと、神の国、永遠の命を相続することを意味するようになりました。そのことは3章29節で「あなたがたは、もしキリストのものだとするなら、とりもなおさず、アブラハムの子孫であり、約束による相続人です」とのパウロの言葉からも窺えることです。

次に19節になりますとパウロは律法について「天使たちを通し、仲介者の手を経て制定されたもの」と、我々には馴染みのない、当時のユダヤ教の伝統的な律法理解を伝えてくれています。その伝統的理解とは、律法付与に際しては、天使たちが立ち会い、モーセが仲介をしたというものです。同様のことは使徒言行録7章53節で、ステファノが説教の中で、「天使たちを通して律法を受けた者なのに、それを守りませんでした」と語っていることにも表れています。パウロが言いたかったのは、アブラハムへの契約・約束は神が直接与えたものであるが、律法は神から間接的に与えられたものであり、この面からでも律法は約束に劣るものである、ということのようです。

15節以下の「分かりやすく説明しましょう」、直訳的に言えば「人に倣って言おう」と始めたパウロの主張、論理が如何ほどの説得力をもっていたのかは分かりません。少なくとも今日の我々には、分かりづらいと思います。しかし、結論として彼が言いたかったことを、我々は十分推し測ることができます。つまり、後代の律法は決してアブラハムに与えられた契約、つまり恵みの約束、慈愛の約束に優るものではない、ましてや約束に取って代わることのできるものではない、ということです。既に、厳然と慈愛が備えられているにも拘わらず律法遵守による救い、自力救済を説くことは、傲慢という罪でしかないのです。神は自らの契約、約束を決して蔑ろにされることはありません。その慈愛は揺るぐことがありません。このことは先週も申し上げたのですが、創世記15章6節「アブラハムは神を信じた。それは彼の義と認められた」の「信じる（アーマン）」という言葉から「まこと、真理、揺るぎないこと（エメス）」、さらに「アーメン」という言葉が生まれたことに示されています。聖書が語る揺るぎなさ、契約への誠実さは文字に囚われるものではなく、神の我々への慈愛についてのものです。我々は今の時代に在って、揺るぎない確かさをもって平安の内に歩んでいるのか、パウロはそのように我々に問うているようでもあります。主イエスの十字架で、ご自身の命を以て示された慈愛こそが揺るぎないものであり、ご復活の主イエスは、今日もこの場にお立ちくださっているのです。そのことを覚えて「アーメン」と唱えたいものです。

《お祈り》

慈愛の御神、今日もあなたの御恩寵の場に集い、御名を讃美する者としてくださいましたから感謝します。我々は愚かにもあなたの御恩寵よりも自らの力、考えを優先することが甚だ多い者です。主よ、愚かにも錯覚を繰り返す我々を憐れんでください。十字架の主イエスがそうであられたように、自らの限りある者であること、弱さを負う者であることを十分に受け止めることができますように。主よ、その弱さの中にあなたが御働きになることを知る者としてください。パウロは「わたしの恵みはあなたに十分である。力は弱さの中でこそ十分に発揮されるのだ」(コリントの信徒への手紙二12・9)との啓示を受けましたが、主よ、我々もまたその言葉を受け止め、我がものとすることができますように、謙りをお与えください。

主なる神さま、手術を受け痛みの中にいる者がいます。どうぞ主よ、その方をあなたの導きと慰めの内においてください。退院後間もない方もおられます、今後の日々をお守りください、主に在る平安をお示しくださいますように。インフルエンザで高熱を出した者がいます、早く日常生活を取り戻すことができますように、回復を与えてください。病を抱え自宅療養の者、家族に病を抱えている者もいます。日々の歩みに平安をお示しください。

今日はこの後、第二回定期教会総会をもちます。教会の最高意思決定機関としての総会が祝されますように、役員の改選があります。御心が示されますように。

先週、高浜原発が再稼働したとの報道がありました。五年前のあの危機感は何処に行ったのか、経済性が安全性とか命に優先されているように思われます。主よ、命、安全性が優先される行政となるように、声を上げることができますように。

主よ、今日からの一週間、ご復活の主イエスの光に照らされて、十字架の主イエスに思いを寄せる者としてください。貧しき祈り、願い、主イエス・キリストの御名によって祈ります。アーメン

(二月二八日)

喜びの衣

26 あなたがたは皆、信仰により、キリスト・イエスに結ばれて神の子なのです。27 洗礼を受け
てキリストに結ばれたあなたがたは皆、キリストを着ているからです。28 そこではもはや、ユ
ダヤ人もギリシア人もなく、奴隷も自由な身分の者もなく、男も女もありません。あなたがたは
皆、キリスト・イエスにおいて一つだからです。29 あなたがたは、もしキリストのものだとす
るなら、とりもなおさず、アブラハムの子孫であり、約束による相続人です。

ガラテヤの信徒への手紙　3章26－29節

ガラテヤの信徒への手紙3章でパウロが語ってきたことは……尤もこのことは3章に限られることなく、金太郎飴のように、何処を切っても出てくることのようにも思えるのですが……人は律法の遵守によって救われたのではなく、神さまの約束、契約によって示される神の慈愛、まことによって救われているのだ、ということです。ユダヤ教社会で信仰の父とされるアブラハムが、律法がイスラエルの民に与えられる前から救われて義とされていたことから、そのことは明らかだというのです。「アブラハムは神を信じた。それは彼の義と認められた」とは、律法遵守ではなく、神の人への思い、慈愛、まこと、信実の確かさをアブラハムが知った、ということを指すものでした。

では「律法の意味、役割は何であったのか」、パウロはそんな想定問答をするのです。パウロは、律法は人をキリストへと導く養育係の働きをしていた、というのです。ギリシア、ローマ社会で裕福な家庭で子女の養育を委ねられていたのが養育係であり、奴隷がその任に当たっていたことを反映しています。子どもたちにとって、その奴隷が好ましくない場合も多々あったようですが、そのようなことがここでも想定されているのかもしれません。続いて3章25節で「しかし、信仰が現れたので、もはや、わたしたちはこのような養育係の下にはいません」と言います。「信仰が現れた」とは、キリストという慈愛、信実まことが我々に与えられたということを指しているでしょう。

この25節の「我々は養育係の下にはいません」ということを受けて、お読みいただきました26節が続くのです。26節の冒頭には新共同訳聖書では訳されていませんが、「何故なら」という言葉があります。訳出しますと「我々は養育係の下にはいません。何故なら我々は神の子なのだから」と文脈がよりはっきりします。

ところで「あなたがたは神の子である」とのパウロの言葉は、何もガラテヤ教会の人々にのみ向けて語られた言葉ではない筈です。今の我々もまた神の子なのです。しかし如何でしょうか、「あなたは神の子」ですと言われましても、「はい、そうです。私は神の子です」と実感をもって感じることはないのではないでしょうか。それでもパウロは「あなたがたは皆」というのです。我々が神の子であるとは、我々が特別な能力をもっているということではなく、父なる神の御恩寵、慈愛を子としていただいているということを指すものでしょう。しかもそれはもちろん、律法、掟の遵守によってということではなく、信仰によってということです。

信仰によって、つまり神様の慈愛、まことによって我々は神の子とされているというのです。しかも、ここでの信仰にはいわゆる定冠詞が付けられています。例のあの信仰、あのまことによってというのです。「あの」が示すのは何か、受け止め方は一様ではないかもしれません。私は、この定冠詞が示すのは主イエスの十字架と御復活のことだろうと思っています。主イエスの十字架という御受難、また主イエスの死に、甦りをお与えになった神の慈愛の確かさ、まことによって我々は神の子とせられているのだ、とパウロはいうのです。ですから、主イエス・キリストを離れて、我々が神の子とせられているのではないのです。それが26節の後半部分が語るところです。

続く27節では、何故神の子なのかについて、パウロは語ります。何故なら、キリスト者は洗礼を受けて、キリストに結ばれて、キリストを着ているからなのだと言うのです。どうも新共同訳聖書は、この「結ばれて」という言葉が好まれて使用されているように思えるのですが、26節にも「結ばれて」という語があります。26、27節の「結ばれて」は異なる語が使用されています。何れも直訳からは距離があるように思われます。26節を直訳すれば、「キリスト・イエスに在って神の子」であり、27節は「キリストに至る洗礼を受けて」です。さらに、そのニュアンスを汲んで訳せば「キリストの内へと至る洗礼を受けたあなた方は」となります。因みに欽定訳

（KJV）その他幾つかの英訳では直訳調に"into Christ"とされています。そうしますと我々は、キリストの内に入っているのです。別の言い方をすれば、我々はキリストに包まれているのです。更に申し上げるならば、キリストの復活の命、光、喜びの衣に包まれているのです。あなたがたはキリストを着ている、とパウロが言いますが、それは今申し上げた復活の衣、喜び、希望と慰めの衣です。どんなことが起ころうとも、この衣は綻びることなく、汚れることもない衣です。

さて、パウロはガラテヤ教会に着いた時、体調が極めて悪かったことが、この手紙の4章13節以下で触れられています。「知ってのとおり、この前わたしは、体が弱くなったことがきっかけで、あなたがたに福音を告げ知らせました。そして、わたしの身には、あなたがたにとって試練ともなるようなことがあったのに、……」とパウロは言っています。それほどの厳しい状況の中で、もしかしたら死をも覚悟しなければならない状況の中で、パウロはガラテヤ教会の人々に福音を告げたのです。痛みもあったでしょう、不安もあったでしょう。しかし、そのパウロを、復活の衣が包んでいたのです。パウロはキリストを着ていたのです。そのことが彼に福音を語らしめたのです。このように見てきますと、「あなたがたは皆、キリストを着ているからです」との言葉は、実に慰めと力、喜びに満ちた言葉として響きます。

何故なら、我々もまた病気で体調の悪い時があります、痛みを覚え、死への不安、恐怖も感じるかもしれません。病気だけではありません。経済生活、仕事、家族のこと、将来のこと、様々なことで我々も苦しみの内に歩んでいるのです。このような人々に向かってもパウロは、「あなたがたは皆、キリストを着ている」と告げるのです。それはあなたが、たとえ死の床にあっても、キリストはあなたを包み込んでくださっている、そのような喜び、慰めを告げているように思います。

今、我々はレントの時を過ごしています。イースターの喜びは、我々がその復活の衣を身に着けることを許されていること、そのように言うことができましょう。しかもその喜びに与るために何の条件もないのです。ユダヤ人たちの律法遵守という条件は外されました。律法を知らないとされた人々も、この救い、慈愛に与ることができるのです。28節で「ユダヤ人もギリシア人もなく、奴隷も自由な身分の者もなく、男も女もありません」と語るのは、そのような無条件性を示すものであって、民族性、性差を否定するものではないのは当然です。キリストを着る、神の慈愛に包まれ、喜びを知るイースターを迎えたいと願います。

《お祈り》

主なる神さま、レントの時にあって主イエスの甦りの日曜日に、このようにして我々をお集めくださり有り難うございます。神さま、我々は今日改めて知らされました、主イエスが甦られたように、我々もまたそのご復活に与る者とされていることを。あなたの慈愛が我々を包み、ご復活の衣を着るものとしてくださっていることを感謝します。パウロは「この朽ちるべきものが朽ちないものを着、この死ぬべきものが死なないものを着るとき、次のように書かれている言葉が実現するのです。『死は勝利にのみ込まれた。死よ、お前の勝利はどこにあるのか。死よ、お前のとげはどこにあるのか。』」（「コリントの信徒への手紙一15・4）との喜びと確信を語っています。我々もまたその喜びを知る者としてください。

主よ、今日の礼拝を覚えながらも集い得ない方々を覚えます。入院されている方、自宅で療養されている方、体調不十分な方々を覚えます。主よ、あなたが親しくお臨みくださいますように。また多忙な方々を覚えます。健康を支え、お働きを祝し、用いてください。

先週、本年度第二回定期教会総会が開催され、役員が改選されました。主よ、役員の働きを祝し用いてくださいますように。また、役員の方々と共に奉仕される会員の働きを用いてくださいますように。

主よ、今週の金曜日にはあの東北大震災から丸五年の日を迎えます。我々は原発事故により原発にまつわる不確かさを知らされました。今もなお、夫々の被害で苦しんでいる方、痛みを覚えている方々を知らされています。痛み苦しみに在る人々を顧みてくださいますように。

主よ、今日からの一週間、レントでの主イエスのお苦しみと復活を覚えつつ過ごす者としてください。神の子とせられていることを覚え、讃美の内に過ごす者としてください。主イエス・キリストの御名によって祈ります。アーメン

（三月六日）

命の相続人

1 つまり、こういうことです。相続人は、未成年である間は、全財産の所有者であっても僕と何ら変わるところがなく、2 父親が定めた期日までは後見人や管理人の監督の下にいます。3 同様にわたしたちも、未成年であったときは、世を支配する諸霊に奴隷として仕えていました。4 しかし、時が満ちると、神は、その御子を女から、しかも律法の下に生まれた者としてお遣わしになりました。5 それは、律法の支配下にある者を贖い出して、わたしたちを神の子となさるためでした。6 あなたがたが子であることは、神が、「アッバ、父よ」と叫ぶ御子の霊を、わたしたちの心に送ってくださった事実から分かります。7 ですから、あなたはもはや奴隷ではなく、子です。子であれば、神によって立てられた相続人でもあるのです。

ガラテヤの信徒への手紙　4章1－7節

先週我々が学んだガラテヤの信徒への手紙3章27節で、パウロは「洗礼を受けてキリストに結ばれたあなたがたは皆、キリストを着ている」と語っていました。このパウロの言葉を少し表現を変えて言えば、「あなたがたは洗礼を受けて、キリストの御復活という衣に包み込まれている、神の子とされている」、そのようなことを意味するものでした。その恵みはガラテヤ教会の人々が律法を遵守したからではなく、イエス・キリストによって示された神の慈愛という「まこと」を知ったからです。それは丁度、信仰の父アブラハムが自分の律法遵守という努力によってではなく、只神様の慈愛、約束によって救われたことと同様の出来事です。そういう意味で、キリスト者はアブラハムの子孫であり、3章15節以下で言及したように、慈愛の約束による相続人です。

本日お読みいただきました4章1節以下は、その相続と相続人に絡めて、パウロは福音がどのようなものであるのかを語るのです。敢えて申し添えますと、喩えというものは、その性質上細かな点まで実際の事柄と照合して考えると矛盾点が出てきます。ですから、ここでもパウロが何を言いたかったのかという視点が必要なことと思います。例えば4章1節で「相続人は、未成年である間は、全財産の所有者であっても……」と言います。我々の感覚からすれば、相続は死亡によって始まるということになりますが、ではパウロはここで一体誰の死亡を想定しているのか、などとは考えない方が良い、ということです。

そこでパウロがいう相続人とは誰なのか。それは神の子とされている者、神の愛を注がれている者ということです。しかし、神の子ではあっても、相続権を与えられていても、そのことに本人が気づき、知らされなければ相続権の行使はできず、奴隷と変わる所がないではないか、そのようにパウロは言うのです。

信仰、福音を与えられる以前の我々は、いわば奴隷状態であった、パウロはそう言いたいのです。それを3節で「世を支配する諸霊に奴隷として仕えていました」と表現します。世を支配する諸霊などと表現しますと、我々現代人の生活とはかけ離れた、昔の世界のことのように思えます。確かにその表現は古めかしく思われます。しかし、その言葉が指し示している中味は決して昔のことではなく、今もなお通じることです。

表現は異なり、意識することは少ないないかもしれませんが、我々は何かに支配され、奴隷状態にされて生活しているように思えます。それは、神を力ないものとし、自分の生活に神などを必要とせず、自分の能力、生き方、判断を基準とし、意識的にか、あるいは無意識的にか、欲望に引き摺られる生活です。神を昔の物語の登場する幻想とするのです。その結果、我々は人の優しさ、心遣いに気づくことない日々となり、感謝を忘れ、不平と不満、不安の日々を過ごすのです。人の痛み、悲しみに思いを寄せることのできない日々であり、自らのことのみに心を奪われ、人のことなど構っておれないという日々です。このようなことを当時のパウロ流の表現で、諸霊の奴隷とされている日々と言うのです。苦しみ、痛み、嘆き、闇に囲まれた日々です。

神はそのような人の苦しみを看過されることはないお方です。「わたしは、エジプトにいるわたしの民の苦しみをつぶさに見、追い使う者のゆえに叫ぶ彼らの叫び声を聞き、その痛みを知った」(出エジプト記3・7)とモーセに語り、イスラエルの民をエジプトから解放されたことに示されますように、イスラエルの民の嘆きを放置されなかったのです。出エジプトの神は、一貫して苦しみ嘆く人々の解放をお望みなのです。そもそも聖書の神は解放の神、自由の神なのです。神は奴隷状態からの解放を御心とされているのです。そのことが、只今触れました所謂出エジプトの出来事に示されていたのです。

4節でパウロは、その神の御心が出来事となったことに触れます。パウロは「時が満ちると、神は、その御子を女から、しかも律法の下に生まれた者としてお遣わしになりました」と言います。これは諸霊の奴隷となっているとパウロが表現する日々の生活の苦しみ、呻きを神はご覧になり、それを放置されなかったということです。

「女から」とは、主イエスがお生まれになったのは、一人の人として、普通の女性からお生まれになったのであり、スーパーマンとして特別の存在、超能力を持った方としてお生まれになったのではない、ということを指すものでしょう。

律法の下にというのは、人は律法遵守によって救われるという人間の傲慢と錯覚、世の力が世界を支配しているかのような思いがもたらす世の苦しみ、罪を内容とするものです。つまり、主イエスは世のもたらす罪という害毒の苦しみの只中にお生まれになったと、パウロは言いたいのです。世の人、日々の生活で苦しみの中にある人々を放置されることのない神の御心が現実のものとなったのです。

5節ではさらに話が展開されます。ここは口語訳の方が原文に忠実に訳されていますのでお読みしますと、「律法の下にある者をあがない出すため、わたしたちに子たる身分を授けるためであった」とあり、主イエスが遣わされたその目的が語られています。その目的は律法の下にいる者、苦しみ呻くものを贖い出すためであったというのです。つまり、人を罪の世界、死と闇の世界から買い戻すためであり、その代価は十字架だったということです。その贖いもまた、ガラテヤ教会の人々のみならず、それに続く我々信徒を、神の子とするためであったのです。正確には人が神の養子となるためであったというのです。つまり、奴隷であった者が神の養子として神に受け入れられ、復活の衣に包まれるためだったのです。

このことが生じたのは、神の気儘な「時」ではなく、神が定められた時、時が満ちたときに、御子がこの世に遣わされて明らかになったのです。

パウロはそのようにガラテヤ教会の人々に、あなたが不安を覚えるように神の恩寵、慈愛は不確かなものではない、否、厳として揺るぐことがないと訴えたかったのです。それにも拘らず、神の愛が不確かであるが如く錯覚し、律法遵守に走るのは何事かというのです。それは子が、親の愛を今ここで注がれているにも拘わらず、恰もそれがないかのような生活をしているのと同様だというのです。足許に慈愛が備えられているにも拘わらず、他に慈愛の場所を求めて齷齪しているのではないのかとパウロは質《ただ》すのです。そうではない、そうではない、ガラテヤ教会の人々よ、あなたは既に神の愛を受け、神の子、復活の命の相続人となっているのだ、揺るぐことない慈愛に包まれているのだ、というのです。さらに復活の主イエスという聖霊により、我々は神を「アッバ」つまり「お父さん」と呼ぶことを許されている、パウロはこのように訴えるのです。それがかつて律法遵守に走っていたパウロの福音であり、喜びの信仰です。それは今日、我々にも語りかけられているものです。我々もまた神ならざる神々から解放され、福音を噛みしめ、喜びと平安の日々を送りたいものと願います。

《お祈り》

主なる神様、レントの日々の合間の主の日に、我々をこの礼拝の場に集めてくださり感謝します。使徒パウロはガラテヤ教会の人々に向かって、「キリストの恵みへ招いてくださった方から、あなたがたがこんなにも早く離れて、ほかの福音に乗り換えようとしていることに、わたしはあきれ果てています」と嘆いています。主よ、我々もまたガラテヤ教会の人々に連なってしまう信仰者であることに気づかされます。頭で願うことと、実際の生活が悲劇的とも思えるほどに懸け離れていることに気づかされることもあります。けれども主よ、我々は「お父さん」と親しくあなたを仰ぎ見る者としてくださっていますから感謝します。主よどうぞ、あなたの慈愛の揺るがないものであることを知る者としてください。

今日の礼拝を覚えつつも集い得ない方々を顧みてください。病の故に、ご高齢の故に抱えている痛み、悲しみ、不安を顧みてくださいますように。その方々に主に在る平安、喜びをお示しくださいますように。

先週わたしたちはあの東北大震災、原発事故から丸5年の時を迎えました。ともすれば原発が経済性とか科学的観点で論じられ、その危険とどう向き合う生活をするのか、生き方を問う視点が欠けているように思われます。多くの傷ついた人が今も苦しみの中にあります。その方々を覚えることができますように、顧みを与えてください。

この後もたれます今年度最後の役員会をお守り下さい。殊に牧師交替がスムーズに為されますように。

今日からの一週間、主イエスの十字架の故に神の子とされている幸いに思いを寄せつつ過ごす者としてください。主イエス・キリストの御名によって祈ります。アーメン

（三月一三日）

十字架の真理

7 あなたがたは、よく走っていました。それなのに、いったいだれが邪魔をして真理に従わないようにさせたのですか。8 このような誘いは、あなたがたを召し出しておられる方からのものではありません。9 わずかなパン種が練り粉全体を膨らませるのです。10 あなたがたが決して別な考えを持つことはないと、わたしは主をよりどころとしてあなたがたを信頼しています。あなたがたを惑わす者は、だれであろうと、裁きを受けます。11 兄弟たち、このわたしが、今なお割礼を宣べ伝えているとするならば、今なお迫害を受けているのは、なぜですか。そのようなことを宣べ伝えれば、十字架のつまずきもなくなっていたことでしょう。12 あなたがたをかき乱す者たちは、いっそのこと自ら去勢してしまえばよい。13 兄弟たち、あなたがたは、自由を得るために召し出されたのです。ただ、この自由を、肉に罪を犯させる機会とせずに、愛によって互いに仕えなさい。14 律法全体は、「隣人を自分のように愛しなさい」という一句によって全うされるからです。15 だが、互いにかみ合い、共食いしているのなら、互いに滅ぼされないように注意しなさい。

ガラテヤの信徒への手紙　5章7－15節

このガラテヤの信徒への手紙の冒頭で、パウロは挨拶もそこそこに、「キリストの恵みへ招いてくださった方から、あなたがたがこんなにも早く離れて、ほかの福音に乗り換えようとしていることに、わたしはあきれ果てています。」との苦言を呈しています。パウロの伝えた福音の核心部分が、伝えたものと真逆の方向に向かおうとしていたのです。そのことをパウロは看過できませんでした。そこで何とか、自分の伝えた福音の内に留まって欲しいとの思いでこの手紙が書かれたのです。

その相容れることのできない核心部分とは、ガラテヤ教会の一部の人々が、人が救われるためには律法の遵守、取分け割礼が必要条件であるとの主張であったと思われます。しかし、そのことは福音、あるいは真理に反することであるとパウロは言うのです。

福音は、人の救いのために律法遵守というような人の行為、業を拠り所とするものではないのであって、只々神の一方的な慈愛によるものということです。人が何かをする前に、努力する前に、既に慈愛、救いが用意されているのです。これがパウロの喜びであり、福音なのです。何かをしなければならない、または、してはならないという重しから、人は解放されているのです。このことを、かつて「生まれて八日目に割礼を受け、律法の義については非のうちどころのない者でした」(フィリピの信徒への手紙3・5－6)と言い放つほどの律法主義者であったパウロが、それでもなお救いの平安を与えられず、もがき苦しんだ末に与えられた真理です。だからこそ喜びも大きかったのです。

しかし彼の与えられた真理、福音は周囲のユダヤ教徒の理解を得るものとはならず、却って反感を招き、11節で「今なお割礼を宣べ伝えているとするならば、今なお迫害を受けているのは、なぜですか」と問うような事態となっていたのです。

良い知らせ、喜びの知らせである筈の福音は、残念なことですが、誰でもが直ぐにそうだ、そうだと言って受け容れることができるようなものではないのです。誰でもが目から鱗が落ちるように、福音を知ることはできないのです。そのことは今日にあっても同様です。受け止め難いのです。このような事態をパウロは十字架の躓きと呼んでいます。

ローマの信徒への手紙にはつぎのようなパウロの言葉があります、「『見よ、わたしはシオンに、／つまずきの石、妨げの岩を置く。これを信じる者は、失望することがない』と書いてある」（9・33）。つまり、信仰には様々な躓きがあるのですが、その躓きとは十字架そのものです。

何故なら、ユダヤ人にとってメシアはユダヤをローマ帝国の支配から解放する力強い軍事的解放者であり、十字架で死んでしまうメシアなど考えられなかったからです。強さがメシアたる者の徴、人を納得させる証拠だとユダヤ人は考えていたのです。しかし、教会は十字架に架けられた方を、メシア、キリストとして掲げているのです。この十字架がユダヤ人のみならずギリシア人をはじめ、我々の躓きであることをパウロは知っているのです。パウロは「ユダヤ人はしるしを求め、ギリシア人は知恵を探しますが、わたしたちは、十字架につけられたキリストを宣べ伝えています。すなわち、ユダヤ人にはつまずかせるもの、異邦人には愚かなものですが、ユダヤ人であろうがギリシア人であろうが、召された者には、神の力、神の知恵であるキリストを宣べ伝えているのです。」（コリントの信徒への手紙一１・22－）と言うとおりです。

我々はより強い力、豊かなこと、格好良いこと、健康なところに神が働かれていると思い込んでいます。しかし、主イエスの十字架での死には豊かさも力も力強さも、それらのものが一切ないのです。苦しみ、惨めさの極みなのです。

そもそも十字架というのは、人を最も苦しめて殺すために考え出された処刑方法だと言われています。受刑者は十字架に手足を釘付けされ、自分の体重で体がずり下がる時、呼吸困難となります。息をしようと身体を引き上げようとすると、手足に打ち込まれた釘で激痛が走る、そして遂には呼吸困難で死に至るという処刑です。その道を自ら歩まれた主イエスの十字架には、人の弱さ、貧しさ、苦しみ、口惜しさを引き受ける姿が示されています。

一方、「他人は救ったのに、自分は救えない。メシア、イスラエルの王、今すぐ十字架から降りるがいい。それを見たら、信じてやろう。」（マルコによる福音書15・31－）と、十字架の主イエスに向けられた祭司長、律法学者たちの言葉は、彼らが十字架に何を見ていたのか、何を見ることができなかったのかを見事に示しています。只惨めさ、敗北、苦しみしか見ることができませんでした。それは弟子たちも同様でしたし、我々もまた同様ではないかと思います。しかし、教会は主の十字架の惨めさ、弱さの裏に、神の働き、慈愛を見ることを許されたのです。ですから教会は十字架を掲げているのです。

主イエスの十字架は、復活の現実を与えられることによって、弱さや、悲しみ、苦しみ、嘆きの場に、神が働かれることを我々に示しているのです。つまり人の力、努力が何の役にも立たないその場で、神が働かれることを物語るのです。だからパウロは「主は、『わたしの恵みはあなたに十分である。力は弱さの中でこそ十分に発揮されるのだ』と言われました。だから、キリストの力がわたしの内に宿るように、むしろ大いに喜んで自分の弱さを誇りましょう。」(コリントの信徒への手紙二12・9)と言い得たのです。

十字架は我々に、人には限界、弱さがあること、限りある者であり、過ぎ去り行く者であることを受け止めることを求めています。またそれらを受け止めることのできない者が、如何に悲惨なことを惹き起こすかを示しています。十字架の躓きとは、自らが限りあること、弱さを負う者であることを受け容れることが如何に困難であるかということを指しているように思います。何故なら我々は貧しさ、悲しみ、弱さに直面する場で、神から見放されているのではないかと思い込んでしまうからです。そうではなく、そのような時、そのような場でこそ神の働きが示されるのです。悲しみ、弱さをありの儘に受け止め、負いつつも、喜び、命を見出すのです。十字架という惨めさ、弱さの極みに神が働き、復活をお与えくださったのです。神の慈愛、救いは揺るぐことはない、それが聖書の語る真理であり、イースターの出来事です。

この主イエスの十字架とご復活が救いですから、人がなおも律法遵守、割礼を説くことは意味をなさないのです。福音はこれをしなければ、あれがなければとか、逆にこれをしてはダメとか、過去の負い目と思われていたことなどから我々を解放するのです。父なる神の慈愛を受けるのに、何も条件はないからです。只自由を与えられた者は、その自由の性質上、割礼を施すという肉の業のために用いることがないようにというのです。

我々は神の慈愛を差し置いて、自分自身と周囲の人々の救い、祝福、幸福に条件を付けることは慎まなければなりません。それは我々への誘惑であり躓きです。躓くのではなく、十字架の主イエスがご復活されたことを、日々の生活で知る者とされたいと願います。

《お祈り》

我々の父なる神さま、我々をあなたの子としてくださり感謝します。あなたは今日も我々をこの場に集めてくださり、我々はあなたの御恩寵に触れることができました。感謝です。使徒パウロは「十字架の言葉は、滅んでいく者にとっては愚かなものですが、わたしたち救われる者には神の力です」(コリントの信徒への手紙一1・18)と語ります。主よ、我々もまた十字架の言葉は神の力、救いと告白する者としてください。世の華やかさ、名声、権勢は何時も我々を誘惑しています。主よ、我々はそのように愚かで弱さを抱える者ですから、憐れんでお守りください。

主よ、今日の礼拝を覚えつつも集い得ていない方々を覚えます。夫々の事情がありますから、その場にあってあなたの慰め、慈愛が示されますようにお願いします。殊に入院加療されている方、痛みを抱える方、家族に治療を要する方がいる方、退院後の養生が求められる方、顧みをお与えください。

年度末を迎えています。次年度への備えが十分にできますように。「教会は主キリストの身体にして、恵みにより召されたるものの集いなり」（日本基督教団信仰告白）と我々は告白しています。どうぞ、この告白が内実のあるものとなりますように、御恩寵によって我々を導いてください。殊に牧師交代という大きな出来事を控えていますから、顧みてくださいますように。この後もたれますシャロンの会を祝してくださいますように。

テロの脅威が依然伝えられています。力が平和をもたらす筈はないことは分かっていても、なおも力に頼る悲しさを思います。知恵をお与えくださいますように。

只今から我々京都御幸町教会に新たに加わり、教会員としての生活を志す姉の転入会の式を執り行います。姉の志を祝し、ご家族を祝してくださいますように。

来週は主イエスのご復活を感謝するイースターです。どうぞ祝してください。洗礼の志を与えられている者がございます。その思いを祝し、ご家庭を祝してください。

受難日を迎える金曜日がありますこの一週間、祈りの内に過ごす者としてください。この祈りを、我々の主イエス・キリストの御名によって祈ります。アーメン

（三月二〇日）

新しい命に生きる

3 それともあなたがたは知らないのですか。キリスト・イエスに結ばれるために洗礼を受けた
わたしたちが皆、またその死にあずかるために洗礼を受けたことを。4 わたしたちは洗礼に
よってキリストと共に葬られ、その死にあずかるものとなりました。それは、キリストが御父
の栄光によって死者の中から復活させられたように、わたしたちも新しい命に生きるためなの
です。5 もし、わたしたちがキリストと一体になってその死の姿にあやかるならば、その復活
の姿にもあやかれるでしょう。6 わたしたちの古い自分がキリストと共に十字架につけられた
のは、罪に支配された体が滅ぼされ、もはや罪の奴隷にならないためであると知っています。7
死んだ者は、罪から解放されています。8 わたしたちは、キリストと共に死んだのなら、キリ
ストと共に生きることにもなると信じます。9 そして、死者の中から復活させられたキリスト
はもはや死ぬことがない、と知っています。死は、もはやキリストを支配しません。10 キリス
トが死なれたのは、ただ一度罪に対して死なれたのであり、生きておられるのは、神に対して
生きておられるのです。11 このように、あなたがたも自分は罪に対して死んでいるが、キリス
ト・イエスに結ばれて、神に対して生きているのだと考えなさい。

ローマの信徒への手紙　6章3－11節

パウロはローマの信徒への手紙5章で「裁きの場合は、一つの罪でも有罪の判決がくだされますが、恵みが働くときには、いかに多くの罪があっても、無罪の判決がくだされるからです。」（16節）と語っています。これはキリストのお働きと、アダムの罪との対比の中で語られたものです。キリストの働き、慈愛は如何に多くの罪ある者であっても、彼、彼女を赦し、受け容れるというのです。神の慈愛が我々の思いを超えていること、因果律を超えていることを知らされます。さらにパウロは5章20節で「罪が増したところには、恵みはなおいっそう満ちあふれました。」と言うのです。なお一層、とありますが直訳調に訳せば、罪を超え、罪を凌駕して恵みが満ち溢れる、というのです。これも神の人へ愛というものが如何なるものかを我々に示しています。

ところが、このパウロの言葉に対して反論をする人が出てきたのです。誰が、ということはパウロは言及していません。しかし単に想定問答ということではなく、実際に批判した人がいたものと思います。その批判というのは「恵みが増すように、罪の中に留まろうではないか、ということになるのか」というものです。これに対して、「どうして、なおも罪の中に生きることができるでしょう」と反論するのです。その反論に続くのが、お読みいただきました3節以下の言葉です。

パウロは反論を展開するに際して、キリスト者は「キリスト・イエスに結ばれるために洗礼を受けた」のだと切り出します。洗礼につきましては三月六日の礼拝で取り上げましたガラテヤの信徒への手紙3章27節で、パウロは「洗礼を受けてキリストに結ばれたあなたがたは皆、キリストを着ているからです。」と語っていました。その際、私は、この箇所をより直訳調に訳せば「キリストの内へと至る洗礼を受けたあなた方はキリストを着ている」となる、そのように申し上げげました。今日の箇所も同様の表現がされていますので、キリスト・イエスの内へと至る洗礼を受けたということです。

ガラテヤの信徒への手紙では、「キリストを着る」ということに関して、それは「キリストの復活の命、光、喜びに包まれている」ことである、と申し上げました。ところが今日のローマの信徒への手紙では「キリストの死に与るための洗礼」であるということが加わっています。

キリストの死、それはもちろんご存知のように十字架での死でしたが、パウロは十字架の死は、罪に対する死であったとするのです。死んでいるから罪とは無縁関係であると宣言するのです。ですから7節で「死んだ者（つまり罪に対して死んだ者は）は、罪から解放されています」とパウロは語っているのものと思われます。このことで「恵みが増すために罪に留まろうではないか」とパウロを非難する人々への反論するのです。つまり、死んで罪とは無関係とされた者がどうしてなおも罪と係りをもつことができるのか、留まることができるのかというのです。キリスト教は罪を知ること、認めることがなければ始まりません。しかしもちろん罪に捕らわれ、縛られ、そこに留まることを求めるのではありません。そうではなく、罪からの解放を掲げているのです。

3節の「キリスト・イエスに結ばれるために洗礼を受けたわたしたちが皆、またその死にあずかるために洗礼を受けた」とは、その罪から解放されていることを述べるのです。キリスト者の洗礼は、キリストの死の内側に至る洗礼であり、キリストの死に包まれているのです。もちろん、ここでいう死というのは、申し上げていますように、罪に対する死なのです。死んで全てがなくなる、終わってしまうという死、生物としての死ではありません。罪からの解放であり、過去の生き方、神への傲慢との訣別、そのような意味での死です。

さらに、パウロは続けて「キリストが御父の栄光によって死者の中から復活させせられたように、わたしたちも新しい命に生きるためなのです。」（4節）というのです。キリストの死、十字架の死の裏には、復活、新しい命があるというのです。十字架は罪への死であると同時に、その裏面には復活の命があるのです。

そうしますとパウロがガラテヤの信徒への手紙で語っていたこと「あなたがたは皆、キリストを着ている」という、その着物は復活の着物だと申し上げましたが、ローマの信徒への手紙から、我々はガラテヤの信徒への手紙で触れられていた復活の着物には十字架の死という裏地があることを知らされます。

さて、今日我々はレントの時を終え、イースター、主イエスのご復活を覚える礼拝を守っています。イースターは二〇〇〇年の昔、イエスという人が甦ったそうだよ、という過去の出来事をお祝いするお祭りではありません。そうではなく、我々の喜びの出来事なのです。「キリストが御父の栄光によって死者の中から復活させられたように、わたしたちも新しい命に生きるためなのです」とありますが、我々もまた新しい命、復活の命に与るように招かれているからです。その招きを知らされ、応じる者にとって、イースターが喜びと感謝、讃美の日となるのです。我々はこの恵み、慈愛を無条件に備えられているのです。律法を守ろうが守るまいが、信仰があろうがなかろうが、全ての者に備えられているのです。そのような慈愛に頼んで、我々は洗礼を受けるのです。パウロはその招き、慈愛について5章15節でアダムとキリストを対比して、「一人の罪（つまりアダムの罪です）によって多くの人が死ぬことになったとすれば、なおさら、神の恵みと一人の人イエス・キリストの恵みの賜物とは、多くの人に（つまり全ての人に）豊かに注がれるのです」と語っています。キリストの救い、慈愛は我々の思いを超えて広く、深いのです。我々がイースターを感謝してお祝いするのは、教会がそのような神の慈愛を受け取り、キリスト者が復活の命に与る者とされているからです。

それでも、ある方は思われるかもしれません。パウロは7節で「死んだ者は、罪から解放されています」とか、11節で「あなたがたも自分は罪に対して死んでいる」と言うけれど、それはパウロさんはそうだったかもしれないが、我々の生活はそれ程模範的ではない、私はやはり罪から解放されていない、と。しかしその思いは、神の栄光、神の力を見縊《みくび》ることです。最初に「恵みが働くときには、いかに多くの罪があっても、神の慈愛はそれを凌駕し、無罪の判決がくだされるからです」との5章の言葉を引用しましたように、無罪判決は確定判決なのです。神は決して我々を見捨て給うことはないのです。我々は既に復活の着物、キリストを着ているのです。ですから我々はパウロが5章20節で「罪が増したところには、恵みはなおいっそう満ちあふれました。」との言葉を感謝と讃美をもって受け容れるのです。

パウロがコリントの信徒への手紙一 4章3節で「わたしは、自分で自分を裁くことすらしません」と語るように、我々も自分で自分を裁いて、備えられている、神の恵みを排除するのではなく、復活の命、喜びと希望、慰めと生きがい、優しさへと招かれていることを感謝してイースターをお祝いしましょう。

《お祈り》

天のお父様、今日、我々をこのイースター礼拝の場にお集めくださり感謝します。我々を新しい命へと招いてくださっていることを知らされ、感謝します。どうぞ主よ、あなたの大きな慈愛に包まれて、安んじてあなたに委ねることができますように。預言者イザヤは「雨も雪も、ひとたび天から降れば／むなしく天に戻ることはない。それは大地を潤し、芽を出させ、生い茂らせ／種蒔く人には種を与え／食べる人には糧を与える。そのように、わたしの口から出るわたしの言葉も／むなしくは、わたしのもとに戻らない。」(イザヤ書55・10－11）と語りました。主よ、我々があなたの御言葉を見縊ることなく、確かさを知る者としてください。あなたの慈愛、復活の命に日々包まれていることを知る者としてください。

主よ、今日の礼拝を覚えつつも集うことのできていない方々を覚えます。入院加療中の方、自宅療養の方、身体に痛みと不安を覚える方々を顧みてくださいますように。

主よ、あなたの不思議な導きにより、この後洗礼の志を与えられた者が、あなたの御復活の恵みを言い表します。その志を良しとして祝してくださいますように。ご家庭にあなたの平和がありますように。

また聖餐式に与ります。今も生きて働き給う主イエスの御臨在を知り、讃美と感謝を捧げることができますように。

この後もたれますイースター愛餐会が御恩寵を覚えるものとなりますように。また送別会をも祝してください。

ベルギーから自爆テロが伝えられています。日本人も犠牲になっています。原発がテロの標的になったのではないかとも言われています。宗教が人の痛みを忘れ、暴走しているように思えます。さらにマスコミで報道されていないテロ、難民への対応、どうすれば良いのかと思わされます。導きをお示しください。

主よ、牧師交代の時となりました。次週は新しい年度を迎えます。今までの導き、お守りを感謝します。なおもあなたの福音が証しされる日々をお与えください。貴田寛仁牧師のお働きを祝して用いてくださいますように。

今日からの一週間、決して我々を見捨てることない神に召された者として、恩寵を覚えつつ過

ごす者としてください。主イエス・キリストの御名によって祈ります。アーメン

（三月二七日）

あとがき

任期最後の年、京都御幸町教会の皆様は去りゆく者のために多くのお心遣い、優しさを示してくださいました。そのことはこの説教集を出すことを力づけ、励ましを与えてくれました。僅か五年の在任の者に、かくも温かく接してくださった会員の方々の祈りを覚え、私の内には感謝の思いが、わき水のように湧いています。また会員外で礼拝に出席されている方からの励ましをも覚えて感謝です。イザヤの指し示す「決して見捨てない」神の慈愛が鮮やかに示されますようにと祈りを新たにしています。

奇しくも収められた説教はイースターに始まり、イースターに終わっています。これは我々の信仰、教会の姿を象徴しているようでもあります。イースターの喜びが皆さんの許に届くようにと願います。

収められた説教を読み返してみると、拙さを覚えます。しかし、それでも神さまの守り、導きがあったことを覚えることができますから感謝です。今はこの説教集出版という企てが神に良しとされ、用いてくださいますようにと祈っております。私は主の御名が讃美され、日々に感謝を覚えることができるならば、これほど豊かな生活はないと思っています。その豊かさが、お読みいただく方々にありますようにと祈ります。

二〇一六年六月　聖霊降臨節

難波　實

著者紹介

難波　實（なんば・みのる）

1949年5月、岡山市生まれ。

生命保険会社勤務を経て、1985年、関西学院大学神学部に編入学。1989年、関西学院大学神学研究科博士課程前期課程修了。1989年以降、卯之町教会・卯之町幼稚園、野村教会（兼務）（愛媛県）、池田五月山教会（大阪府）、佐原教会・佐原めぐみ保育園（千葉県）を経て、2011年4月から2016年3月まで、京都御幸町教会牧師。

新しい命に生きる　難波　實　説教集

2016年8月1日　初版第1刷発行　

著　者　難波　實

発行者　松山　献

発行所　合同会社 かんよう出版

〒550-0002 大阪市西区江戸堀2-1-1 江戸堀センタービル9階

電話 06-6225-1117 FAX 06-6225-1118　http://kanyoushuppan.com

印刷・製本　有限会社 オフィス泰

ISBN 978-4-906902-73-6 C0016　　Printed in Japan